HISTOIRE
DES
INDES OCCIDENTALES.

Q. 1802.
+B.b.

C.

On trouve chez le même Libraire :

La Ménagerie du Muséum d'Histoire naturelle, ou les Animaux vivans, peints d'après nature, par MARÉCHAL, *Peintre du Muséum, et gravés par* MIGER, *membre de la ci-devant Académie royale de Peinture ; avec une note descriptive et historique pour chaque animal ; par un Naturaliste, membre de l'Institut.*

Cet Ouvrage contiendra soixante gravures de quadrupèdes et d'oiseaux étrangers, et les plus rares qui auront vécu à la Ménagerie du Muséum National.

La première livraison qui vient de paroître comprend *le Chameau de la Bactriane, l'Autruche, l'Ours polaire* ou *maritime,* et le *Casoar.*

L'Eléphant qui a été exposé au Salon, avec les quatre autres Estampes, entrera dans la deuxième suite ; chaque cahier étant composé de quatre sujets.

La souscription ou plutôt l'inscription, sera ouverte pour Paris jusqu'à la fin de brumaire, et pour l'étranger jusqu'à la fin de frimaire.

Les personnes inscrites paieront 6 liv. en recevant la première livraison, et ainsi de suite pour les autres, qui paroîtront de trois mois en trois mois ; et les personnes non-inscrites dans les termes fixés, paieront chaque livraison 9 francs.

HISTOIRE

CIVILE ET COMMERCIALE

DES

COLONIES ANGLAISES

DANS LES

INDES OCCIDENTALES;

Depuis leur découverte par Christophe Colomb jusqu'à nos jours ; suivie d'un Tableau historique et politique de l'île de Saint-Domingue avant et depuis la révolution française ;

TRADUIT DE L'ANGLAIS

DE BRYAN EDOUARD,

Par le traducteur des Voyages d'ARTHUR YOUNG en France et en Italie.

ORNÉ D'UNE BELLE CARTE.

PARIS,

DENTU, Imprimeur-Libraire, Palais du Tribunat, galeries de bois, n.° 240.

AN IX. (1801.)

AVERTISSEMENT
DE L'ÉDITEUR.

L'ouvrage que nous offrons au public est un abrégé de celui de Bryan Edouard sur le même sujet. Nous avons élagué de ce dernier ce fatras de lois, de règlemens et d'ordonnances qui n'auroient fait qu'ennuyer nos lecteurs, pour n'en laisser que la substance, et présenter un tableau rapide de la découverte, des productions et des progrès des Indes occidentales. Quoique notre but ait été d'être concis, nous n'avons cependant rien omis de ce qui pouvoit intéresser le publiciste et l'homme d'État. On trouve donc dans cet abrégé les listes et tableaux exacts des vaisseaux qui font le commerce des Antilles, leur port et le nombre d'hommes de leurs équipages. On y voit aussi les importations et exportations de ces colonies, leurs relations commerciales avec l'Europe, et la manière dont elles font leurs approvisionnemens de nègres, prises d'après des *pièces officielles*. Mais ce qui ne manquera pas d'intéresser le lecteur dans le moment actuel, sont des détails curieux sur la traite des nègres, sur les mœurs, les usages, le caractère et les superstitions de ces Africains, sur leur traitement dans les Indes occidentales, et quelques observations sur la convenance d'abolir ou de continuer l'esclavage. Quand M. Edouard nous a paru trop favorable aux planteurs, nous avons contrebalancé son opinion par celle d'un écrivain célèbre sur le même sujet ; mais nous ne nous sommes jamais permis d'y substituer la nôtre. Nous y avons aussi inséré la relation des évènemens malheureux qui sont arrivés dans la colonie française de Saint-Domingue, telle que nous l'avons trouvée dans l'auteur, sans y rien changer ou ajouter.

Dans un ouvrage de ce genre, on ne doit pas s'attendre à cette élégance de style dont est susceptible une traduction de Pope ou de Gibbon. L'auteur ne s'étant attaché qu'à être clair, le traducteur n'a cherché qu'à l'imiter. Ce dernier a outre cela ajouté plusieurs notes nécessaires pour expliquer les mesures anglaises, etc. et réduit les livres sterlings en livres tournois pour la facilité du lecteur.

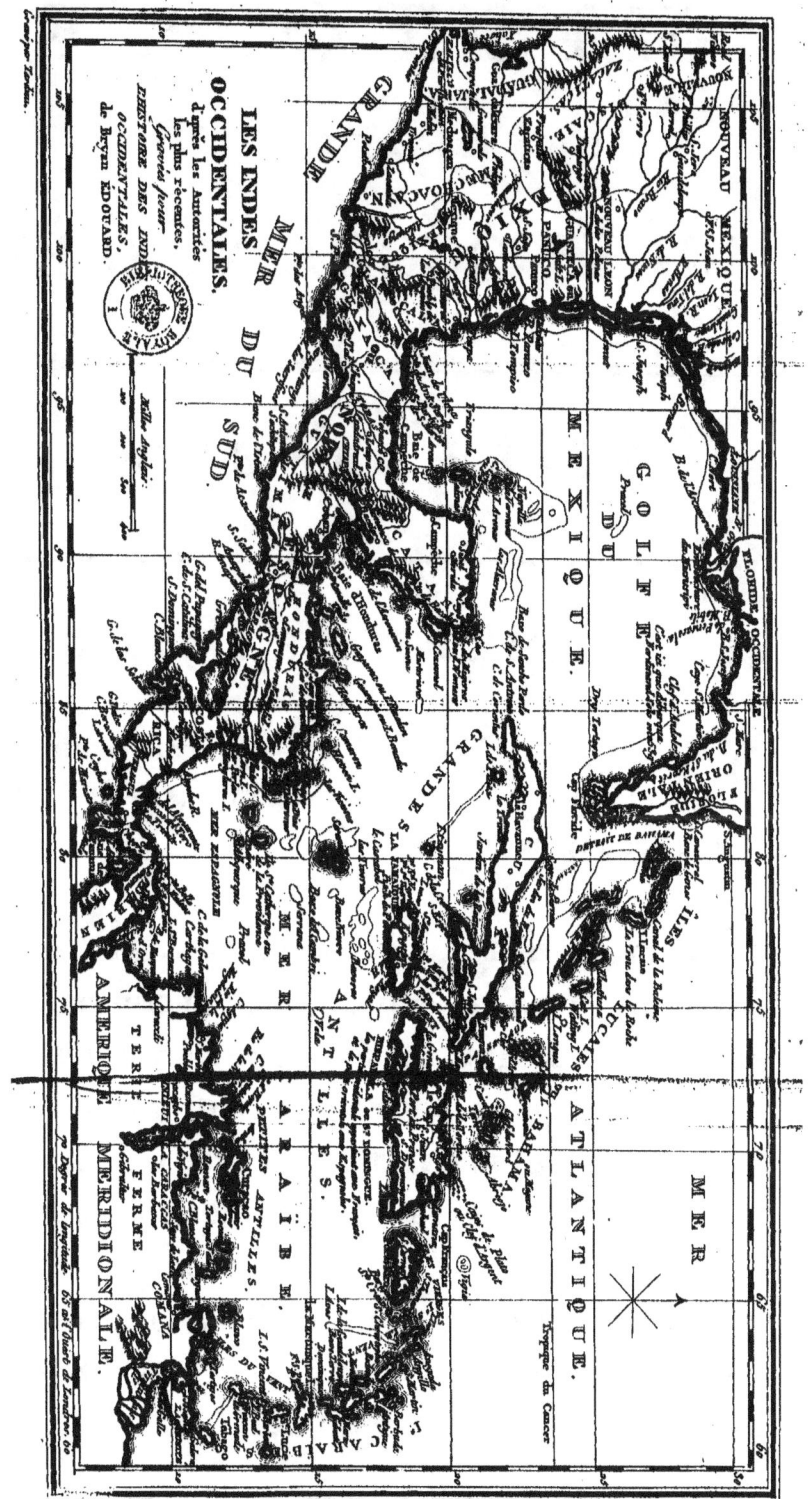

HISTOIRE DES INDES OCCIDENTALES.

LIVRE PREMIER.

CHAPITRE PREMIER.

Situation géographique.—Nom.—Climat.—Brises de mer et de terre.—Animaux et végétaux.—Élévation des montagnes, etc. etc.

Ce qui engagea le célèbre Christophe Colomb à faire voile pour découvrir un nouveau continent, fut l'opinion reçue de son tems, qu'on pouvoit trouver par l'ouest un passage plus court aux Indes orientales. La découverte de la mer pacifique démontra la fausseté de cette opinion; mais cependant les îles où Colomb débarqua retinrent le nom d'Indes occidentales, pour les distinguer des Indes orientales.

Sous cette dénomination sont comprises toutes les îles qui forment une courbe depuis le rivage de la Floride, sur la presqu'île septentrionale de l'Amérique, jusqu'au golfe de Maracaybo, sur la méridionale. Les navigateurs espagnols les ont divisées en îles au vent et sous le vent (*Bortavento* et *Sotavento*); et, strictement parlant, le terme au vent s'applique aux îles Caraïbes; et sous le vent, aux quatre plus considérables, Cuba, la Jamaïque, Hispaniola et Porto-Rico : cependant, dans la géographie anglaise, elles sont divisées d'après les époques des vents alisés; les îles au vent ou du vent terminant à la Martinique, et les îles sous le vent s'étendant depuis la Martinique jusqu'à Porto-Rico.

Comme toutes les îles des Indes occidentales sont situées au-dessous du Tropique du Cancer, il n'y a que très-peu de différence dans la température de l'air, excepté celle que produit l'élévation des terres.

On peut dire que le printems commence dans ces régions vers le mois de mai. Les pâturages brûlés changent alors leur aspect brunâtre en une verdure fraîche et délicieuse. Les douces ondées du midi ne tardent pas à commencer, et tombant vers le milieu du jour, occasionnent une végétation rapide et abondante. A cette époque, la hauteur moyenne du thermomètre est au 75me degré. (Fahrenheit).

Lorsque ces ondées du printems ont duré environ quinze jours, la saison s'approche de son méridien, et l'été du Tropique se fait sentir dans toute sa force. Pendant quelques heures de la matinée, avant que la brise de terre ne soit élevée, la chaleur du soleil est excessive et insupportable ; mais aussitôt que ce vent désiré s'élève, la chaleur diminue, et le climat devient agréable à l'ombre. Le thermomètre est alors presque toujours au 75me degré au lever du soleil, et au 85e à midi.

Quels que soient néanmoins les inconvéniens que cause dans ces îles la chaleur du jour, ils sont pleinement compensés par la beauté et la sérénité des nuits. La lune se lève brillante et majestueuse dans un horizon sans nuages : la voie lactée et la planète Vénus ont un éclat inconnu dans notre ciel : le païsage est superbe, et l'air frais et délicieux.

Vers le milieu d'août, le thermomètre

monte à une hauteur extraordinaire : la brise rafraîchissante cesse, et les grands nuages rouges qui bordent l'horizon méridional annoncent l'approche des pluies. Les nuages roulent horizontalement vers les montagnes : le tonnerre retentit d'un bout à l'autre, et le tout offre une scène frappante et sublime. C'est à cette époque que les ouragans, ces fléaux terribles et dévastateurs, se font si souvent sentir.

En novembre ou décembre, le vent de nord commence. Il est d'abord accompagné de fortes ondées de pluie, à la fin l'atmosphère s'éclaircit ; et ce tems-là jusqu'au mois de mars peut s'appeler hiver. C'est cependant un hiver bien différent de ceux dont on éprouve la rigueur dans les pays du nord : il est frais, sain et agréable.

Cette description du climat n'est pas indistinctement applicable à toutes les îles de l'Amérique. La grandeur, la culture, une surface montueuse, et d'autres circonstances peuvent par-tout occasionner une variété de climats.

Des écrivains prévenus et ignorans ont décrit les îles de l'Amérique, quand elles furent découvertes par les navigateurs es-

pagnols, comme des déserts affreux et impénétrables. Pour être convaincu de la fausseté de cette assertion, il n'y a qu'à consulter les expressions de Colomb lui-même, quand il rend compte à Ferdinand, son souverain, de ses nouvelles découvertes:
« Il y a, dit-il, une rivière qui se jete dans
« le port que j'ai nommé *Porto-Santo*, assez
« profonde pour être navigable. J'ai eu la
« curiosité de la sonder, et j'y ai trouvé
« huit brasses d'eau. Cependant l'eau est si
« claire, qu'on peut aisément voir le sable
« qui est au fond : ses rives sont ornées de
« hauts palmiers, dont l'ombre offre une
« fraîcheur délicieuse, et les oiseaux et les
« fleurs que l'on y voit sont superbes et peu
« communs. Cette scène fit sur moi une
« telle sensation, que j'avois presque pris
« la résolution d'y passer le reste de mes
« jours ; car croyez-moi, sire, ces pays
« surpassent le reste du monde pour l'agré-
« ment et les commodités ; et j'ai souvent
« observé à mes gens que, malgré tous mes
« efforts pour donner à votre majesté une
« juste idée des objets charmans qui se pré-
« sentent continuellement à nos yeux, la des-
« cription sera fort éloignée de la réalité ».

Telle étoit l'admiration d'un homme dont la véracité n'a jamais été révoquée en doute. S'il existe quelques époques où ces superbes et fertiles régions n'ont offert qu'un aspect stérile et des plantes inutiles, on ne doit les attribuer qu'à l'extirpation de leurs cultivateurs naturels, par les féroces aventuriers espagnols.

Le fait est que, dans l'origine, ces îles étoient dans un haut degré de culture. Leurs *savannahs*, ou plaines, produisoient abondance de bled de turquie, et leurs bois, n'étant pas encombrés de broussailles, offroient constamment un ombrage agréable où les rayons brûlans du soleil ne pénétroient jamais, et où le souffle bienfaisant des zéphirs circuloit librement.

Ces vergers fleuris, ces forêts toujours vertes étoient d'une grandeur inconnue dans le climat froid et le sol moins vigoureux de l'Europe. Quelle forêt européenne a jamais produit un arbre semblable au ceiba (1), dont le tronc creusé fait seul un canot, susceptible de contenir cent individus ; ou au figuier plus gigantesque encore,

---

(1) Le cotonnier sauvage.

qu'on peut appeler le souverain du monde végétal, et qui seul forme une forêt ?

Mais la scène majestueuse des vergers et des bois est encore embellie par les animaux qui l'habitent. Le créateur de l'univers paroît avoir singulièrement favorisé ces îles; on n'y rencontre pas ces multitudes de serpens venimeux qui infestent les pays situés dans la même latitude. On y voit, à la vérité, l'alligator sur le bord de la mer; mais, malgré tout ce qu'on a dit de la férocité de cet animal, je suis persuadé qu'il est timide et poltron, toujours prêt à abandonner les endroits fréquentés par l'homme. Quant à leurs lézards, ils ne sont pas méchans et ne cherchent qu'à folâtrer.

Leurs forêts étoient anciennement habitées par une petite espèce de singes, sans méchanceté et très-amusans, mais il n'y en a presque plus : le flamingo ou flamand, oiseau grand et superbe, dont le plumage ressemble à la plus belle écarlate, y est aussi devenu fort rare. Mais ce que leurs campagnes contiennent de plus curieux, c'est l'oiseau-mouche, dont la petitesse et le plumage éclatant, riche et varié, le rendent le plus beau et le plus surprenant de la gente aérienne.

Il est vrai que les oiseaux des Tropiques ne sont guères recommandables que par la beauté de leur plumage ; les forêts ne sont cependant pas sans harmonie. Le chant de l'oiseau-moqueur (1) est extrêmement agréable ; tandis que le bourdonnement de myriades d'insectes, et la mélodie plaintive des pigeons ramiers forment un concert qui, s'il n'éveille pas l'imagination, adoucit au moins les affections et invite au repos.

Quand on quitte ces objets d'un intérêt médiocre, pour jeter les yeux sur les prodigieuses montagnes de ces régions, qui s'élèvent au-dessus des nuages, et dont le sommet est couvert d'une neige éternelle, on tombe dans une méditation plus profonde. Le spectateur qui, du haut de ces montagnes, voit ce qui se passe au-dessous, s'imagine que c'est une scène enchantée. Tandis que tout est calme et serein dans les régions élevées, les nuages au-dessous de lui filent rapidement le long des côtés des montagnes, et, s'accumulant petit à petit

---

(1) L'oiseau-moqueur imite le chant de tous les autres oiseaux et le cri des animaux : c'est de là que lui vient le nom de *moqueur*. (*Note du traducteur.*)

les uns sur les autres, finissent par tomber en torrens dans les plaines. Il entend distinctement le bruit de la tempête; il voit l'éclair éloigné serpenter dans l'obscurité ; le tonnerre gronde au-dessous de ses pieds et fait retentir tous les échos d'alentour.

CHAPITRE II.

Des Caraïbes, ou anciens habitans des îles du vent. — Origine. — Caractère. — Mœurs. — Figure. — Habitudes. — Éducation. — Arts et manufactures. — Religion. — Conclusions.

Après avoir décrit le climat et les saisons, et tâché de donner au lecteur une foible idée de la beauté et de la magnificence dont la main de la nature a orné ces îles, je vais examiner les habitans qui en étoient possesseurs, quand elles furent découvertes par les Européens.

Hispaniola (1) fut la première île qui eut l'honneur de recevoir Colomb, après le voyage le plus étonnant et le plus important dont il soit fait mention dans l'histoire. Il trouva que les habitans de cette île et des trois autres, que les navigateurs espagnols nommèrent sous le vent, étoient simples, heureux et fort hospitaliers; mais il fut informé qu'il y avoit à l'est, une

(1) Saint-Domingue.

nation féroce et guerrière appelée *Caraïbe*; qu'elle étoit composée de cannibales faisant souvent des incursions chez leurs voisins plus paisibles, et portant par-tout la terreur et la dévastation. Dans son second voyage, Colomb découvrit que ces antropophages étoient les habitans des îles du vent.

Les historiens ont fait diverses recherches pour découvrir les causes extraordinaires du voisinage de deux nations d'un caractère si opposé. Rochefort, historiographe du pays, offre des raisons plausibles pour prouver que les habitans des grandes îles étoient descendus des originaires des Indes occidentales; et que les féroces Caraïbes étoient des émigrés de l'Apalachie, qui avoient détruit les naturels, excepté ceux dont le nombre et l'étendue de leur territoire les avoient préservés d'une ruine totale.

Mais Martyr, historien plus intelligent, a donné des argumens très-puissans contre cette conjecture. Il seroit néanmoins trop ennuyeux d'entrer dans une pareille discussion : il est certain que la différence du langage et des traits des deux nations, ne permet pas de supposer qu'elles soient de même origine; mais il est difficile de déterminer d'où elles sont émigrées ou sorties, et cela n'est même pas digne de nos recherches.

Sans donc nous en occuper davantage, tâchons de choisir des faits incontestables qui puissent nous faire connoître leurs mœurs et leur caractère. En nous acquittant de cette tâche, quelque bornés que nous soyons pour les matériaux, nous en pourrons tirer des conséquences fort importantes pour l'étude de la nature humaine.

Le courage ou la poltronerie est toujours un trait marquant du caractère d'un homme, et les nations ne se distinguent pas moins que les individus par l'étendue et la nature de ces qualités.

Les Caraïbes étoient braves; mais leur courage étoit celui des barbares, terni par la vengeance, et dégradé par la cruauté. Accoutumés, dès leur tendre jeunesse, au métier des armes; enseignés à regarder la réputation militaire comme la première des vertus; incapables, par leurs habitudes actives, de goûter chez eux les douceurs de la tranquillité, ou de cultiver les arts bienfaisans de la paix, ils considéroient la guerre comme le principal objet de leur existence, et la paix comme une simple trêve aux hostilités, pour se préparer à de nouvelles vengeances.

Leur ardeur dans le combat se changeoit en fureur insatiable; car ils dévoroient sans remords le corps des ennemis qu'ils avoient tués ou faits prisonniers.

Ce fait, si désagréable à raconter, (quoique bien prouvé) fut pendant un tems opiniâtrément nié par ces philosophes européens, qui, jaloux de maintenir la dignité de notre nature, révoquoient en doute la véracité de tous ceux qui assuroient avoir vu des cannibales. Mais les découvertes des voyageurs modernes ne nous laissent aucun lieu de douter de l'existence de ces êtres dégradés. Quant aux Caraïbes, l'accusation est complètement prouvée; car Colomb raconte qu'ayant débarqué à la Guadeloupe, il vit dans plusieurs chaumières des têtes et des membres de corps humains, récemment coupés, et que l'on gardoit évidemment pour d'autres repas!

Jusqu'ici, il faut avouer que les dispositions des Caraïbes ne laissent pas une impression bien agréable dans notre esprit.

En considérant cette circonstance dans leurs mœurs, nous ne pouvons guères les regarder comme des hommes, mais plutôt comme des monstres qu'il étoit permis d'anéantir. Cependant tout le tableau de leur caractère ne correspond pas à ce trait désagréable : on trouve dans le Caraïbe une amitié sincère, une indépendance d'esprit noble et énergique, et une portion des passions sociales.

Tout le monde convient que, lorsque quelques Européens avoient gagné leur confiance, ils la possédoient sans réserve. Leur amitié étoit aussi ardente que leur haîne implacable. Les Caraïbes de la Guyane font encore grand cas de la tradition de l'alliance de Raleigh, et conservent jusqu'à ce jour les drapeaux anglais qu'il leur laissa en les quittant.

Un écrivain, qui n'est point partial à leur égard, donne la relation suivante de la noblesse de leurs sentimens, et de leur horreur pour l'esclavage : « Il n'y a sur la terre, dit
« Labat, aucune nation plus jalouse de son
« indépendance que les Caraïbes ; et quand
« ils voient le respect qu'un Européen témoigne à ses supérieurs, ils nous mé-

« prisent comme de vils esclaves qui avons
« la bassesse de ramper devant nos sem-
« blables ».

Il auroit été heureux que cette conviction de leur dignité eût été accompagnée de la douceur et de l'humanité ; mais leur passion dominante pour la guerre réprima cet instinct de la nature, que la beauté du climat auroit autrement produit. La passion de l'amour n'y étoit pas fortement sentie : par la nature de leurs ornemens, ils paroissoient plutôt enclins à inspirer la terreur qu'à devenir des objets d'admiration ; et, véritablement, les hideuses balafres qui défiguroient leurs visages, la force et la vigueur de leurs personnes, et ce roulement vif et sauvage de leurs yeux qui sembloit être une émanation de leur esprit martial, rendoient leur apparence terrible et frappante. Aussitôt qu'un Caraïbe étoit né, il étoit arrosé du sang de son père. Cette cérémonie étoit extrêmement pénible pour le père ; mais il s'y soumettoit, s'imaginant que la fermeté qu'il montreroit dans cette occasion seroit transmise à son fils.

Avant qu'un jeune homme pût lui-même être admis aux honneurs de la virilité, on essayoit son courage par les plus pénibles expériences. Il étoit, comme les jeunes Spartiates, tourmenté par la main de son plus proche parent, et, comme eux, il établissoit sa réputation par le mépris des souffrances. Quand sa patience avoit bravé leurs persécutions, ils s'écrioient : « Maintenant c'est un homme comme nous; » et ils l'admettoient dans leur société, et le menoient à la guerre.

Ce même courage, qui portoit le jeune homme aux honneurs de la virilité, étoit aussi l'épreuve de la supériorité, quand des ambitieux concouroient pour le commandement. Le guerrier étoit exposé à mille tourmens affreux, avant qu'on le jugeât digne d'être chef. Le Caraïbe ambitieux qui arrivoit à cette dignité, devoit avoir acheté cet honneur bien cher. Il étoit impossible de s'attendre à une parfaite obéissance de la part d'un peuple si passionné pour l'indépendance. Le chef se contentoit de la gloire de son titre, du droit qu'il avoit de s'approprier les captives, et des présens qu'on lui faisoit, des plus belles filles de ses compatriotes.

C'est peut-être de ce dernier tribut que

l'usage de la polygamie prit naissance. Mais, quoique données comme la récompense de la valeur, les femmes étoient plutôt traitées en esclaves qu'en épouses. Elles étoient chargées de toute espèce de travail humiliant; elles n'éprouvoient ni égard, ni humanité, et n'avoient pas même le privilège de manger avec les hommes. Tel est le sort de toutes les femmes chez les sauvages : les progrès d'une nation, dans ce qui est bon et humain, sont marqués par la dignité et le bonheur du sexe féminin.

Le guerrier caraïbe n'avoit guères d'autre ornement ou vêtement, qu'une plume qui lui passoit à travers le cartilage du nez, et les dents des ennemis qu'il avoit dévorés, suspendus autour de ses jambes et de ses bras. Les habits étoient, à la vérité, peu nécessaires dans un climat où l'on n'éprouve jamais les rigueurs de l'hiver. Les femmes, après l'âge de puberté, portoient une espèce de brodequin ou demi-botte, faite de coton ; mais aucune captive ne pouvoit prétendre à cette distinction.

Leurs longs cheveux noirs formoient le principal ornement des deux sexes; et cet ornement étoit aussi refusé aux captifs.

Comme tous les autres Américains, ils s'arrachoient la barbe dès qu'elle commençoit à croître; circonstance qui fit croire à quelques personnes que les Américains n'avoient pas naturellement de barbe; mais des témoignages oculaires nous ont démontré cette erreur.

La circonstance la plus remarquable de ces Indiens est la manière dont ils façonnent les têtes de leurs enfans : on leur met en naissant la tête entre deux planches, que l'on presse l'une contre l'autre, de manière que le front et le derrière ressemblent aux deux côtés d'un carré. Les misérables restes des naturels de l'île de Saint-Vincent conservent encore cette coutume. Leurs villages ressembloient à un camp européen, leurs huttes étant faites de bâtons qui se réunissoient vers le sommet, et couvertes de feuilles de palmier. Dans le milieu de chaque village, il y avoit une grande salle, où ils s'assembloient et mangeoient en commun : ces salles servoient aussi à exercer leur jeunesse aux jeux des athlètes et au combat, ainsi qu'à leur inspirer de l'émulation par les discours de leurs orateurs.

Leurs arts et leurs manufactures, quoiqu'en petits nombres, démontroient un degré d'intelligence auquel on ne se seroit pas attendu de la part d'un peuple si peu éloigné de l'état de nature. Colomb remarqua abondance de bonne toile de coton dans toutes les îles qu'il visita; et les naturels avoient l'art de la teindre de diverses couleurs; mais les Caraïbes aimoient de préférence la couleur rouge. Avec cette toile, ils faisoient des hamacs ou des lits suspendus, tels que ceux dont on fait usage dans les navires; car l'Europe les a non-seulement pris pour modèles, mais en a même conservé le nom. Ils possédoient aussi l'art de faire des vases pour les usages domestiques, qu'ils faisoient cuire au four comme les potiers de l'Europe. Par les fragmens de ceux qu'on a dernièrement trouvés enfouis à la Barbade, on voit qu'ils surpassoient de beaucoup en finesse, et par leur poli, ceux que font les nègres. Leurs paniers, faits de feuilles de *palmeto*, étoient très-élégans; et on dit que leurs arcs, flèches et autres armes avoient une netteté et un poli qu'il auroit été difficile à un habile artiste européen, de surpasser, même avec ses outils.

Nous n'avons pas de renseignemens certains sur la nature et l'étendue de leur agriculture. Chez un peuple si grossier, le droit de propriété n'étoit pas bien entendu : on trouve, en conséquence, qu'il y avoit dans chaque village communauté de biens et de travaux. Tous partageoient le travail de labourer et de semer ; et chaque famille avoit part au grenier public. Excepté dans la seule circonstance de manger de la chair humaine, leur nourriture paroît, à tous égards, la même que celle des naturels des plus grandes îles. Quoiqu'ils fussent extrêmement voraces, ils rejetoient cependant quelques-uns des plus beaux dons de la nature : ils ne mangeoient jamais de *pecary* ou cochon du Mexique ; de *manati* ou vache de mer, ni de tortue. Quelques personnes ont attribué cette horreur pour ces mets exquis à l'influence de la religion ; et les historiens fertiles n'ont pas oublié que les Juifs avoient un pareil dégoût pour les mêmes animaux.

En examinant leurs usages religieux, nous en trouvons quelques-uns qui viennent de la nature, et d'autres de la superstition et qui sont inconcevables. A la naissance d'un enfant, le père jeûnoit pendant un jour entier, coutume qui ne pouvoit provenir d'aucun motif raisonnable. A la mort d'un père, leur conduite étoit décente et pieuse; ils déploroient sa perte avec un véritable chagrin; quittant ensuite le lieu de sa résidence, ils élevoient une hutte dans un autre endroit.

Leur croyance religieuse paroît être un mélange de déisme et d'idolâtrie; mais dans tous les tems leur dévotion fut plutôt le résultat de la crainte que de la reconnoissance. Leurs idées d'un Etre suprême étoient grossières et indistinctes, et les prières qu'ils lui adressoient par l'intermédiaire des divinités inférieures, n'étoient pas pour implorer sa protection, mais seulement pour détourner sa vengeance. Les divinités inférieures étoient, comme les dieux des Romains, divisées en êtres supérieurs et subordonnés, en protecteurs nationaux et domestiques; et ce qui rend encore la ressemblance de cultes plus grande entre le Romain et le Caraïbe, c'étoit sa croyance que chaque individu avoit son dieu particulier; ce qui correspond à l'esprit de la mythologie ancienne.

Mais outre leurs divinités bienfaisantes, ils adoroient d'autres esprits, par des rites d'une superstition plus noire : pour détourner la colère de ces démons, leurs magiciens offroient leurs sacrifices et leurs prières dans des lieux sacrés. Dans ces occasions, l'adorateur se faisoit d'horribles incisions, s'imaginant, peut-être, que l'esprit féroce du démon prenoit plaisir à entendre les gémissemens de la misère, et étoit appaisé par la grande effusion du sang humain.

Voici l'esquisse la plus frappante du Caraïbe. Ce tableau est une assemblage de traits grossiers et irréguliers, dont l'expression, quoique peu agréable, ne laisse pas néanmoins de faire quelque sensation, à cause de son courage mâle. Que ceux qui sont choqués de la barbarie de ces mœurs et coutumes, prennent bien garde de ne pas les attribuer aux simples suggestions de la nature. Cet état de barbarie n'est point naturel à l'homme. Si l'impulsion de la nature n'étoit pas en contradiction directe avec de pareils usages, il ne faudroit pas une discipline si sévère et si constante pour endurcir le cœur du jeune Caraïbe contre tout sentiment de sympathie et de remords. La compassion et la tendresse font le principal ornement et le bonheur de notre vie ; et, à l'honneur de l'humanité, ce sont les premières inclinations de notre nature.

CHAPITRE III.

Des naturels d'Hispaniola, Cuba, la Jamaïque, et Porto-Rico. — Leur nombre. — Leur apparence. — Génie. — Caractère. — Gouvernement et religion. — Mélanges d'observations concernant les arts et l'agriculture. — Cruauté des Espagnols.

Je vais maintenant rendre compte d'un peuple doux et comparativement policé, les anciens habitans d'Hispaniola, Cuba, la Jamaïque et Porto-Rico; car il n'y a point de doute que les naturels de toutes ces îles ne soient de même origine, parlant la même langue, possédant les mêmes institutions, et pratiquant les mêmes superstitions. Colomb les suppose tels; et le témoignage des historiens contemporains confirme son opinion.

Les naturels, ci-devant mentionnés des îles du vent, regardent ces insulaires comme descendans d'une colonie d'Arrouaks, peuple de la Guyane; et il n'y a pas lieu de douter de la conjecture des Caraïbes à ce sujet. Leur opinion est soutenue par Raleigh, et d'autres voyageurs, qui allèrent à la Guyane et à la Trinitad, ou Trinité, il y a deux siècles.

Les historiens ne sont pas d'accord sur le nombre d'habitans que Colomb trouva dans ces îles quand il les visita. Las-Casas les fait monter à six millions; mais d'après les renseignemens de plusieurs autres écrivains non moins exacts, je suis porté à ne les évaluer qu'à trois millions au lieu de six. Telles sont à la vérité les relations du carnage que les Espagnols firent parmi ces malheureux Indiens que, pour l'honneur de l'humanité, nous aimons mieux croire que leur nombre a été exagéré par les compagnons de Colomb, afin de faire valoir davantage l'importance de leur découverte.

Les enfans des deux sexes, chez ce peuple simple, alloient absolument nus; et la seule chose en usage pour les hommes et pour les femmes, étoit une pièce de toile de coton attachée autour de leur ceinture, et qui descendoit aux femmes jusqu'aux genoux. Ils avoient une forme élégante et bien proportionnée, et étoient plus grands que les Caraïbes, mais beaucoup moins vigoureux. Comme les Caraïbes, ils façonnoient aussi la tête de leurs enfans ; mais leur méthode étoit différente ; car ils pressoient le front de manière à donner une épaisseur extraordinaire au derrière de la tête. En rapportant ce fait, les Espagnols nous donnent en même-tems un échantillon des expériences *humaines* par lesquelles ils le découvrirent. Herrara raconte qu'il étoit impossible de leur ouvrir le crane d'un seul coup de sabre, et que souvent même le sabre se brisoit. Leurs cheveux étoient uniformément noirs, sans aucune tendance à la frisure ; leurs traits durs et grossiers ; ils avoient le visage large et le nez plat ; mais on apercevoit cependant dans la physionomie l'expression de la franchise et de la douceur.

Les philosophes modernes, en traçant leur caractère, les ont singulièrement défigurés, et leur ont attribué des qualités qu'il étoit impossible de concilier dans le même caractère. Ils ont été accusés d'être poltrons, indolens et insensibles, et de n'avoir pas plus d'esprit que de tempérament.

Leur esprit militaire étoit certainement fort inférieur au barbare enthousiasme du guerrier caraïbe ; mais ils n'étoient pas insensibles aux plaisirs des sens. Le fait est que, chez cette race heureuse, l'amour n'étoit pas une passion passagère ou de.jeunesse ; c'étoit la source de toutes leurs jouissances et le grand objet de leur vie. La soif de la vengeance ne donna jamais d'aigreur à leur caractère, et le climat augmentoit le sentiment de leurs passions. Qu'une nation qui possède les moyens de luxe, sans la nécessité de travailler, soit adonnée au luxe, cela n'est pas du tout surprenant. Le peu de besoin de travailler pouvoit bien en quelque sorte les affoiblir; et il est possible d'admettre cette conclusion, sans dégrader leur nature, ou sans déclarer (comme quelques écrivains ont osé le dire) que le climat est incompatible avec la vigueur du corps.

Leurs membres étoient néanmoins souples et actifs ; ils se plaisoient et excelloient dans l'exercice de la danse, et ils dévouoient à cet amusement les heures fraîches de la nuit. « C'étoit leur coutume, dit Herrara, « de danser depuis le soir jusqu'au point « du jour; et quoique, dans ces occasions, « il se trouvât cinquante mille hommes et « femmes, ils paroissoient mus par la même « impulsion, observant la mesure par les

« mouvemens de leurs pieds et de leurs
« mains, avec une exactitude vraiment
« digne d'admiration. »

Il y avoit aussi un autre divertissement en vogue parmi eux, appelé le *bato*, qui, d'après le compte que l'on nous en a rendu, paroît avoir ressemblé au jeu de crosse. Les joueurs étoient divisés en deux bandes, qui changeoient alternativement de place; tandis qu'une balle élastique, adroitement jetée en avant et en arrière, étoit reçue sur la tête, le coude ou le pied, et renvoyée avec une force étonnante. De pareils efforts n'annoncent pas un peuple invariablement énervé et indolent.

Les écrivains européens, peu satisfaits d'avoir déprécié leurs talens personnels, ont outre cela déclaré que leur esprit étoit inférieur au nôtre. Ces philosophes auroient dû réfléchir que leur situation seule, sans recourir à d'autres raisons, étoit une cause suffisante du petit nombre de leurs idées. L'énergie d'esprit d'un Européen éclairé ne provient pas de la nature, mais des circonstances. Il est intelligent et savant, non pas par des connoissances innées, mais en cultivant ses facultés, ce à quoi il est excité par le besoin ou l'ambition.

Mais ce qu'il manquoit d'énergie à ces Indiens, étoit amplement compensé par la douceur de leur caractère; puisque, d'après le témoignage de tous les écrivains, et même des historiens superstitieux, ils sont représentés comme les plus doux et les plus hospitaliers de l'espèce humaine.

Entre autres exemples de leur bienveillance, le trait suivant n'est pas le moins remarquable. Peu après la première arrivée de Colomb à Hispaniola, un de ses vaisseaux fit naufrage sur la côte. Les naturels, dédaignant profiter de sa détresse, mirent aussitôt en mer pour voler à son secours. Des milliers de canots furent en mouvement; il ne périt personne de son équipage; et il n'y eut aucun article de perdu ou d'égaré des marchandises qui furent sauvées du naufrage. Le cacique Guacanahari alla le lendemain rendre visite à Colomb ; et s'apercevant que, malgré tous les efforts imaginables, le vaisseau et une partie de la cargaison seroient inévitablement perdus, il consola Colomb dans des termes qui excitèrent la surprise et l'admiration, et lui offrit, les larmes aux yeux, tout ce qu'il possédoit au monde pour réparer ses pertes.

Qui peut apprendre, sans éprouver la plus grande indignation, que cette bienveillance inouie fut payée par la plus vile ingratitude de la part des Européens ? Les cruels Espagnols devinrent les victimes de la juste fureur des Indiens ; mais Guacanahari fut couvert de blessures, en s'efforçant de les protéger contre ses compatriotes. Colomb revint, et l'attachement généreux de ce peuple bienfaisant se ranima.

Barthelemi Colomb, qui fut nommé vice-gouverneur en l'absence de Colomb, nous rend un compte agréable de l'hospitalité qu'il éprouva en parcourant l'île pour lever des tributs. Les caciques, voyant l'amour de l'or des Espagnols, donnèrent volontairement tout ce qu'ils avoient, et ceux qui n'en avoient pas offrirent des provisions ou du coton. Entre ces derniers étoit Behechio, qui invita le vice-gouverneur et sa suite dans ses dominations. Quand les Espagnols furent près de son palais, ses trente femmes allèrent au-devant d'eux, et les saluèrent d'abord par une danse, et ensuite par un chant général. Ces matrones furent suivies d'une bande de vierges, distinguées comme telles par leur extérieur ; les premières portant des tabliers de toile de coton, tandis que les dernières n'avoient d'autres ornemens que ceux de la simple nature. Leurs cheveux étoient attachés avec une bandelette sur leur front, ou flottoient avec grâce sur leur sein et sur leurs épaules. Leurs membres étoient bien proportionnés, et leur teint, quoique brun, étoit brillant et aimable. Les Espagnols furent frappés d'admiration, et s'imaginèrent voir les dryades des forêts, et les nymphes des fontaines mentionnées dans la fable. Elles donnèrent alors avec un profond respect au vice-gouverneur, les branches qu'elles avoient à la main. Quand ce dernier fut entré dans le palais, il trouva un repas splendide (d'après la coutume des Indiens) déja préparé. La nuit ils reposèrent dans des hamacs de coton, et le lendemain matin on les régala de danses et de chants. Les Espagnols furent traités de cette noble manière pendant trois jours, et le quatrième, les affectueux Indiens furent fâchés de leur départ.

Le gouvernement de ces îles étoit purement et absolument monarchique; mais la douceur naturelle du caractère des habitans avoit introduit un mélange de bonté et de tendresse paternelle, même dans l'exercice de l'autorité absolue. Si leurs monarques avoient usé de toute l'étendue de leur prérogative pour fouler aux pieds les droits des sujets, ces derniers auroient été trop avilis pour être susceptibles d'une générosité telle que celle dont je viens de parler.

Leurs caciques étoient héréditaires, et il y avoit d'autres chefs qui leur étoient subordonnés. Oviedo raconte que ces princes étoient obligés d'obéir en personne aux ordres du grand cacique, en paix comme en guerre. Ainsi, les principes de leur gouvernement semblent avoir été les mêmes que ceux des anciens gouvernemens féodaux de l'Europe; mais les historiens espagnols ne nous ont pas donné de documens suflisans sur les autres parties de leur constitution. Nous voyons que la monarchie étoit héréditaire, et Oviedo nous apprend que l'une des femmes du cacique étoit regardée comme reine, et que les enfans de cette reine succédoient, selon l'ordre de la naissance, aux honneurs de leur père; mais au défaut d'enfans de la princesse favorite, les sœurs du cacique héritoient, de préférence aux enfans des autres femmes. Il est clair que le but d'un pareil réglement étoit de prévenir les querelles entre une foule de prétendans au trône, qui y avoient tous un égal droit.

Comme le premier cacique surpassoit en autorité les princes subordonnés, il affichoit aussi une plus grande pompe et plus de magnificence. Semblable aux nababs de l'Orient, il étoit porté d'un bout à l'autre de ses États sur les épaules de ses sujets. Sa volonté faisoit la loi suprême; quels que fussent ses ordres, quand même il auroit commandé à l'infortunée victime de s'immoler de ses propres mains, le sujet se soumettoit sans hésiter, dans la persuasion que la résistance au délégué du ciel (1) étoit une offense impardonnable.

Leur souverain, même après sa mort, étoit toujours l'objet de leur vénération : s'il mouroit dans son palais, son corps étoit préservé ; mais quand il périssoit en bataille, et qu'il étoit impossible de se pro-

(1) D'après cette relation, il paroît que la forme de gouvernement dont il est ici question, loin d'être une monarchie, est plutôt un pur despotisme théocratique, et ce despotisme est le plus doux à supporter, parce que le sujet regarde son chef comme le délégué du ciel.

(*Note du traducteur.*)

curer son cadavre, sa mémoire étoit constamment l'objet chéri de l'admiration de ses compatriotes.

On composoit à sa louange des élégies, appelées *arietoes*. Le récit de ces éloges funèbres, étoit une cérémonie d'assez grande importance ; il se faisoit à leurs danses publiques, et étoit accompagné de leur musique sauvage, mais expressive, du *chichikoy* (1) et du tambour. Les exploits guerriers du prince décédé et sa bienfaisance étoient les sujets de ces élégies. C'est ainsi qu'en célébrant les morts, ils donnoient des leçons aux vivans.

En examinant leurs opinions religieuses, nous trouvons chez les historiens une anecdote qui semble indiquer que les notions d'une responsabilité future pour les actions de cette vie, étoient admises dans leur mythologie. Un vénérable vieillard de l'île de Cuba, s'approchant de Colomb, lui présenta un panier, en lui adressant ces paro-

---

(1) Le chichikoy est une gourde avec un manche, dans laquelle les Indiens mettent de petits cailloux, et qu'ils agitent ensuite pour faire du bruit.

(*Note du traducteur.*)

les : « Daignez, ô étranger, accepter ce
« présent. Vous êtes venu dans notre pays,
« et nous n'avons ni le pouvoir, ni le desir
« de vous résister. Nous ne savons pas si
« vous êtes un mortel comme nous ; mais
« si vous devez mourir, souvenez-vous que
« dans le monde à venir, la situation des
« bons et des méchans sera bien différente.
« Si vous êtes persuadé de cette vérité, vous
« ne ferez certainement pas de mal à ceux
« qui ne vous font aucune injure. » Mais
leurs idées d'un autre monde, quoique
précises, n'étoient pas épurées : leur ciel
ressembloit au paradis de Mahomet ou à l'élisée des payens. Cependant toujours fidèles au
tendre sentiment de leur nature, ils se plaisoient à croire que leur principal bonheur
seroit la société de leurs amis décédés.

Comme les Caraïbes, ils avoient une idée
confuse d'un Etre suprême ; mais cette idée
étoit obscurcie par une multitude d'absurdités puériles ; car, selon leur mythologie,
leur Dieu changeoit de domicile à volonté,
et passoit du soleil dans la lune, comme
on va d'une maison de ville à une maison
de campagne ; et son père et sa mère étoient
encore vivans.

Ils n'attribuoient à ce Créateur suprême

aucune providence sur ses ouvrages ; mais ils le représentoient comme indifférent au bonheur ou au malheur de ses créatures. Ils croyoient cependant que sa première intention, en créant l'univers, avoit été bonne ; mais que les dieux subalternes, à l'administration desquels il avoit confié ses affaires, étoient devenus ennemis du genre humain, et avoient introduit dans le monde le mal et le désordre. Leurs idoles étoient hideuses et épouvantables : ils ne les imploroient pas avec vénération, mais avec crainte; non pas avec de pieuses espérances, mais avec une méfiance superstitieuse.

Leurs bohitos ou prêtres s'assembloient publiquement dans chaque village, pour invoquer ces démons en faveur du peuple. Ces prêtres ajoutoient, aux profits de leur profession, la pratique de la médecine, et l'éducation des enfans du premier rang ; combinaison d'intérêts et de professions respectables, qui devoit leur procurer une autorité très-considérable. Ici, comme en Europe, la religion étoit devenue l'instrument du despotisme civil. Le bohito révéré sanctionnoit les paroles du cacique, en le déclarant le délégué irrésistible de la divinité, et ç'auroit été une impiété horrible de la part du sujet d'avoir révoqué ce décret en doute.

Colomb et ses gens découvrirent, dans une occasion, ce procédé d'impostures, en brisant l'idole qui rendoit les oracles du prêtre : on aperçut alors un tuyau, qui étoit couvert de feuilles, et qui passoit dans l'appartement intérieur; c'étoit par ce moyen que le prêtre transmettoit ses paroles. Le cacique pria Colomb de garder le secret, parce que c'étoit par ce charlatanisme qu'il acquéroit ses richesses et maintenoit son autorité.

En fait de progrès dans les arts qui contribuent aux aisances de la vie, on a fait la comparaison entre ce peuple et les naturels d'Otahiti, et je crois que l'on peut sans hésiter accorder la priorité aux habitans des Indes occidentales. Leur agriculture a été représentée comme imparfaite ; mais le témoignage direct du frère de Colomb prouve qu'ils avoient fait des progrès considérables. « Les champs des environs de Zabra, dit « Barthélemi, étoient tous couverts de maïs, « comme les champs de bled de l'Europe, « pendant l'espace de plus de six lieues. » Entr'autres auteurs, le docteur Robertson a donné une relation défavorable de leur agriculture.

Mais ses assertions sont dénuées de preuves, et il ne conclut que d'après des bases incertaines, savoir : qu'ils n'avoient que des instrumens de bois dur pour cultiver la terre. Le docteur ne connoissoit certainement pas le sol de ces pays, autrement il auroit su qu'il n'est pas susceptible de beaucoup de résistance, et qu'on peut le labourer avec des outils qui n'ont pas la dureté du fer.

Dans un pays si délicieux, dans un état de société si simple, et avec des dispositions si douces et si bienveillantes, les naturels doivent avoir joui de la félicité humaine la plus parfaite ; mais, en admettant dans leur société et dans leur confidence les aventuriers d'Espagne, ils étoient bien éloignés de connoître les vipères qu'ils réchauffoient dans leur sein. Les horreurs des plus cruels tyrans qui se sont fait un jeu des tortures de leurs semblables, ne sont rien en comparaison des crimes affreux dont l'Europe s'est rendu coupable pour faire la conquête du nouveau monde. Calcul modéré, dix millions d'ames, tant du continent que des îles de l'Amérique, furent sacrifiées à l'avarice, à l'amusement barbare, et à l'infernale bigoterie des Espagnols.

A l'arrivée de Colomb, les aimables habitans d'Hispaniola, montoient au moins à un million d'ames : dans l'espace de six ans il n'en resta plus que soixante mille. Ils étoient chassés comme des bêtes fauves dans les champs, par une espèce de chiens féroces que l'on accoutumoit à manger leur chair, et à sucer leur sang. Les plus religieux des assassins espagnols les forçoient à entrer dans l'eau pour les baptiser, et leur coupoient la tête, le moment d'après, de peur qu'ils n'apostasiassent. Il étoit aussi assez commun d'en faire brûler ou pendre treize dans une matinée, en honneur de notre Sauveur et de ses douze apôtres. Pour n'en pas perdre l'habitude, ils établirent des jeux, où l'émulation étoit excitée par des paris ; « savoir, qui feroit sauter, avec le » plus d'adresse, la tête d'un Indien ! »

Les habitans de la vieille Espagne furent instruits de toutes ces énormités ; mais ils n'eurent ni la justice, ni la compassion de protéger les innocens. A la fin, quand les plaines délicieuses d'Hispaniola furent presqu'entièrement dépouillées de leurs cultivateurs originaires, la cour d'Espagne accorda des permissions pour employer dans les mines, que l'on commençoit alors à ouvrir dans l'île, les restes de ces malheureux insulaires, que l'on pouvoit prendre et traîner dans l'esclavage. Pour donner plus d'efficacité à ce plan inhumain, on envoya des vaisseaux aux îles Lucayes, dont les capitaines informèrent les naturels qu'ils étoient venus pour les conduire à la terre où vivoient leurs ancêtres; et que dans ce paradis de délices, ils vivroient dans une félicité perpétuelle avec leurs parens décédés. Ce peuple crédule se laissa tromper, et quarante mille individus, séduits par ces fausses promesses, vinrent partager les maux qui les attendoient dans les affreuses mines d'Hispaniola. Les infortunés Lucayens, revenus de leur erreur, refusoient toute espèce de nourriture, et se retirant sur le rivage d'Hispaniola opposé à celui de leur pays, jetoient des regards plaintifs vers leurs îles natales, et respiroient avec ardeur la brise qui venoit de ce côté (1). Quand la nature étoit épuisée

(1) Un de ces malheureux Lucayens, plus industrieux que ses compatriotes, étant accoutumé à bâtir des huttes dans son pays, fit un canot d'un tronc de

de douleur et de faim, ils étendoient les bras, comme pour faire leurs derniers adieux, et expiroient le long de la côte. Les philosophes ont quelquefois soutenu qu'il n'y avoit aucun être humain qui voulût commettre une action injuste ou barbare, à moins qu'il ne lui en revînt quelque profit. Chaque action a certainement un motif; mais peut-on expliquer dans quelle vue d'avantage l'atrocité suivante et bien authentique fut commise par les bourreaux d'Espagne? Las-Casas, qui a écrit son histoire peu de tems après tous ces forfaits, et qui auroit facilement été démenti s'il avoit dit une fausseté, raconte le fait suivant, dont il fut témoin oculaire.

« Un commandant espagnol étoit allé faire
« sa méridienne, et avoit laissé à son officier
« de garde le soin des affaires de l'après-
« midi, qui étoient seulement de faire griller
« tout vifs 4 ou 5 chefs Indiens. L'officier
« commença à s'acquitter de sa commission

jaruma, et mit en mer avec un homme et une femme. Son voyage fut heureux pendant l'espace de soixante-six lieues; mais au moment où il touchoit au port désiré, il fut rencontré par un vaisseau espagnol, et reconduit dans la misère.

« en les mettant sur un feu lent ; mais les cris
« terribles que poussèrent ces malheureux,
« empêchèrent le commandant de dormir : il
« envoya ordre qu'on les étranglât ; mais l'of-
« ficier de garde (je sais son nom, dit Las-
« Casas, et je connois ses parens à Séville)
« les fit bâillonner pour que leurs cris ne
« fussent pas entendus ; et, remuant le feu
« de ses propres mains, continua de les gril-
« ler de propos délibéré jusqu'à ce qu'ils
« expirassent ! »

CHAPITRE IV.

Animaux terrestres servant à la nourriture.—Poissons.
—Oiseaux sauvages.— Méthode indienne de chasser
et de pêcher. —Légumes, etc.—Conclusion.

Dans les îles du vent, on trouve plusieurs espèces d'animaux qui n'existent pas dans les quatre grandes îles; et il est aussi remarquable que tous les animaux que l'on rencontre dans ces îles se trouvent aussi à la Guyane. On peut tirer de-là une conjecture très-probable que les îles caraïbes ont été peuplées par les habitans du midi. Les plus remarquables de leurs animaux sont ceux qui suivent :

L'agouti ou le lapin d'Inde, appelé par Linnée *mus aguti*, et par Pennant et Buffon *cavi*, est un animal qui semble tenir le milieu entre le rat et le lapin. On ne le voit gueres dans les îles du vent, mais communément à Hispaniola, Porto-Rico et sur les collines de la Jamaïque.

A l'arrivée des Espagnols, il y avoit dans les îles abondance de pecaris ou cochons du

Mexique, appelés par Linnée *sus tajacu*; mais ils sont absolument exterminés, probablement à cause de leur courage qui les faisoit retourner sur leurs agresseurs, et de cette maniere les conduisoit à portée du fusil. On en apporte maintenant du continent par curiosité : je pense qu'ils diffèrent fort peu des cochons de l'Europe, sinon par une ouverture qu'ils ont sur le dos, d'où il sort un parfum fort estimé du genre du musc. L'*aleo* étoit dans le nouveau monde, ce que le chien est chez nous. Cependant, quoique l'aleo soit à presque tout autre égard semblable à notre chien, il n'avoit pas le pouvoir d'aboyer. Un historien espagnol nous apprend qu'il avoit un nez comme celui du renard, et ajoute que les Indiens étoient si fort attachés à ce petit animal, qu'ils le portoient par-tout avec eux.

On y trouvoit des singes de plusieurs espèces : le préjugé de l'habitude nous fait regarder cet animal comme peu propre à la nourriture; cependant ceux qui ont été réduits à la nécessité d'en faire usage, ont trouvé sa chair bonne et nourrissante : elle a le goût de celle d'un lièvre.

L'*iguana* ou la *guana* est une espèce de

lézard (classe d'animaux que les historiens ne savent s'ils doivent placer parmi les quadrupèdes ou les reptiles). La guana se trouve généralement parmi les arbres fruitiers ; c'est un animal fort doux et innocent; quoique sa figure ne soit pas engageante, ayant ordinairement trois pieds de long et étant gros en proportion. Les Indiens faisoient grand cas de sa chair ; et j'ai été informé par des connoisseurs en matières de goût, qu'elle n'est pas inférieure à celle de la tortue verte. Les Français et les Espagnols les mangeoient par-tout où ils en trouvoient; mais les Anglais plus capricieux dans leur manger, en servoient rarement dans les bonnes tables.

Labat nous apprend que la manière d'attraper cet animal est comme il suit :

On bat les buissons jusqu'à ce qu'on trouve le gibier retiré sur un arbre : un nègre se met alors à sifler de toute sa force, et la guana charmée ne bouge pas de place et écoute, laissant approcher l'homme assez près pour lui châtouiller le cou avec une verge qu'il porte à la main. Cette opération plaît beaucoup à l'animal, qui se tourne à la fin sur le dos et s'endort. Le nègre lui passe alors un lacet au cou et l'emporte tout vivant.

La crabe des montagnes est l'animal le plus surprenant de ces îles. Il n'en existe plus que dans quelques endroits, et je crains bien qu'elles ne soient bientôt extirpées : ces crabes vivent en société, et vont par millions vers le bord de la mer une fois par an. Elles marchent toujours vers le but de leur voyage en ligne directe, et rien ne peut les détourner de cette ligne droite, que la rencontre d'une rivière ou d'un ruisseau. Elles se divisent en bandes séparées, dont les plus fortes marchent en avant, comme les sapeurs d'une armée. Elles préfèrent voyager pendant la nuit, à moins qu'il ne pleuve ; mais quand le soleil les surprend, elles s'arrêtent jusqu'à ce que la grande chaleur soit passée. Quand elles sont parvenues au rivage, elles lavent les œufs de leur corps et les déposent dans le sable, où ils restent jusqu'à ce qu'ils soient éclos. Lorsque les jeunes crabes sont formées, elles vont vers les montagnes avec la même régularité. Les vieilles retournent après s'être déchargées de leur frai. Elles commencent alors à devenir grasses, et se retirant dans des trous séparés, elles se préparent à changer de coquilles. Pendant ce changement, elles restent dans l'inaction jusqu'à ce que leur ancienne coquille crève, et n'étant plus alors couvertes que d'une mince membrane, elles en débarrassent graduellement leurs membres. Elles sont, dans cet état, le mêts le plus délicieux que la nature puisse fournir.

De tous les excellens oiseaux que l'on rencontre dans les forêts des Indes occidentales, les plus célèbres sont sans contredit les ortolans. Ils visitent ordinairement les îles dans le mois d'octobre, et sont supposés venir de la Caroline, quand le riz devient dur. Il n'entre cependant pas dans notre plan de faire le détail de toutes les espèces d'oiseaux qui se trouvent dans leurs marais et leurs forêts. Nous nous contenterons maintenant de décrire deux méthodes de chasser et de pêcher, dont ces insulaires faisoient usage du tems d'Oviedo.

« Leur manière de pêcher, dit cet historien, est de prendre une remora ou lamproie, qui est dressée à ce genre d'amusement. Ce poisson a environ neuf

« pouces de long ; il est attaché au canot
« par une ligne de plusieurs brasses de lon-
« gueur, et aussitôt qu'il aperçoit un
« poisson dans l'eau, il s'élance avec la
« rapidité de l'éclair sur sa proie. L'Indien
« lâche la ligne, mais l'empêche de couler
« à fond par le moyen d'une bouée qui la
« soutient sur la surface de l'eau. Quand la
« remora paroît parfaitement fatiguée de
« traîner la bouée de côté et d'autre, l'In-
« dien la lève et la sépare de sa proie. On
« a pris de cette manière des tortues si
« considérables, qu'un seul homme ne pou-
« voit pas les porter ».

Ils avoient une méthode également ingénieuse d'attraper les oiseaux sauvages. Quand ils les apercevoient dans une pièce d'eau, un homme se couvroit la tête d'une calebasse ou gourde, et se laissoit doucement glisser dans l'étang, ne tenant que la tête au-dessus de l'eau, et ayant fait des ouvertures à la gourde pour pouvoir respirer et voir. Comme la gourde n'étoit pas un objet extraordinaire pour ces oiseaux, ils n'étoient pas effrayés de la voir flotter ; de sorte que l'Indien pouvoit petit à petit les approcher, et les attirant ensuite l'un après l'autre au fond de l'eau, par un mouvement subit, il en attachoit autant qu'il pouvoit à sa ceinture, et retournoit ainsi chargé de gibier.

Il seroit aujourd'hui inutile de donner une relation détaillée des excellens légumes que produisent les Indes occidentales. Des écrivains très-instruits et très-exacts ont fourni au public des descriptions volumineuses de ces productions, et particulièrement Sloane, Brown et Hughes. Il y a néanmoins un défaut dans tous ces traités que le lecteur curieux pourra consulter; c'est qu'ils ne font pas la distinction des végétaux indigènes et de ceux qui ont été importés.

APPENDICE

AU LIVRE PREMIER,

Contenant une courte dissertation sur l'origine des Caraïbes.

L'ORIGINE des Caraïbes n'est pas un sujet de la plus haute importance, et il y a très-peu de matériaux qui nous fournissent des preuves certaines de la justesse de l'une ou l'autre conjecture sur leurs ancêtres. Cette question a néanmoins donné lieu à plusieurs savantes dissertations, et il est juste que je cite les argumens qui m'ont engagé à former mon opinion.

Quelle qu'ait été l'origine des autres nations américaines, il paroît au moins probable que les Caraïbes tirent la leur de l'Orient.

Il faut cependant avouer que les partisans de cette opinion ont poussé leur théorie trop loin; ils ne se bornent pas à prouver que l'Amérique avoit probablement été visitée par des Européens, long-tems avant le voyage de Colomb; mais ils assurent que les navigateurs alloient et venoient d'un rivage à l'autre, et que le nouvel hémisphère étoit parfaitement connu des anciens.

Nous n'avons pas de preuve qu'il soit jamais venu directement aucun navire de l'Amérique; mais le manque d'une pareille preuve n'établit pas que l'Amérique n'ait pas été visitée par des Européens avant Colomb. Il est au contraire évident que cette circonstance est très-possible, et il y a même de très-grandes probabilités que cela arriva effectivement.

Procope, secrétaire du célèbre Belisaire, nous assure que les Phéniciens, les Egyptiens et les Canaanites naviguèrent dans l'Océan occidental, plusieurs siècles avant l'ère chrétienne. Les Phéniciens découvrirent les Açores; leurs successeurs, les Carthaginois, découvrirent les îles Canaries; et nous ne devons pas avoir une idée médiocre des connoissances en navigation de ce dernier peuple, puisque plusieurs des individus qui le composoient avoient fait voile le long de la côte d'Afrique jusqu'à cinq degrés de l'équateur, deux siècles et demi avant la naissance de Jésus-Christ. Les ruines des édifices qu'ils y trouvèrent, sont des preuves d'un état avancé de société chez une nation dont nous n'avons aucune tradition.

Malgré l'assertion hardie de ce célèbre historiographe de l'Amérique (le docteur Robertson), que toutes les relations des voyages des Phéniciens et des Carthaginois, qui nous sont parvenues par l'intermédiaire des écrivains grecs et romains, sont douteuses, je ne puis m'empêcher de supposer, d'après le fait authentique suivant, que les anciens voyageurs étoient capables de grandes entreprises, et qu'ils ont bien pu passer sur la côte opposée de l'Amérique.

« La Lybie, dit Hérodote, est par-tout
« environnée de la mer, excepté du côté
« où elle se joint à l'Asie. Pharaon Necho
« a rendu cela très-clair. Après avoir re-
« noncé à son projet de creuser un canal
« du Nil au golfe d'Arabie, il donna des
« vaisseaux à un corps de Phéniciens, en
« leur enjoignant d'entrer dans la mer du
« Nord par les colonnes d'Hercule (1), et
« de revenir par cette route en Egypte. Les
« Phéniciens, ayant donc fait voile de la

(1) Le détroit de Gibraltar.

« mer Rouge, naviguèrent dans la mer
« Méridionale. A la fin de l'automne, ils
« jetèrent l'ancre; et, étant débarqués, en-
« semencèrent la terre, comme ceux qui
« font un voyage de Lybie ont coutume
« de faire, et restèrent jusqu'à la moisson.
« Après avoir coupé le bled, ils firent voile
« de nouveau. Ainsi, au bout de deux ans,
« ils revinrent en Egypte, passant par les
« colonnes d'Hercule, et racontant une
« circonstance que j'ai peine à croire, sa-
« voir : qu'en faisant le tour de la Lybie,
« le soleil se levoit à leur droite. »

Je demande maintenant comment Hérodote a pu savoir que l'Afrique étoit environnée d'eau au midi, à moins qu'un pareil voyage n'ait effectivement été fait?

Il est vrai qu'une pareille tentative auroit été impraticable aux voyageurs grecs et romains qui n'avoient que des connoissances nautiques fort imparfaites; mais il est évident que le commerce de Phénicie et de Carthage avoit porté l'art de construire des vaisseaux et celui de la navigation à un haut degré de perfection, dans des tems fort reculés, quoique l'esprit des découvertes soit, pendant plusieurs siècles, resté dans une espèce d'assoupissement, jusqu'à ce que les progrès du quinzième siècle lui eussent donné un nouvel essor.

Les relations précédentes prouvent que les anciens connoissoient la navigation de la mer de l'Ouest; et en examinant la nature des vents et des courans sur la côte d'Afrique, nous conviendrons qu'il étoit impossible qu'en faisant un pareil voyage, quelque vaisseau, après avoir perdu ses mâts, ne fût pas poussé au gré des vents vers les Antilles, ou la côte du Brésil.

Dans les tems modernes, il est arrivé plusieurs accidens de cette nature; et il n'y a certainement pas lieu de supposer qu'ils ne soient pas arrivés dans des tems plus éloignés. Les mêmes causes produisent toujours les mêmes effets.

Glass, dans son histoire des îles Canaries, nous apprend qu'une petite barque, allant de Lancerota à Ténériffe, fut battue du mauvais tems, et obligée de se laisser entraîner vers l'ouest au gré des flots, jusqu'à ce qu'elle eût rencontré un croiseur anglais, à deux jours de voile de Caracas, qui après lui avoir donné du secours, la dirigea vers le port de Guairane sur cette côte.

Le même auteur rapporte que lorsqu'il étoit à Saint-Joseph, dans l'île de la Trinité, un petit vaisseau de Ténériffe allant aux îles Canaries, avoit été détourné de sa route et poussé dans cette île par les vents et les courans. Les malheureux matelots, n'ayant plus que quelques jours de provisions, étoient excédés de faim et de fatigue avant d'arriver au port, et avoient l'air de squelettes.

Une autre preuve que l'Amérique avoit été visitée par d'autres nations avant sa découverte par Colomb, est un fait bien connu raconté par Colomb lui-même, qu'il avoit trouvé la poupe d'un vaisseau sur la côte de la Guadeloupe.

Ce doit être un voyage accidentel de la même nature qui transporta de la côte d'Afrique sur celle de l'Amérique la colonie de nègres que Martyr dit avoir été trouvée à Quareque dans le golfe de Darien.

Quoique les vocabulaires des voyageurs, ayant été pris chez des peuples qui n'avoient aucun signe fixe de leur langage, n'offrent qu'une prononciation bien imparfaite, j'estime néanmoins que la ressemblance que l'on peut remarquer entre la langue caraïbe et celle orientale, est une preuve frappante que c'étoit originairement le même langage. Si le lecteur curieux veut comparer le vocabulaire caraïbe de Rochefort avec les anciens dialectes orientaux, il conviendra sans doute qu'il y a une très-grande ressemblance : et considérant que l'émigration des Caraïbes doit avoir eu lieu, il y a plusieurs siècles, il est évident qu'il n'étoit guère possible que des nations si éloignées conservassent une plus grande ressemblance de langues. Les exemples de ressemblances sont au moins trop nombreux pour supposer qu'ils soient l'effet du hasard.

Hérodote nous informe que les voyageurs lybiens avoient coutume de débarquer sur les côtes et d'y semer leur bled. Une pareille coutume doit avoir occasionné des querelles entre eux et les naturels, qui devoient regarder ces intrus comme des voleurs et des vagabonds. Il est assez singulier que le mot *caraïbe* signifie exactement cela en arabe.

Il n'est pas moins digne d'observation que l'usage de joindre les pieds, et de relever les genoux, qu'Hérodote et Cicéron nous informent avoir universellement prévalu chez les nations anciennes, et que, d'après l'expression de l'écriture « joindre les pieds des mourans », nous savons avoir également prévalu chez les descendans d'Abraham, ait été conservé par les Caraïbes du nouveau monde, qui enterroient toujours leurs morts dans cette attitude.

Moïse nous informe qu'une partie des cérémonies religieuses des nations orientales, pour témoigner leur chagrin de la perte d'un ami, étoit de se faire des incisions dans la chair et de se couper les cheveux. On avoit à la vérité commandé aux Juifs de s'abstenir de cette coutume barbare de témoigner leur douleur; mais les payens d'alentour conservoient toujours cette pratique. Le Caraïbe américain exprimoit, exactement de la même manière, la violence de sa douleur pour un ami décédé.

L'usage bien connu des orientaux de mâcher du bêtel, préparé avec un mélange de coquilles calcinées, est une ressemblance trop frappante entre eux et les Caraïbes, pour être omise. On pourroit trouver encore d'autres ressemblances;

mais, d'après ce que nous venons de citer, il paroît clair que, s'il y a une conjecture plus probable qu'une autre, quant à l'origine des Caraïbes, c'est celle-ci, « qu'ils « doivent, à une époque quelconque, avoir « émigré de l'Orient. »

LIVRE II.

LA JAMAIQUE.

CHAPITRE PREMIER.

Découverte par Colomb.—Conduite de son fils Diégo, après la mort de Colomb.—Il prend possession de la Jamaïque.—Caractère humain d'Esquivel, premier gouverneur.—Invasion de l'île par le chevalier Antoine Shirley et le colonel Jackson.—Établissement et abandon de la ville de Sevilla Nueva.—Destruction des Indiens.—Fondation de Saint-Jago de la Vega.—Donne le titre de marquis à Louis, fils de Diégo, à qui l'île est cédée.—Elle descend à sa sœur Isabelle.—Elle revient à la couronne d'Espagne.

La Jamaïque ne fut découverte par Colomb, que dans son second voyage au nouveau monde. Il est bien connu qu'il étoit retourné en Espagne, sans savoir si Cuba étoit une île ou un continent. A son retour à Hispaniola, il fit voile pour s'assurer de cet objet; et, dans ce court voyage, il découvrit de loin les montagnes bleues de la Jamaïque. Il aborda en conséquence le lendemain dans l'île; et, après une foible opposition de la part des habitans, il en prit possession, selon la forme ordinaire, au nom du roi d'Espagne.

L'origine du nom a donné lieu à des contestations; mais il est probablement originaire des Indes occidentales, parce que les plus anciens auteurs espagnols l'écrivent *xaymayco*; ce qui signifie dans le langage des Indiens, un pays abondant en sources.

Dans son quatrième et dernier voyage, cet illustre navigateur fut obligé de se réfugier dans un port de cette île, après avoir perdu deux vaisseaux de sa flotte par la tempête. En arrivant dans ce port (qui, en honneur de son nom, fut appelé *Saint-Christophe*) il trouva son vaisseau si endommagé qu'il lui fut impossible de remettre en mer. Dans cette triste situation, ses maux furent aggravés par toutes les circonstances que la trahison et la barbarie purent faire naître contre lui. Son équipage se révolta; et, à l'instigation de ces rebelles, les naturels devinrent aussi ses ennemis. Son frère et son fils mouroient de faim à ses côtés ; tandis qu'affoibli par l'âge et tourmenté par les douleurs insupportables de la goute, sans remède, sans pitié, le plus grand et le plus digne homme du siècle languissoit dans l'affliction. Dans cette situation, il écrivit une lettre à son souverain, qui, ayant été interceptée par ses ennemis, est encore conservée dans les archives de la Jamaïque. Elle est remplie des expressions d'une ame généreuse, convaincue de l'injustice de ses souffrances ; et elle auroit, je crois, attendri le cœur même de l'ingrat et de l'imbécille Ferdinand, si elle étoit parvenue jusqu'à lui. Il est probable qu'il seroit mort de misère dans cette terre peu hospitalière, si son moyen bien connu d'épouvanter les Indiens, par la prédiction d'une éclipse, ne lui avoit rendu sa réputation et son autorité. Il retourna en Espagne, mais il mourut victime de sa trop grande sensibilité, n'ayant jamais pu bannir de son esprit le souvenir de ses souffrances passées qu'il avoit si peu méritées.

Son fils Diégo, héritier de sa fortune, continua long-tems ses sollicitations auprès de la cour d'Espagne : à la fin, indigné de la fausseté du roi, il intenta à ce prince un procès aussi hardi qu'inattendu devant le conseil des Indes de Séville ; et, par un jugement également inattendu, fut déclaré vice-roi de tous les pays découverts par son père, et autorisé à lever le dixième de l'or et de l'argent que l'on trouveroit dans ces contrées. En conséquence, Diégo fut reconnu par son souverain vice-roi d'Hispaniola ; il fit voile pour cet établissement avec une suite brillante, et débarqua dans l'île au mois de juillet 1508.

Se regardant comme autorisé, par le jugement du conseil des Indes, à nommer un gouverneur de la Jamaïque, il y envoya, l'année d'ensuite, Juan d'Esquivel, avec soixante-dix hommes. Esquivel étoit un brave soldat, et un homme généreux, comme sa conduite envers Ojeda, son rival, le prouve d'une manière évidente. Ojeda avoit été nommé (illégalement cependant) par son souverain, gouverneur de la Jamaïque ; et, au moment de l'arrivée d'Esquivel, étant sur le point de partir pour le continent, il menaça publiquement Esquivel de le faire pendre comme un voleur, s'il le trouvoit jamais sur le territoire de la Jamaïque.

Ojeda ne fut pas heureux dans son voyage ;

et ayant fait naufrage sur la côte de Cuba, il étoit en danger d'y mourir de misère. Il n'avoit d'autre ressource que de s'adresser à son ennemi. Esquivel, instruit de sa situation, l'envoya chercher, et le reçut avec bonté. Leur inimitié fut oubliée, et ils restèrent toujours amis.

Sous ce protecteur bienfaisant, les habitans de la Jamaïque demeurèrent paisibles et heureux. Son administration fut vertueuse et douce; et les naturels enjoués, travaillèrent avec plaisir à faire croître le coton et d'autres denrées utiles.

Il est bien à regretter néanmoins que le règne de cet illustre gouverneur n'ait duré que quelques années, et que selon toutes les probabilités, ses successeurs aient abandonné son exemple, pour imiter les cruautés de ces hommes sanguinaires qui répandoient alors la terreur et la désolation parmi les naturels d'Hispaniola.

C'est à cette cause que nous devons attribuer l'extirpation totale des Espagnols dans cette île, qui eut certainement lieu à une époque quelconque.

La ville de Sevilla Nueva (la nouvelle Séville) étoit déja considérable. On y avoit élevé des églises et des fortifications, comme on peut le voir dans Sloane, qui en examina les ruines en 1668. Cet auteur nous informe qu'il découvrit une chaussée qui s'étendoit jusqu'à deux milles de la mer ; et comme la ville avoit été commencée tout près du rivage, elle doit avoir été grande.

Mais malheureusement le triomphe des pauvres Indiens ne fut pas de longue durée. Il est probable que les Espagnols revinrent en plus grand nombre pour compléter leur destruction ; car de 60,000 naturels qui l'habitoient anciennement, les Anglais n'en trouvèrent pas un seul vivant, quand ils s'emparèrent de la Jamaïque.

On voit encore aujourd'hui, dans les montagnes, des souterrains entièrement couverts d'ossemens. Il est évident, par les crânes pressés d'une manière qui n'est pas naturelle, que ce sont les restes de ces misérables indigènes, qui, pour se soustraire au fer des Espagnols, périrent de besoin dans ces lieux solitaires.

Diégo Colomb laissa trois fils et deux filles. Son fils aîné, dom Louis, à l'expiration de sa minorité, trouvant que le droit à la vice-royauté des Indes occidentales lui étoit disputé par le roi d'Espagne, commença un procès contre la cour, comme avoit fait son père. Il y eut un compromis, par lequel dom Louis, en prenant le titre de duc de la Veragua et de marquis de la Vega, accepta la Jamaïque et la Veragua, et renonça à ses autres prétentions. Il mourut sans enfans, et sa sœur Isabelle succéda à tous ses droits. Par son mariage avec le duc de Galvez, elle les passa à la maison de Bragance; de sorte qu'en 1640, quand Jean, duc de Bragance, devint roi de Portugal, l'île de la Jamaïque revint à la couronne d'Espagne.

Ceci indique la cause du grand nombre de Portugais qui étoient à la Jamaïque, et qui excitoient tant de jalousie aux premiers colons espagnols. C'est probablement cette haîne implacable qui existe entre les Portugais et les Espagnols, qui fit que les Anglais, aux ordres du chevalier Antoine Shirley, éprouvèrent si peu de résistance quand ils pillèrent la capitale de l'île, en 1596. Quarante ans après, la Jamaïque fut encore envahie par des troupes des îles du Vent, commandées par le colonel Jackson; mais dans cette occasion, les habitans se défendirent avec beaucoup de bravoure. Jackson fut battu et perdit quarante hommes au fort Passage; et si son activité à s'emparer de la ville de Saint-Jago de la Vega ne lui avoit fourni une occasion de mettre les habitans à contribution, il auroit été obligé de se retirer de l'île sans honneur et sans butin.

L'événement le plus remarquable que l'on trouve dans les annales de la Jamaïque, est son invasion et sa prise par les Anglais en 1655, pendant le protectorat de Cromwell, dont nous examinerons, à cet égard, la conduite dans le chapitre suivant.

CHAPITRE II.

Justification du caractère de Cromwell contre les allégations de ces historiens qui le blâment d'avoir attaqué les Espagnols dans les Indes occidentales. — Description des énormes cruautés de ce peuple, en violation du traité de 1630. — État de la Jamaïque lors de sa prise.

Des historiens d'opinions politiques différentes, se sont réunis pour blâmer la conduite de Cromwell à cause de son invasion de la Jamaïque. Madame Macaulay appelle la prise de cette île « déshonorable « et l'action d'un pirate », et Hume la condamne « comme une violation inexcusable « des traités ».

Mais si le lecteur impartial veut consulter les papiers d'état du secrétaire Thurloë, il trouvera des raisons suffisantes pour ne point juger si rigoureusement la conduite du Protecteur : verra que l'Espagne, par sa conduite antérieure, avoit justement mérité un pareil acte d'hostilité ; que Cromwell ne fut pas l'agresseur, mais le vrai défenseur de sa patrie. Je citerai quelques faits remarquables pour prouver cette assertion.

En 1630, trois ans avant l'usurpation du Protecteur, il fut conclu un traité entre l'Espagne et l'Angleterre ; par le premier article duquel il étoit convenu qu'il y auroit une correspondance amicale entre les sujets des deux royaumes dans toutes les parties du monde. Les causes qui avoient donné lieu à ce traité étoient très-urgentes, parce que les Espagnols, avant cette époque, s'étoient insolemment arrogé le droit de communiquer seuls avec le nouveau monde, et, sous ce prétexte, avoient exercé les cruautés les plus atroces contre tous les autres navigateurs dans les mers de l'Amérique, et les colons de toutes les autres nations qui avoient des possessions dans les Indes occidentales.

Toute l'Europe étoit insultée par ces prétentions exagérées ; mais l'Angleterre étoit plus particulièrement intéressée à montrer de l'énergie pour maintenir ses droits ; car elle avoit déja des colonies à la Virginie, aux îles Bermudes, à Saint-Christophe et à la Barbade, territoire que l'Espagne n'avoit jamais occupé, et une partie duquel elle n'avoit pas même découverte.

En 1629, les Espagnols montrèrent une perfidie abominable : sous prétexte d'attaquer l'établissement hollandais dans le Brésil, ils équipèrent une flotte de vingt-quatre vaisseaux de ligne et de quinze frégates, dont ils confièrent le commandement à dom Frédéric de Tolède. Cet amiral avoit cependant reçu des ordres secrets d'aller d'abord dans l'île de Saint-Christophe, et d'en extirper les Français et les Anglais, qui y vivoient paisiblement.

Les forces des Espagnols étoient trop considérables pour qu'on pût leur résister. Les planteurs français se réfugièrent dans l'île d'Antigue, et les Anglais s'enfuirent dans les montagnes. Ces derniers offrirent de traiter avec les vainqueurs, mais ils furent forcés de se rendre à discrétion. Alors ces usurpateurs inhumains choisirent six cents des Anglais les plus forts, pour le travail des mines, chassèrent le reste de l'île, avec les femmes et les enfans, laissèrent l'endroit sans habitans, et continuèrent leur voyage.

Le traité de 1630, ci-dessus mentionné,

n'arrêta pas leurs atrocités : huit ans après l'affaire dont je viens de parler, ils firent une descente dans la petite île de Tortuga, et passèrent tous les habitans au fil de l'épée, sans épargner ni âge ni sexe.

L'Angleterre auroit certainement vengé leur mort ; mais elle étoit elle-même, à cette époque, le théâtre ensanglanté de la guerre civile ; de sorte que les barbares Espagnols continuèrent impunément leur carrière de crimes.

Santa Cruz ou Sainte-Croix, fut ensuite l'objet de leurs déprédations. En 1650, ils y renouvelèrent la même tragédie qu'ils avoient donnée à Tortuga, massacrant jusqu'aux femmes et aux enfans. Le pays étant sans habitans, une colonie hollandaise s'y établit pendant quelque tems ; mais elle fut massacrée à son tour quand les Espagnols revinrent. Pour combler la mesure de leurs crimes, les malheureux matelots des autres nations qui faisoient naufrage sur leurs côtes, peu hospitalières, étoient condamnés à travailler toute leur vie dans les mines du Mexique.

On présenta, en conséquence de ces horreurs, nombre d'adresses à Cromwell, pour le prier de venger sa patrie de l'Espagne, et d'arracher à sa cruauté cette étendue de pays auquel elle n'avoit d'autre titre que l'arrogante concession du pape.

Le plus marquant de ces pétitionnaires étoit un frère du chevalier Henri Gage, tué au pont de Culham, en 1644, qui donna les plans les plus susceptibles de succès pour enlever à l'Espagne ses possessions dans les Indes occidentales. Cet auteur ingénieux publia aussi un livre intitulé : *Nouvel examen des Indes occidentales*, dans lequel il traite le prétendu droit exclusif des Espagnols à ces territoires, avec la plus grande clarté.

Cromwell fut indigné des cruautés des Espagnols dont on lui rendit compte, et se détermina à commencer les hostilités. L'Espagne s'efforça de détourner l'orage par les moyens les plus pitoyables d'une négociation; mais la cour d'Angleterre fut explicite, et déclara sa ferme résolution de ne rester en paix qu'à condition que ses possessions dans les Indes occidentales lui fussent assurées, et que l'inquisition modifiât les horreurs qu'elle exerçoit.

L'ambassadeur d'Espagne repliqua, que

c'étoit *comme si on demandoit les deux yeux de son maître, et que cela ne pouvoit pas s'accorder*. En conséquence, le Protecteur se prépara à la guerre.

Hispaniola étoit le premier objet de l'expédition. La flotte ne réussit pas contre cette île ; mais elle se dédommagea par la conquête de la Jamaïque. Elle fut prise en mai 1655 ; mais malheureusement Gage, qui avoit donné le plan de l'expédition, périt en l'exécutant.

Les Anglais ne trouvèrent pas plus de quinze cents blancs dans l'île quand ils en prirent possession. Une grande étendue de la partie orientale du pays étoit couverte de chevaux et de bêtes à cornes, qui la parcouroient comme des animaux sauvages et dont le nombre étoit considérable. Les soldats anglais s'amusèrent pendant quatre mois à chasser ces animaux et en tuèrent plus de 20,000. Cela me paroît être une preuve presque incontestable de l'assertion que j'ai précédemment avancée, que les habitans blancs avoient, à quelque époque, été détruits par les armes des naturels.

La paresse et la pénurie des colons espagnols quand les Anglais débarquèrent, étoient extrêmes. Leurs principaux objets d'exportation étoient du lard, des cuirs verts et du cacao ; commerce aussi peu respectable que celui que font les sauvages de Madagascar. Ils n'avoient presque point de correspondance avec l'Europe ; ils étoient ignorans et sans éducation. Le peu de travail qu'ils avoient à faire étoit laissé à des esclaves africains ; de sorte que, plongés dans l'ignorance et l'indolence, ils devoient passer leur vie dans un triste état de *dégénération*.

Il faut néanmoins avouer que s'ils n'avoient plus l'activité et la constance de leurs pères, ils avoient aussi perdu la férocité et la superstition des premiers conquérans de l'Amérique.

Après tout, leur caractère étoit tel, qu'il ne laisse pas l'ombre d'une excuse aux Anglais qui les ont conquis, pour l'inhumanité avec laquelle ils les ont traités. Les conditions qu'on leur offrit furent de livrer leurs esclaves et leurs effets et d'abandonner l'île. Ils refusèrent ces propositions avec indignation, et, par la résistance désespérée qu'ils firent ensuite, montrèrent aux Anglais combien il est impolitique de provoquer même les vaincus par la sévérité et l'injustice.

CHAPITRE III.

Opérations dans l'île après sa prise.—Mécontentement et mortalité parmi les soldats.—Efforts du Protecteur.—Brayne nommé au commandement.—De Oyley le reprend.—Défaite par lui des troupes espagnoles qui envahirent l'île.—Gouvernement régulier établi à la Jamaïque.—Disputes avec la mère-patrie, etc. etc..

La Jamaïque étant ainsi tombée au pouvoir des Anglais, elle continua à être gouvernée militairement jusqu'à la mort du Protecteur et la restauration de Charles II. On avoit, à la vérité, laissé dans l'île des commissaires, dont l'autorité civile étoit destinée à modérer la rigueur des lois militaires; mais ceux-ci étant revenus en Angleterre, le commandement demeura entièrement à Fortescue, général de l'armée, et à Goodson, amiral de la flotte. Peu de tems après, Fortescue mourut, et le colonel de Oyley, son lieutenant, lui succéda et devint président du conseil de guerre. Telle étoit, à la vérité, la situation des Anglais à cette époque, tant à cause des incursions des Espagnols dépossédés, que des nègres fugitifs, qu'elle exigeoit la plus sévère discipline que la loi martiale pût faire observer.

Cromwell avoit cependant dessein de conserver sa conquête. Il offrit de l'encouragement aux habitans des îles du vent, et aux colons de l'Amérique septentrionale qui voulurent quitter leurs établissemens pour en former de nouveaux à la Jamaïque. De pareilles offres engagèrent nombre d'Ecossais et d'Irlandais à quitter leur pays natal pour se rendre dans la nouvelle colonie.

Pendant ce tems-là, les soldats dans l'île s'ennuyèrent du lieu de leur résidence, devinrent fainéans et indisciplinés. Ils s'étoient d'abord occupés à tuer à coups de fusil les bestiaux épars des Espagnols, comme des bêtes sauvages, et avoient pendant quelque tems vécu avec prodigalité. Mais les provisions commencèrent à devenir extrêmement rares, et aucun argument ne put leur persuader d'anticiper les dangers de la famine, en s'appliquant de bonne heure à former des magasins pour servir à leur subsistance. Desirant retourner dans leur patrie, et craignant de rester toute leur vie dans ce climat mal-sain, ils résolurent de ne point pourvoir à leurs propres besoins; afin que le gouvernement se lassât de faire la dépense de les soutenir. Mais les conséquences de cette résolution furent plus fatales qu'ils ne s'y étoient attendus. Les horreurs de la famine se firent sentir ; ils furent réduits à la dure nécessité de manger des animaux dégoûtans et mal-sains, des serpens, des lézards et toute espèce de reptiles ; il s'ensuivit bientôt une maladie épidémique, qui enleva les misérables colons par milliers.

Le Protecteur s'imagina, mal-à-propos, que les maux de la Jamaïque provenoient du peu d'attachement que de Oyley avoit pour sa cause. En conséquence, cet habile gouverneur fut rappelé, et le colonel Brayne de Lochaber, nommé à sa place. Brayne fit voile d'Ecosse, et arriva à la Jamaïque en décembre 1656. Sa première lettre qui parvint en Angleterre, décrit, en termes pathétiques, le misérable état de la colonie : Il demande d'abord une somme de 120,000 l. tournois pour élever des forts, et conclut par déplorer combien il étoit fâché de trouver dans l'île si peu de personnes qui eussent à cœur les intérêts de l'établissement. Mais les améliorations projetées par Brayne ne furent point exécutées pendant son gouvernement ; car, quoique fort capable, ce n'étoit pas un homme ferme. Il parut bientôt lui-même ne pas trop se soucier de l'établissement ; il craignit pour sa santé, retourna en Angleterre, et mourut. Avant son départ, il avoit cependant nommé de Oyley son successeur, et Cromwell, ayant probablement reconnu son mérite, avoit ratifié cette nomination.

Le rappel de cet homme énergique au gouvernement de la Jamaïque, fit le bien de la colonie naissante. Ses soldats, malgré leur indiscipline, leur mécontentement et les maux divers dont ils étoient affligés, estimoient et admiroient son caractère ; et, comme on va le voir, manifestèrent leur attachement par l'intrépidité la plus signalée pour la défense de l'île.

Le gouverneur de Cuba avoit appris avec plaisir que le mécontentement, les maladies et la famine avoient presque détruit la Jamaïque, et desiroit ardemment profiter de ses malheurs. Ayant communiqué son projet d'invasion au vice-roi de la Jamaïque, il envoya dom Christophe

Arnoldo, avec trente compagnies; pour s'emparer de la colonie.

Le 8 mai, les troupes espagnoles débarquèrent à Rio-Nuevo, et prirent possession du port. De Oyley les épia par mer, assaillit leurs fortifications, et les chassa honteusement de l'île avec la perte de leurs drapeaux, de leurs munitions, et de la moitié de leur monde.

Après cette victoire, les Anglais s'occupèrent d'une expédition moins honorable, de la poursuite de ces malheureux Espagnols, qui, chassés des biens de leurs pères, étoient encore cachés dans les montagnes. Ces infortunés, après une vigoureuse résistance, furent enfin accablés, et le reste s'échappa dans l'île de Cuba.

La colonie commença alors à prendre un aspect plus brillant. L'agriculture devint l'objet de l'industrie des habitans, et ils étendirent leur commerce au-dehors. Des lettres de marque ayant aussi été accordées à ces aventuriers extraordinaires, appelés *Flibustiers*, les nombreuses prises espagnoles qu'ils firent furent amenées dans les ports de la Jamaïque, et en causant une circulation rapide de richesses, stimulèrent les efforts de l'industrieux. Les troubles qui agitoient alors l'Angleterre, contribuèrent beaucoup à augmenter la population de l'île, particulièrement en 1660, à l'époque de la restauration, lorsque les partisans de l'usurpateur, craignant le ressentiment de Charles, cherchèrent un asyle chez des gens qu'ils savoient être dévoués à Cromwell.

A l'avénement de Charles, le roi, pour se concilier les affections des habitans, nomma leur favori de O'yley, commandant en chef; et pour les délivrer du gouvernement militaire, érigea des cours de justice, et leur ordonna d'élire eux-mêmes une assemblée pour les gouverner.

Ces indulgences de la part du roi, ou plutôt cet établissement des droits naturels des habitans fut suivi du traité de l'Amérique, conclu entre l'Espagne et la Grande-Bretagne, qui confirma à ceux qui possédoient des terres à la Jamaïque un droit absolu sur leurs propriétés. On avoit répandu des insinuations que, comme la prise de la Jamaique avoit été faite sous les auspices du Protecteur, le droit des Anglais n'étoit pas valide. L'opinion vulgaire, que les Espagnols ont toujours l'intention de déposséder les propriétaires de la Jamaïque, n'est qu'une continuation de cette erreur. Le traité signé à Madrid est cependant très-explicite à ce sujet, et cède formellement toutes les possessions américaines du roi de la Grande-Bretagne « à ses héritiers pour « toujours. » Il est néanmoins bien connu que, vers la fin de ses jours, Charles fut de plus en plus porté à diminuer la liberté de ses sujets. Tandis que, de concert avec ses ministres, il formoit des plans pour anéantir la liberté dans l'intérieur, il ne perdit pas de vue ses établissemens dans l'étranger. En conséquence, au commencement de l'année 1678, il commença par violer les droits des habitans de la Jamaïque. On fit une constitution par laquelle il fut déclaré, que tous les bills (excepté ceux pour les subsides), seroient valides s'ils étoient présentés par le gouverneur ou par son conseil, et sanctionnés par le roi; tandis que le corps législatif, élu par le peuple, n'avoit d'autre tâche que celle de s'assembler, et de ratifier aveuglément les ordres du gouverneur et du roi.

La cause la plus probable de cette injuste sévérité de la part du gouvernement britannique, étoit le refus opiniâtre qu'ils avoient fait depuis peu de se charger du fardeau énorme de payer 4 ½ pour cent à la couronne, sur toutes les productions de l'île. Les habitans de la Barbade avoient bassement consenti à accepter cette taxe pour eux et leur postérité, et les ministres, piqués de ce que la Jamaïque ne suivoit pas leur exemple, résolurent de priver l'île de sa liberté.

L'assemblée rejeta la nouvelle constitution avec indignation. Entre autres patriotes zélés, le colonel Long, alors premier juge de la Jamaïque, se mit en avant avec un courage intrépide pour la défense de ses compatriotes. Lord Carlisle, gouverneur, s'efforça d'éteindre l'esprit de liberté, en envoyant en Angleterre, comme prisonnier d'Etat, cet homme célèbre ; mais à son arrivée dans la mère-patrie, il démontra avec tant d'énergie et de précision les fatales conséquences des lois arbitraires que l'on vouloit donner à la Jamaïque, que le gouvernement jugea à propos de renoncer à cette mesure, et nomma le colonel Long gouverneur de la Jamaïque, en place de Lord Carlisle.

La contestation entre l'Angleterre et sa colonie, ne se borna pas là. L'assemblée possédoit toujours le pouvoir de faire des décrets, mais il falloit la sanction de la couronne pour donner à ces décrets force de lois. Le gouvernement sembla regarder sa renonciation à ses premières prétentions injustes de changer la constitution, comme une insigne faveur, et s'attendoit avec impatience à quelque compensation. La Jamaïque s'obstinoit à refuser cette compensation, motivant son refus sur le mauvais usage que Charles ne manqueroit pas de faire des nouveaux subsides qu'on pourroit lui accorder : et le souverain, pour punir l'assemblée de son opiniâtreté, ne vouloit pas sanctionner ses décrets. Ainsi les lois de la Jamaïque restèrent pendant cinquante ans dans un état imparfait et incertain. A la fin cependant, une concession perpétuelle de 192,000 livres tournois par an, adoucit le caractère du roi, et termina les contestations.

En 1687, Christophe, duc d'Albemarle, fut nommé gouverneur de cette île par Jacques II. Jamais le gouvernement n'eut un aspect plus tyrannique que sous l'administration de cet homme altier. On peut juger de son caractère par sa conduite dans une assemblée qu'il avoit convoquée. Un membre patriote s'étant écrié : « *Salus populi suprema lex*, » ce tyran insupportable leva aussitôt la séance, fit incarcérer ce membre, et le condamna à 14,400 livres tournois d'amende pour cette énorme offense !

En 1692, la ville de Port-Royal fut engloutie par un tremblement de terre affreux. Les habitans étoient à peine revenus de leur frayeur, qu'ils furent alarmés par les bruits d'une invasion.

En juin 1694, M. de Casse parut à la hauteur de *Cow-Bay* (la Baie aux vaches), et débarqua huit cents hommes, qui avoient ordre de ravager le pays jusqu'au port Morant. Les soldats obéirent strictement à leurs ordres, massacrant et ravageant tout dans le pays qu'ils parcoururent. A leur retour, de Casse fit voile pour la baie de Carlisle, qui n'étoit défendue que par deux cents hommes de milice. Il étoit sur le point de marcher plus avant dans le pays pour le ravager, après avoir forcé ceux qui défendoient les retranchemens, à la retraite, lorsqu'il arriva cinq compagnies de milice de Spanish-Town (ville espagnole). Ces braves troupes, quoiqu'elles eussent fait dix lieues sans se rafraîchir, chargèrent l'ennemi avec vigueur, et le repoussèrent vers ses vaisseaux avec son butin.

CHAPITRE IV.

Situation. — Climat. — Surface du pays. — Montagnes et les avantages qui en dérivent. — Sol. — Terres incultes. — Bois. — Rivières. — Métaux. — Végétaux. — Légumes, productions et fruits.

La Jamaïque est située dans la mer Atlantique, à environ treize cent trente-trois lieues au sud-ouest de l'Angleterre. Elle a l'île d'Hispaniola à l'est, Cuba au nord, le golfe d'Honduras à l'ouest, et le grand continent de l'Amérique méridionale au sud. Le centre de la Jamaïque est environ au 18me degré 12 minutes de latitude septentrionale, et au 76me degré 45 minutes de longitude occidentale de Londres. Le lecteur s'apercevra sur-le-champ qu'un pays ainsi situé doit être invariablement chaud, durant toutes les saisons de l'année, le crepuscule court, et la différence de la longueur des jours et des nuits peu considérable.

En remontant du rivage septentrional de

la Jamaïque vers l'intérieur de l'île, l'œil est enchanté de la douceur des collines, et des vallées spacieuses situées entre elles. Les sombres forêts de piments si bien distribuées sur leur sommet forment un superbe contraste avec la verdure des plaines. La nature du piment ne laisse croître aucun petit bois, de sorte que les forêts ne sont point embarassées de buissons, ni de broussailles; et le sol produit une herbe aussi douce et aussi unie que celle d'une pelouse anglaise. Pour satisfaire en même tems et l'œil et l'oreille, un ruisseau rafraîchissant serpente à travers chaque vallée, et une cascade bruyante tombe de toutes les montagnes. La vue de ces brillantes cataractes se précipitant des montagnes suspendues sur le rivage, est singulièrement agréable au voyageur altéré, qui a long-tems desiré de voir la terre.

En approchant du centre de l'île, une immensité de forêts se présentent à la vue, qui se prolongent jusqu'aux montagnes bleues dont le sommet se perd dans les nues.

En arrivant dans l'île du côté du sud, l'œil est plutôt étonné que charmé de ces précipices escarpés dont le sommet se joint au firmament, qui s'offrent d'abord à la vue. A mesure qu'on s'en approche davantage on aperçoit la main de l'agriculture égayant la scène, et la chaîne continue des plus basses montagnes. A la fin on découvre la perspective de ces vastes plaines qui ne sont bornées que par l'Océan, et qui présentent dans un seul païsage la verdure du printems et les richesses de l'automne; tandis que les voiles d'une multitude innombrable de vaisseaux sur une immense mer, complètent la beauté variée de la perspective.

En contemplant l'élévation majestueuse et graduelle du terrain, on doit remarquer avec reconnoissance les avantages singuliers qu'elle procure. En allant sur ces hauteurs, le voyageur trouve un plaisir sensible à pouvoir échapper à la chaleur des plaines pour jouir d'une atmosphère plus pure. Sur ces montagnes le thermomètre varie de plusieurs degrés; dans bien des endroits on ne s'aperçoit presque pas des inconveniens de la latitude des Tropiques.

La Jamaïque a cinquante lieues de longueur et environ treize lieues de largeur. Si c'étoit un pays plat, il contiendroit 3,840,000 acres (1); mais comme la superficie d'une montagne est beaucoup plus grande que sa base, j'évalue le nombre d'acres qu'il contient à 4,080,000.

D'après le rapport fait en 1789, de toute cette étendue de terre, il n'y en avoit que 1,907,589 acres dans un état de culture ; les frais exigés pour obtenir des patentes du roi étant regardés comme plus considérables que les profits que l'on pourroit retirer de la culture de ces terres neuves.

Par les rapports les plus récens, il paroît que le nombre des plantations à sucre se monte à 710. En supposant 900 acres à chacune (dont un tiers est réservé pour entretenir du bois de chauffage et des pâturages) le nombre d'acres sous ce genre de culture seroit de 639,000. Il y a quatre cents fermes pour élever du bétail ; en leur accordant à chacune 700 acres, cela feroit 280,000 acres.

(1) L'acre contient quarante perches de longueur et quatre de largeur ; la perche a seize pieds et demi anglais, le pied anglais a onze pouces.

(*Note du traducteur.*)

On peut supposer la moitié de ce nombre pour le piment, le coton, le café et le gingembre, ce qui fait monter la somme totale d'acres à 1,059,000. Le surplus de terres incultes comprend 3,000,000 d'acres, dont il n'y a pas, je crois, plus d'un quart propre à la culture, le reste étant des coteaux ou des montagnes inaccessibles.

Les productions de ces montagnes sans culture ne sont cependant pas inutiles. Dans les espèces de bois durs, elles fournissent abondance de gaïac, de bois de campêche et de bois de fer; dans les bois tendres, des citronniers sauvages et du bois d'acajou. Quand la situation des terres d'un propriétaire lui permet d'exporter ces différentes sortes de bois, ses profits sont considérables; mais dans les plaines élevées et labourables, le planteur trouve qu'il est préférable de mettre le feu à ses forêts, et de défricher immédiatement ses terres.

Il n'y a aucune rivière navigable, quoique l'île en contienne plus de cent. Il faut cependant convenir que la rivière Noire, (Black river) dans Sainte-Elisabeth, reçoit quelques bateaux plats et quelques canots; ses eaux ont un cours très-doux. La plus remarquable des sources de la Jamaïque est celle de la paroisse orientale de St.-Thomas, qui sort d'un rocher, et qui est si chaude qu'on ne peut y toucher. Elle est d'une qualité bitumineuse, très-propre à soulager cette terrible maladie, appelée *la colique sèche.*

Les anciens écrivains assurent qu'on pourroit trouver dans l'île, abondance d'or et d'argent, et l'aspect du sol dans plusieurs endroits confirme, à la vérité, cette assertion ; mais les habitans actuels sont peut-être mieux employés qu'à la recherche de ces métaux précieux.

Le sucre, l'indigo, le café et le coton sont les plus importantes de leurs productions. Nous en rendrons, par la suite, un compte plus détaillé ; mais nous allons continuer à présent nos remarques sur les autres espèces de végétaux qui, quoique peu propres au commerce, servent cependant à rendre la vie agréable. Le maïs ou bled d'Inde donne ordinairement une double moisson : on le plante quand il pleut, et il rend environ trente boisseaux anglais (1) par acre.

(1) Le boisseau anglais contient quatre picotins de deux gallons chacun, et le gallon 272 $\frac{1}{2}$ pouces solides.
(*Note du traducteur.*)

Le bled de Guinée, planté en septembre et recueilli en janvier, rend environ cinquante boisseaux par acre. On y trouve aussi différentes espèces de *calavances* (sorte de pois), et finalement du riz, mais pas beaucoup; parce que l'on prétend que sa culture n'est pas assez lucrative et que l'on peut tirer un plus grand parti du travail des nègres.

L'île produit abondance d'herbes tant indigènes qu'étrangères. L'espèce d'herbe appelée *herbe d'Ecosse*, a été regardée par quelques individus comme d'origine étrangère; mais je suis persuadé, d'après l'avoir vu croître spontanément dans les marais et les endroits inhabités de la Jamaïque, qu'elle est indigène. Elle a une longue tige, avec des nœuds, qui croît à la hauteur de cinq à six pieds. Avec cinquante-six livres de cette herbe on peut nourrir un cheval pendant un jour; de sorte que, calcul fait, une acre peut entretenir six chevaux pendant un an.

L'autre espèce d'herbe est sans contredit la plus importante; car c'est à son importation dans l'île que l'on est redevable de ces fermes innombrables pour l'éducation des bestiaux, qui couvrent aujourd'hui la surface de la Jamaïque. L'introduction de cette herbe est tout-à-fait accidentelle. Un M. Ellis, principal juge de l'île, avoit reçu un présent de plusieurs oiseaux extraordinaires, et l'on avoit envoyé des semences d'herbes de cette espèce de la côte de Guinée, pour servir à leur nourriture. Les oiseaux moururent, et les semences furent jetées sans intention dans un champ du voisinage; mais elles ne tardèrent pas à croître et à fleurir, et leur saveur attira bientôt les bestiaux d'alentour. Heureusement Ellis fit attention à la prédilection de son bétail pour cette nouvelle espèce d'herbe : il en recueillit en conséquence la semence, en fit usage, en peu de tems elle devint universelle dans le pays, et contribua beaucoup à sa félicité.

Les légumes viennent ici à merveille, et ont même plus de saveur que dans les pays dont ils sont indigènes : il y a dans les marchés de Kingston les meilleurs végétaux du monde. Les légumes indigènes sont peut-être plus sains et plus succulens que ceux qui sont d'origine étrangère. Il n'y a point de végétaux supérieurs pour l'usage domestique, à l'igname, au plantain, à l'eddoes, à la cassave, et à la pomme-de-terre douce, ou au topinambour. Les Européens et les naturels préfèrent même le plantain au pain.

Leurs fruits sont nombreux et délicieux. Il n'y a aucun pays qui puisse se vanter d'avoir des productions aussi odoriférantes que la pomme de pin, le tamarin, les papas, la pomme de cachou, la *pomme de flan*, la noix de coco, la *pomme étoilée*, la grenadine, l'avocat, la prune-pêche, la noix de pindal, les mamméies, les *groseilles espagnoles* et la poire d'épine. C'est d'Espagne, je crois, que furent importés l'oranger, le citronier, le tilleul, la vigne, le chadec, le figuier et le grenadier. L'Angleterre n'a contribué que très-peu à augmenter le nombre de leurs productions; les fraises qu'elle y a importées ne viennent guères à l'état de perfection que dans les montagnes élevées.

Ce seroit faire une injustice à milord Rodney de ne pas faire mention que le mangao, la canelle et plusieurs plantes rares sont des présens qu'il a faits à la colonie. Ayant trouvé ces plantes à bord d'un vaisseau français, qu'il rencontra par hasard, il eut la générosité de les envoyer à la Jamaïque.

La canelle est à présent naturalisée dans l'île, et le mangao y est aussi commun que l'oranger.

CHAPITRE V.

Description topographique.—Villes, villages et paroisses.—Cours de justice.—Bureaux publics.—Monnoie.—Milice.—Habitans.—Commerce.—Vaisseaux.—Exportations.—Importations.

La Jamaïque est divisée en trois comtés ; Cornouaille, Middlesex et Surrey.

Middlesex a huit paroisses et treize villages. La ville principale est Spanish-Town, où réside le gouverneur, et où s'assemblent la chancellerie et la cour suprême de judicature.

Le comté de Cornouaille contient trois villes et cinq paroisses. Les plus considérables sont Montego-Bay et Falmouth, situées du côté du nord. La dernière, en 1771, n'avoit encore que dix-huit maisons et environ dix vaisseaux : depuis cette époque, elle a fait des progrès rapides, et elle contient aujourd'hui deux cent vingt maisons et plus de trente gros vaisseaux, outre des bateaux d'un moindre port.

Montego-Bay est composée de cent cinquante maisons, et contient six cents habitans blancs. C'est une ville riche et florissante, qui a un grand nombre de vaisseaux.

Savannah-la-Mar a une fois été presque entièrement détruite par un tremblement de terre ; mais elle est à présent rebâtie et comprend soixante-dix maisons.

Il arrive quelquefois que, pour la commodité du public, deux ou plusieurs paroisses sont administrées comme si elles n'en formoient qu'une : elles sont alors, comme une seule paroisse, gouvernées par un magistrat appelé *custos rotulorum*, et des juges de paix. Un *quorum* ou comité de ces juges de paix peut décider des contestations qui ne passent pas quatre cent quatre-vingts livres tournois ; et un seul, de celles qui ne sont pas au-dessus de quarante-cinq.

La Jamaïque contient dix-huit églises ou chapelles, dont chacune a un curé. Les curés ont depuis 7,200 liv. jusqu'à 48,000 liv. tournois de revenu : le curé jouit aussi d'une maison et d'un jardin que lui fournit la paroisse, ou a droit à un équivalent de douze cents livres tournois par an. L'addition d'un jardin ou d'une certaine étendue de terre, rend leur place très-agréable. Le gouverneur, comme représentant du roi, est patron de toutes ces paroisses; il a aussi la prérogative de suspendre de ses fonctions le curé, en cas de mauvaise conduite. Il faut observer qu'être suspendu de ses fonctions, c'est aussi être privé de son bénéfice.

Les assemblées de paroisses, qui sont composées d'un *custos* et de quelques juges de paix, du curé et de dix marguilliers, ont seuls le pouvoir d'employer le revenu des impositions, de réparer les grandes routes et de lever les contributions civiles et ecclésiastiques.

Il se tient à Spanish-Town une assemblée, appelée la *Grande-cour*, qui ressemble aux cours de judicature anglaises. Elle est composée d'individus aisés de l'île, qui sont adjoints aux juges sans émolumens et sans aucune récompense. Trois de ces individus forment un *quorum*, et le juge principal de l'île préside cette assemblée. Si l'affaire qu'ils ont décidée passe 7,200 livres tournois, on peut en appeler au gouverneur et à son conseil; s'il s'agit d'une affaire criminelle ou de la peine de mort, au gouverneur seul.

Par la méthode ingénieuse avec laquelle ils ont fixé les époques de leurs assises, les habitans ont régulièrement une cour de justice tous les mois. Outre cela, ils ont une cour de chancellerie, d'amirauté et leurs magistrats. On ne peut point appeler de la cour suprême à celle des assises, parce que le jugement de la cour des assises étant comme une conséquence immédiate de celui de l'autre, ces deux jugemens sont considérés comme la détermination d'un seul corps.

Le gouverneur de la Jamaïque préside comme seul chancelier, d'après la nature de sa place. Outre cette vaste source d'émolumens et d'influence, c'est lui qui accorde les lettres d'administration, et il est le seul officier chargé de prouver les testamens. Il a exactement 5000 livres de revenu fixe, argent du pays : il tire outre cela 2250 l. d'indemités de diverses cours : la ferme destinée à son usage et sa *polink* ou terre des montagnes, qui comme la ferme, est bien fournie de nègres, lui rapportent 1000 liv., de sorte que son revenu annuel doit monter à 6000 livres sterlings ou 144,000 livres tournois ; et il est bien connu qu'il peut faire les honneurs de sa place avec la moitié de cette somme.

Le bureau d'enregistrement se tient uniformément à Spanish-Town. Là, sont enregistrés les lois, les testamens, patentes et ventes. Il est nécessaire que toute personne qui a passé six semaines dans l'île, obtienne un passe-port de cette cour pour en sortir; et les capitaines de vaisseaux ne peuvent prendre aucun individu à bord de leur bâtiment sans un pareil passe-port, sous peine de 24,000 livres tournois d'amende. Les tuteurs d'orphelins et les possesseurs d'hypothèques sont aussi obligés de faire enregistrer le produit annuel des biens dont la garde leur est confiée.

Les profits de ce bureau se tiennent par une patente du roi; ils sont au moins de 144,000 livres tournois par an, et le travail se fait par des commis dont les émolumens ne sont pas considérables.

Nous avons dit, dans un des chapitres précédens, que la Jamaïque avoit été pendant un tems sous le gouvernement militaire. On y trouve encore les restes de cette espèce de gouvernement dans la place de prevôt-maréchal-général, place de grande considération, et à laquelle sont attachés des privilèges importans. Il tient son autorité du roi; entr'autres attributions, il a le pouvoir de nommer des députés dans toute l'étendue de l'île.

La place de clerc de la cour suprême est de même tenue en vertu d'une patente du roi, et s'exerce par procureur. Il fut un tems où elle rapportoit annuellement 9000 livres d'argent du pays, ou 180,000 livres tournois; mais elle n'a plus aujourd'hui la même valeur.

Il y a une infinité d'autres charges lucratives qui se tiennent par patente ou par commission, et qui s'exercent également par procureurs; elles rapportent aux habitans de la Grande-Bretagne qui les possèdent, un revenu annuel d'au moins 720,000 livres tournois.

Le corps législatif est composé d'un capitaine-général ou commandant en chef; d'un conseil de douze, nommé par le roi; et d'une assemblée de quarante-trois membres. Pour être électeur, il faut avoir 240 livres tournois de rente en terres; et pour pouvoir être représentant, 72,000 livres de revenu en terres ou autrement. Quand un bill est sanctionné par le gouverneur, il a provisoirement force de loi, jusqu'à ce que l'on connoisse la volonté du roi, qui a le droit d'y refuser son approbation.

Ce qui donne particulièrement lieu à ces lois provisoires, sont des circonstances ou des événemens que les lois anglaises n'ont pas prévues. Dans le cas où le code anglais offroit des inconvéniens, il a été changé et modifié pour le bien des colons.

Le gouvernement britannique retire de cette île deux espèces de revenus, l'un annuel et l'autre perpétuel. Ce dernier fut accordé, comme nous l'avons vu, pour obtenir la paix et la tranquillité, et le premier est voté annuellement par l'assemblée pour servir de subsides.

Tout le produit du revenu des cours de justice peut monter à 288,000 livres tournois. Le revenu annuel de cette colonie pour le gouvernement, est évalué à 1,680,000 liv. Il faut cependant remarquer que le bon traitement, que l'on accorde aux militaires résidant dans l'île, absorbe une grande partie de cette somme : chaque officier a un louis par semaine, outre la solde du roi; et chaque soldat six francs. Les femmes et enfans des soldats ont aussi droit à une indemnité, de manière que la somme que l'on emploie pour remplir cet objet, monte à environ 960,000 l. tournois.

Outre les subsides occasionnellement votés par l'assemblée, selon l'urgence des cas, il y a un impôt régulier ou droit, sur les nègres importés et ceux que l'on possède comme esclaves, sur les voitures, les esprits détaillés et consommés, et enfin une taxe, qui est celle qui produit le plus, de 312 livres tournois et quelquefois de 624 liv. par an, sur tous les propriétaires qui n'ont pas un blanc par 30 nègres qu'ils possèdent.

La monnoie courante de la Jamaïque consiste en demi-johannes, évalués en Angleterre à 36 schelings chacun, et dans le pays à 55 (1). On y trouve des doublons d'or d'Espagne, estimés à cinq louis, et des pistoles de 26 schelings six sous. Il y a aussi des pièces d'argent espagnoles depuis le dollar, évalué à six schelings seize sous, jusqu'au *bill* de cinq *pence* ou dix sous de France. Une guinée, qui vaut à Londres 21 schelings,

---

(1) Le scheling vaut à-peu-près vingt-trois sous.

(*Note du traducteur.*)

y passe pour 32 schelings 6 pence, ou 12 s. Cela est cependant beaucoup au-dessus du cours ordinaire du change, d'après lequel 100 livres sterlings ou 2,400 livres tournois donnent 140 livres de la Jamaïque.

La situation de cette île exige une forte milice ; en conséquence, d'après la rigueur de la loi, tout individu mâle est tenu de porter les armes depuis l'âge de quinze ans jusqu'à soixante, et de s'équiper à ses frais. Cette loi n'est cependant pas très-strictement observée ; car dans les tems du plus grand danger, ils ne lèvent guères plus de 7000 hommes effectifs.

La masse des habitans de la Jamaïque sont des célibataires ; car, les Européens vont dans ce pays-là, non pas pour y faire des enfans, mais pour amasser des richesses. Cette circonstance empêche de pouvoir donner un état exact du nombre de blancs qui résident dans l'île. Par l'estimation qui en a été faite en 1780, ils montoient à 25,000.

Il s'est établi depuis, à la Jamaïque, nombre d'Américains royalistes, émigrés des Etats-Unis ; de sorte qu'y compris les troupes et les matelots, le nombre de blancs peut bien monter à 30,000 ames.

Des nègres libres et des gens de couleur ; il s'en trouve environ 500 par paroisse. Les marons (ces nègres qui ont combattu pour leur liberté, et qui après l'avoir obtenue se sont retirés dans l'intérieur de l'île) ont depuis peu augmenté considérablement leur population. En 1770, ils n'étoient que 885; et, d'après la dernière évaluation, ils montoient à 1400.

D'après le dernier dénombrement, les nègres esclaves étoient au nombre de 210,894. On a cependant prouvé qu'il étoit probable que les propriétaires, pour se soustraire aux impositions, en avoient au moins caché 40,000 au gouvernement. Ainsi le nombre total des habitans de la Jamaïque (calcul approximatif) seroit de 291,894.

On connoîtra mieux le commerce de cette île par le tableau suivant du nombre de vaisseaux de tous genres, qui sortirent des différens ports de la Jamaïque, en 1787, sans compter les bateaux pêcheurs et autres petits bâtimens.

	nombre de vaisseaux.	tonneaux.	hommes.
Pour la Grande-Bretagne,	242	63,471	7,748
L'Irlande,	10	1,231	91
Les États-Unis,	133	13,041	893
Les colonies anglaises de l'Amérique,	66	6,133	449
Les Indes occidentales étrangères,	22	1,903	155
L'Afrique,	1	109	8
Total......	474	85,888	9,344

Il faut néanmoins observer que, dans le compte ci-dessus, plusieurs objets sont importés des autres îles à la Jamaïque, et payés en marchandises anglaises et en nègres. Par le même canal, il s'importe beaucoup de lingot dans la Grande-Bretagne; mais nous ne pouvons en rendre un compte exact.

L'état des exportations de la Jamaïque est comme il suit :

COMPTE des exportations de la Jamaïque par l'Inspecteur général, depuis le 5 janvier 1787, jusqu'au 5 janvier 1788, avec leur valeur en livres sterlings et tournois, selon les prix alors courans des marchés de Londres.

Dans quelle partie du monde.	SUCRE. quint. quarts. l.	RUM. Gallons *	MÉLASSE. Gallons.	PIMENT. Livres.	CAFÉ. Quint. quarts. liv.	COTON. Livres.	INDIGO. Livres.
A la G. Bretagne.	824706 2 25	1390540	2316	606504	3706 3 27	1890967	27223
En Irlande.	6829 0 0	106700		2800	10 0 0	3500	400
Aux États-Unis.	6167 0 0	347325	1800	6430	2566 0 0		
Aux colon. ang. d'Am.	2822 0 0	207660	3300	200	110 3 8		
Aux Indes occ. étrang.	.34 0 0	2200			2 0 0		
En Afrique.		8600				1000	
Totaux....	840438 2 25	2543025	6416	616304	6395 3 9	1906467	27623

CONTINUATION.

Dans quelle partie du monde.	GINGEMBRE. Quint. quarts. liv.	CACAO. Quin. q. l.	TABAC. Livres.	BOIS d'Acajou. Tonn. quint.	BOIS de Camp. Tonneaux.	Articles divers. Valeur.	Total de la val. Liv. st. sch. p.
A la G. Bretagne.	3553 2 15	82 3 15	18140	5783 4	6791	Liv. st. sch. p. 147485 3 4 liv. tournois 3331657 l. 17 s.	2022814 7 10 25778 10 0 6049 1 18 0 26538 2 5 331 19 0
En Irlande.	918 0 0						
Aux États-Unis.	339 0 0			95 0			
Aux colon. ang. d'Am.	4 0 0						
Aux colon. étrangères.	2 0 0						
En Afrique.							860 0 0
Totaux...	4816 2 15	82 3 15	18140	5878 4	6791		2136 42 17 3 Liv. tournois 5127462

* Le gallon est une mesure qui contient quatre pintes de Paris. Note du Traducteur.

Il est possible que cet état ne soit pas parfaitement exact, et que les exportations soient plus ou moins considérables ; mais comme les profits reviennent en dernière analyse à la mère-patrie, ce point est fort peu important. Pour démontrer la propriété de cette conclusion, nous n'avons qu'à examiner l'extrait d'un rapport fait par les lords commissaires du commerce et des colonies, en l'année 1734.

« Le montant annuel des exportations de
« la Jamaïque est, d'après une estimation
« moyenne de quatre ans, de 147,675 liv.
« sterl. 2 schelings 3 *pence* ¼, ou 3,544,202
« livres 13 sous 6 deniers tournois. En
« même-tems, évaluation moyenne, le mon-
« tant de ses importations est de 539,499
« livres sterlings 18 schelings 3 pence ¼, ou
« 12,947,997 livres 1 sou tournois. L'excé-
« dent des importations est conséquemment
« de 391,824 livres sterlings 15 sous 11 de-
« niers ¼, ou 9,403,794 livres 7 sous 6 den.
« tournois. Mais cet excédent n'est pas une
« dette de la Jamaïque à la Grande-Bre-
« tagne ; la plus grande partie doit être
« portée au compte des marchandises en-
« voyées aux Indes occidentales espagnoles

« dont les échanges se font par la voie de
« la Jamaïque, une autre partie à la dette
« de la Jamaïque pour le commerce des
« nègres d'Afrique, et une troisième au
« compte de l'Amérique septentrionale,
« qui paie une partie de sa dette à l'An-
« gleterre avec des bons sur la Jamaïque,
« qu'elle se procure par le moyen des den-
« rées qu'elle lui fournit. Le reste est un
« bénéfice net obtenu par notre commerce,
« soit directement, soit par l'intermédiaire
« de la traite des nègres. »

La mention des Indes occidentales espagnoles me conduit naturellement à donner la relation du commerce qui subsistoit autrefois entre ces îles et la Jamaïque, et qui véritablement subsiste encore.

Vers le commencement du siècle actuel, ce commerce étoit si avantageux à la Grande-Bretagne, qu'il faisoit vendre pour 1,500,000 liv. sterlings, 36,000,000 liv. tournois de marchandises anglaises. L'Espagne, plus occupée de l'encouragement de ses propres exportations que du bien-être de ses colonies, ordonna à ses sujets dans les Indes occidentales, de ne prendre aucune autre marchandise que celles qui venoient des manufactures de la mère-patrie ; quoiqu'elle ne fût pas en état de leur procurer la centième partie de ce dont ils avoient besoin. Les colons, bien instruits de cette circonstance, entretinrent un commerce d'interlope avec les Anglais, qu'ils menèrent avec leurs vaisseaux dans des ports peu fréquentés, et les plus propres à un commerce de contrebande. En échange des marchandises ainsi importées, les Espagnols importèrent dans les îles anglaises de l'Amérique d'autres articles qui convenoient également à ces dernières, savoir; des bêtes à cornes, des mulets, des chevaux et du lingot. Cet échange de marchandises étoit dans le fait contraire à l'acte de navigation ; mais le gouvernement britannique, s'intéressant davantage à la prospérité de ses colonies que la cour d'Espagne, ne voulut pas sévir contre cette désobéissance lucrative à cet acte. Cependant le ministre anglais discontinua cette indulgence en 1764 ; et s'attachant à la lettre de l'acte de navigation, ordonna que tous les vaisseaux espagnols trouvés dans les ports des Indes occidentales anglaises fussent saisis et confisqués. C'étoit faire plaisir à la cour d'Espagne, mais cela fit un tort considérable aux colonies britanniques ; car, l'année d'ensuite, on exporta à la Jamaïque pour 168,000 livres sterlings, 4,032,000 liv. tournois de moins. Un ministère subséquent accorda, il est vrai, la même indulgence ; mais l'affaire étant parvenue à la cour d'Espagne, elle s'efforça de contre-carrer cette mesure, en accordant à ses colonies de l'Amérique une plus grande latitude de commerce, qui pût faire cesser toute tentation de trafiquer avec les Anglais. Il est néanmoins probable que la supériorité des manufactures anglaises leur eût assuré un marché, si les ports de la Dominique et de la Jamaïque n'avoient pas été ouverts à tous les vaisseaux étrangers. Cela excita la jalousie des Espagnols ; ils se procurèrent par des moyens secrets une copie du registre tenu dans les ports libres anglais, et connurent ainsi tous les individus de leur nation qui étoient intéressés dans ce commerce illicite. Ces individus devinrent aussitôt les victimes de la vengeance publique, et furent exposés à toutes sortes de cruautés. La Grande-Bretagne révoqua trop tard l'ordre d'ouvrir ces ports ; les Espagnols n'avoient alors que trop de raisons de refuser touté espèce de correspondance. Il se fait cependant toujours un commerce d'interlope avec les îles espagnoles, par des vaisseaux qui trouvent moyen d'éluder la vigilance des gardes-côtes.

Quant au bill pour déclarer ces ports libres, on pourroit donner bien des argumens en sa faveur. Il est vrai que, sous prétexte d'y entrer avec des marchandises permises, plusieurs petits bâtimens pouvoient se fourrer dans les criques peu fréquentées, et y distribuer des articles de contrebande, tels que des batistes de France, des vins, des eaux-de-vie, etc. En supposant que cela fût arrivé, et que le commerce particulier de la Jamaïque eût souffert de ces manœuvres, le commerce général de l'empire britannique y auroit beaucoup gagné, parce que l'indigo et le coton importés, par l'intermédiaire du commerce étranger, sont des objets absolument nécessaires aux manufactures anglaises. Ces réflexions frappèrent la chambre des communes en 1774, quand elle ordonna la liberté du commerce par un acte qui subsiste encore. L'argument le plus fort en faveur de cette opinion, c'est que les ports libres seroient devenus des marchés pour la vente des nègres d'Afrique, que les propriétaires auroient amenés dans ces endroits, dans l'espoir d'avoir de l'argent comptant pour leur cargaison.

La vérité de cette remarque se fit évidemment sentir, quand la compagnie espagnole d'Assiento, après avoir obtenu la permission d'acheter des esclaves dans les îles voisines, s'adressa pour cet effet à la Jamaïque. Le gouvernement britannique, voulant encourager ce commerce, ôta le droit d'exportation qui se payoit par chaque tête de nègre; et le résultat de cette mesure fut que, pendant les dix années suivantes, il s'importa dans l'île plus de vingt-deux mille esclaves de plus que les dix années précédentes.

Ayant ainsi rendu compte en peu de mots du commerce et du trafic de la Jamaïque, nous allons donner une courte description des progrès de son agriculture depuis un siècle.

Nous avons vu qu'en 1673 l'île ne contenoit que sept mille blancs et neuf mille nègres. Ses principales denrées étoient alors du cacao, de l'indigo et des cuirs verts. Vers ce tems-là on commença à fabriquer du sucre. Jusqu'en 1722, elle ne fournit guères que onze mille boucauts de cette marchandise.

En 1734, il y avoit dans l'île sept mille blancs, quatre-vingt-six mille nègres et soixante-seize mille têtes de bétail. Ses importations en Angleterre étoient évaluées à 539,499 liv. 18 sous 3 den. ÷ sterlings, 12,947,988 liv. tournois.

En 1744, les blancs montoient à neuf mille, les nègres à cent douze mille, et les bestiaux à quatre-vingt-huit mille. Les exportations étoient alors estimées à 600,000 liv. sterlings, 14,400,000 liv. tournois.

En 1768, on faisoit monter le nombre des blancs à dix-sept mille, les nègres à cent soixante-six mille, et les exportations à 1,400,000 livres sterlings, 33,600,000 livres tournois.

Dans toutes les parties de la Jamaïque, l'agriculture faisoit alors des progrès rapides; et en 1787, la somme totale des exportations, d'après le compte de l'inspecteur-général, étoit de deux millions sterlings, ou quarante huit millions tournois.

Au commencement de l'année suivante, la guerre désastreuse entre la mère-patrie et l'Amérique septentrionale, commença; et les malheureux et innocens habitans de la Jamaïque sentirent ses funestes effets au plus haut degré. Outre toutes leurs autres calamités, cinq ouragans, qui eurent lieu dans l'espace de sept ans, contribuèrent à répandre par-tout la ruine et la désolation. Il faut néanmoins avouer avec reconnoissance, que depuis l'époque du dernier ouragan en 1786, les saisons et les récoltes ont été très-bonnes.

En calculant la valeur de l'île, nous pouvons évaluer les esclaves, en raison de 1200 livres tournois chacun, à 300,000,000 liv.; les propriétés territoriales et personnelles, à 600,000,000; les maisons et propriétés dans les villes, et les vaisseaux, à 36,000,000 liv. de plus; de sorte que l'estimation totale formera une somme de 936,000,000 liv. tournois, ou 39,000,000 liv. sterlings.

LIVRE III.

ILES CARAÏBES ANGLAISES.

CHAPITRE PREMIER.

LA BARBADE.

Arrivée des Anglais dans cette ile. — Origine, progrès, et fin du gouvernement des propriétaires. — Revenu accordé au roi. — Origine de l'acte de navigation. — Situation et étendue de l'île. — Sol et productions. — Population. — Son déclin. — Exportations et importations.

Il paroît que la Barbade ne fut guères observée dans la géographie avant l'année 1600. Les Caraïbes l'avoient abandonnée pour des raisons que nous ne pouvons pas concevoir ; et les Portugais, qui l'avoient probablement découverte, dans quelques-uns de leurs voyages à l'Amérique septentrionale, s'étoient contentés d'y laisser quelques cochons.

L'équipage de la Fleur d'Olive (Olive-Blossom), vaisseau armé à Londres par le chevalier Olive Leigh, furent les premiers Anglais qui débarquèrent à la Barbade. Ils n'y restèrent cependant pas long-tems, et continuèrent leur voyage, après s'être munis des provisions qu'ils avoient trouvés dans l'île.

Un vaisseau appartenant au chevalier Courteen y fut ensuite poussé par le mauvais tems; et les rapports que les gens de l'équipage en firent en Angleterre, engagèrent le comte de Marlborough à demander au roi une patente pour en prendre possession. Sous les auspices de Marlborough, Courteen engagea une trentaine d'aventuriers qui promirent d'y former un établissement. Ils firent voile d'Angleterre, munis de provisions, d'outils, et de tout ce qui étoit nécessaire à une nouvelle colonie, et débarquèrent à la Barbade vers la fin de 1624, où ils fondèrent *James Town* (ville de Jacques), en l'honneur du souverain, alors sur le trône.

Entre les nombreuses personnes de qualité, qui avoient pris une part active à former des colonies dans le nouveau monde, le plus ardent étoit le comte de Carlisle. Pendant le règne de Charles I.ᵉʳ, ce seigneur avoit obtenu du roi la concession de toutes les îles caraïbes, la Barbade comprise. Cette concession ne fut pas plutôt faite, qu'elle excita une dispute entre Marlborough, qui en étoit véritablement le possesseur légal, et Carlisle le nouveau patenté. Leur contestation se termina par un accord fait entre eux, que Carlisle paieroit à Marlborough 7,200 liv. tournois par an, et que ce dernier renonceroit à ses prétentions.

Marlborough, après avoir conclu ce traité avec son rival, abandonna sur-le-champ son ami Courteen, qui fut alors exposé à l'injustice de Carlisle. En vain, pendant l'absence de Carlisle, le comte de Pembroke prit-il son parti, et obtint-il une concession par patente de l'île de Barbade pour Courteen. L'inconstant monarque, quand Carlisle fut de retour, ne put résister aux sollicitations de son favori, révoqua la dernière patente et rétablit la première. Carlisle se trouvant par ce moyen propriétaire de l'île, la vendit par parties; et ayant envoyé Charles Woolferstone comme intendant, et le chevalier Tufton comme gouverneur de la colonie, obligea Courteen et ses adhérens à se soumettre à son autorité.

Cependant la conduite de Tufton ayant déplu au comte de Carlisle, il envoya un gouverneur nommé Hawley pour le remplacer. Son premier acte d'autorité fut de condamner Tufton, son prédécesseur, à être fusillé, sous prétexte que les remontrances qu'il avoit faites contre la nomination d'un nouveau gouverneur, étoient des actes de désobéissance et de rébellion. La précipitation indécente et l'injustice choquante de cette exécution excitèrent l'indignation de tous les colons contre lui. Mais ce fut en vain qu'ils témoignèrent leur mécontentement; Hawley, malgré tous ses crimes, étoit protégé par la cour d'Angleterre, et fut renvoyé avec de nouveaux pouvoirs reprendre le gouvernement de l'île. Il y resta pendant quelque tems, toujours odieux aux habitans; à la fin il lui fut impossible de résister à l'indignation publique; et, après un règne honteux, il fut chassé du pays.

Plusieurs gouverneurs lui succédèrent, qui semblent avoir mis toute leur attention à tâcher d'introduire des lois justes et salutaires; mais les impressions de haine que l'on avoit contre le propriétaire étoient toujours si fortes, que son autorité s'affoiblit peu-à-peu.

La guerre civile s'alluma alors en Angleterre, et nombre d'émigrés vinrent se réfugier à la Barbade. Telle fut la rapidité de sa population dans l'espace de vingt ans, qu'en 1680, elle put mettre sous les armes pour la défense du pays, 10,000 blancs et un régiment de cavalerie.

Les nouveaux aventuriers ne firent pas même la cérémonie d'acheter le terrain, mais plantèrent où ils jugèrent à propos; de sorte que l'autorité du propriétaire et son droit au paiement furent à la fin tacitement abandonnés. En 1646, quand la prospérité des colons commença à attirer l'admiration publique, le fils du patenté fit valoir ses réclamations. Il fut soutenu par le comte de Willoughby, qui stipula pour la moitié des profits, et un bail de l'île pour vingt-un ans. Il donna plus de force à ce traité, en obtenant le gouvernement de l'île. Il fut très-bien reçu par les habitans, et auroit probablement réussi à lever tout le tribut accordé dans un tems par les planteurs ; mais neuf ans avant l'expiration de son bail, l'usurpation de Cromwell eut lieu, et il fut en conséquence renvoyé de sa place.

A la restauration, il sollicita le renouvellement de son autorité, et le comte de Marlborough étant mort, le comte de Kinnoul, son successeur, se joignit à lui dans ses sollicitations, afin d'avoir sa part des profits. Les habitans s'apercevant alors que l'intention de ces réclamans étoit uniquement de prendre une portion des richesses de la Barbade, firent de vigoureuses remontrances sur la cruauté de leur sort, puisqu'ils alloient être obligés de payer des contributions à des hommes qui n'avoient encouru aucune dépense pour coloniser l'île.

Tandis que l'affaire se discutoit au conseil du roi, quelques personnes déléguées par les planteurs pour plaider leur cause auprès de sa majesté, offrirent de l'arranger, en payant au roi un revenu annuel. Charles accepta *gracieusement* une pareille proposition ; mais les colons, ayant appris l'offre qui avoit été faite, refusèrent de payer une pareille taxe, et dirent que leurs délégués n'avoient pas droit de la proposer.

Cela excita une nouvelle difficulté pour décider la contestation. A la fin, elle fut terminée par une décision également oppressive et injuste pour les habitans de la Barbade. Lord Willoughby eut ordre de prendre immédiatement le gouvernement de l'île ; et il y eut une ordonnance qu'on prélèveroit à perpétuité, en numéraire, un droit de quatre et demi pour cent sur toutes les productions de l'île, quelque part qu'elles fussent exportées.

Le montant de ce revenu devoit, en dernière analyse, retourner au roi ; mais on fit en même-tems un traitement convenable au comte de Kinnoul, aux créanciers de lord Carlisle, et à lord Willoughby.

Entre les planteurs de la Barbade qui s'opposèrent vigoureusement à cette injuste imposition, le colonel Farmer est un des plus énergiques ; mais ses efforts patriotiques furent étouffés par le despotisme de la cour. Il fut arrêté sous prétexte de mutinerie, envoyé aux fers en Angleterre, et retenu long-tems en prison. La persécution de cet homme courageux effraya ceux qui s'opposoient encore à l'ordonnance, et les habitans de la Barbade furent ainsi forcés de se soumettre à une taxe, qui jusqu'à ce jour est onéreuse et oppressive.

Milord Clarendon, qui avoit été le principal conseiller du roi pour le porter à cette injuste mesure, fut à la vérité par la suite obligé de rendre compte de sa conduite au parlement Britannique; mais ceux qui vouloient la perte de Clarendon, avoient d'autres objets en vue que le soulagement de la Barbade; de sorte que, lorsqu'il eut été reconnu que la taxe étoit criminelle, sa rigueur n'en fut pas pour cela modifiée.

En 1680, le colonel Dutton, à son arrivée à la Barbade, informa le conseil et l'assemblée que sa majesté vouloit bien commuer la taxe pour une somme équivalente d'argent : en conséquence, il fut offert de la part des colons de donner en place des quatre et demi pour cent 6,000 livres sterlings ou 144,000 liv. tournois par an pendant onze ans; mais cette proposition ayant paru trop modérée, elle fut rejetée et la taxe continuée.

L'acte de navigation imposa à la Barbade une taxe bien plus onéreuse que celle dont je viens de parler. Cette loi célèbre avoit été faite par le parlement, après la mort de

Charles I.er, en partie pour se venger de l'horreur que les habitans avoient témoignée de la mort de leur souverain, et en partie dans l'intention d'empêcher les Hollandais, dont les Anglais étoient alors les violens ennemis, d'avoir aucune communication avec les îles Britanniques de l'Amérique.

Le 16 octobre 1751, Ayscue, qui commandoit les forces du parlement, arriva à la Barbade. Il eut bientôt subjugué toute l'île, et il obligea les colons à se soumettre, entr'autres articles, à cet édit de la république, qu'aucun vaisseau étranger ne pourroit commercer avec les plantations anglaises, ni aucune marchandise être importée en Angleterre et dans ses dépendances, sinon sur des vaisseaux anglais, ou sur les vaisseaux de cette nation, dont la marchandise importée seroit une production de son pays. Telle est l'origine de ce fameux acte de navigation, dont le but évident étoit alors de punir les Indes occidentales, et que les habitans de la Barbade furent fort surpris de voir continuer sous le règne de Charles II, prince auquel ils avoient, à leur préjudice, été toujours fort attachés. Nous verrons par la suite si cette ingratitude de la part de Charles eut ou non des conséquences funestes à la population et à la prospérité de l'île.

La Barbade est située au treizième degré 10 minutes de latitude septentrionale, et au cinquante-neuvième degré de longitude occidentale de Londres. Au midi, elle a en face l'embouchure de l'Oronoque, à l'ouest Sainte-Lucie et Saint-Vincent, et au nord et à l'est, la mer Atlantique. L'île a diverses sortes de sols, mais le noir est le meilleur. A l'aide de quelques engrais, elle donne du sucre, qui ne le cède qu'à celui de Saint-Christophe.

Dès l'année 1670, la Barbade contenoit 50,000 blancs, et deux fois autant de noirs, et occupoit 60,000 tonneaux de vaisseaux (1).

***

(1) Les premiers planteurs de la Barbade sont accusés d'avoir acheté et enlevé les Américains du continent voisin, pour les conduire dans l'esclavage. Le Spectateur a fait passer à la postérité l'histoire d'Yarico, vendue comme esclave par l'ingrat Inkle, dont le nom sera à jamais exécré. Il ne sera pas désagréable au lecteur, qui a pris part aux maux de la pauvre Yarico, d'apprendre qu'elle supporta ses calamités avec plus de courage qu'on auroit dû s'y attendre. Ligon raconte

En accordant même que cet état ait été un peu exagéré, il est évident que les habitans ont rapidement diminué. En 1786, il n'y avoit plus dans l'île que 16,000 blancs, 800 gens de couleur, et 62,000 nègres.

Le produit du sucre a suivi la diminution de la population. Nous sommes informés qu'en 1761, la récolte ne fournissoit pas plus de 25,000 boucauts de sucre. Calcul moyen, depuis 1784 jusqu'en 1786, les exportations de sucre n'ont pas excédé 9,554 st. 229,296 tournois.

Il faut avouer que les ouragans qui ont causé tant de calamités et été si fréquens depuis douze ans, ont contribué tant à la décadence du commerce que de la population. Celui qui eut lieu le 10 octobre 1780, en particulier, enleva 4326 de ses habitans.

L'amendement des saisons n'a pas occasionné ce retour de la prospérité, qu'on

qu'elle devint par la suite grosse d'un domestique chrétien, et qu'étant prête d'accoucher, elle alla dans un bois où il y avoit un étang, et qu'à côté de cet étang elle s'accoucha elle-même, et revint trois heures après au logis avec un beau et gros garçon dans ses bras. Mais la conduite d'Inkle n'est cependant pas susceptible d'excuse.

auroit pu attendre. Il ne faut pas espérer voir cesser les maux de cette île, à moins qu'elle ne soit délivrée de ce fardeau onéreux, que l'ingratitude de Charles II a laissé subsister.

La Barbade contient cinq districts et onze paroisses. La capitale de l'île est Bridge-Town, (ville du Pont) qui est encore la résidence du gouverneur. Les appointemens du gouverneur sont de 2,000 l. sterl. par an ou 48,000 tournois, pris dans le trésor public sur les quatre et demi pour cent. Il n'y a que très-peu de différence entre le gouvernement civil de la Jamaïque et celui de la Barbade, sinon que dans cette dernière la cour de chancellerie est composée du gouverneur et du conseil ; au lieu que dans la première, le gouverneur est seul chancelier. A la Barbade, il siège toujours dans le conseil, même quand il agit législativement ; et à la Jamaïque, jamais. Les cours de grandes sessions, communes plaidoieries, et de l'échiquier, sont distinctes à la Jamaïque, mais réunies à la Barbade.

Le lecteur pourra se former une idée du commerce de cette île par l'état suivant. Depuis le 5 janvier 1787 jusqu'au 5 janvier 1788, il sortit de la Barbade,

Vaisseaux. 343
Nombre de tonneaux. . . 26,917
Hommes. 1,942
Valeur des cargaisons, l. st. 539,605
    Liv. tournois   12,950,520.

CHAPITRE II.

LA GRENADE ET SES DÉPENDANCES.

Découverte, habitans. — Invasion des Français en 1650. — Extermination des naturels. — L'île cédée au comte de Cerillac. — Mauvaise conduite du vice-gouverneur. — La colonie retourne à la couronne de France. — Prise par les Anglais. — Prétentions du roi de mettre un droit de $4\frac{1}{2}$ pour cent sur ses productions exportées. — Décision de la cour du banc du roi sur ce point. — Opérations dans la colonie. — Dissentions intestines. — Invasion des Français en 1779. — Brave défense et reddition à discretion de la garnison. — Cruautés exercées envers les planteurs anglais. — Elle est rendue à l'Angleterre par le traité de paix. — État actuel de la colonie.

Christophe Colomb découvrit cette île dans son troisième voyage (en 1498). Ses habitans étoient nombreux et guerriers; mais il paroît que les Européens n'avoient pas regardé l'île comme digne d'être envahie, avant que M. de Parquet, gouverneur de la Martinique, eût formé, en 1650, le projet de l'attaquer.

Le manque de territoire ne pouvoit pas servir d'excuse à cette invasion ; car les îles fertiles de la Martinique et de la Guadeloupe étoient encore, en grande partie, incultes : cependant le commandant français rassembla environ 200 aventuriers désespérés sous ses drapeaux, et fit voile pour la Grenade. Les soldats, avant de s'embarquer, reçurent tous la communion, et en débarquant prièrent avec ferveur pour le succès de leur entreprise.

M. de Parquet, peut-être contre son desir, fut reçu par les naturels avec hospitalité, (1) de sorte qu'obligé d'affecter la justice dans ses opérations, il prétendit faire un achat de l'île en donnant quelques couteaux, hachettes et grains de chapelet aux habitans, et en présentant au chef *deux bouteilles*

---

(1) Toujours le bout de l'oreille. Toujours cette haine innée de l'Anglais contre le Français. Nous sommes bien loin d'approuver les horreurs qui ont été commises dans le nouveau monde par les Européens; mais nous ne voyons pas que les Anglais aient été moins cruels que les autres nations qu'ils accusent, et nous croyons que s'ils avoient découvert les Indes occidentales, ils auroient également exterminé les Indiens, si ces derniers avoient nui à leurs projets ambi-

d'eau-de-vie. Il commença alors à bâtir un fort pour assurer son honnête acquisition, et laissa son parent, le Comte, comme gouverneur de l'île. Les premiers renseignemens que nous avons sur la conduite de ce gouverneur, ne laissent pas une idée bien favorable de son caractère. Les naturels regardant avec justice leur marché comme un prétexte insultant de les dépouiller de leur pays, s'étoient opposés aux progrès de leurs usurpateurs, et le Comte ne trouva pas de meilleur expédient d'assurer l'établissement, que d'exterminer entièrement les Caraïbes. Ses soldats obéirent à ses ordres avec allégresse, et pour accélérer ce carnage, on envoya 300 hommes de la Martinique à leur assistance.

Dans une de ces expéditions barbares,

---

tieux. Ils n'auroient pas été moins coupables que les Espagnols. Eh! ne l'ont-ils pas fait dans les Indes orientales où ils sont accusés d'avoir extirpé une nation entière. Ont-ils été plus doux envers leurs anciens compatriotes, les habitans des États-Unis, qu'ils entassoient dans des fonds de cale et faisoient mourir par douzaines? Ont-ils été plus doux lors de leur invasion de la Jamaïque?

(*Note du traducteur.*)

l'historien raconte que quarante Caraïbes furent massacrés sur le champ de bataille, et que quarante autres coururent vers un précipice et se jetèrent dans la mer (1). Une belle jeune femme fut prise vivante, et deux officiers s'en disputoient la possession, mais un troisième étant survenu, décida la querelle en lui brûlant la cervelle. Les Français ne perdirent qu'un seul homme ; et, après avoir brûlé les chaumières et détruit les moissons, revinrent fort joyeux.

Les Français, après avoir extirpé les naturels, commencèrent à se massacrer les uns les autres. Après une longue contestation, dont il est inutile de donner ici les détails, le parti du gouverneur eut le dessus ; mais de Parquet, ayant beaucoup détérioré sa fortune dans cette querelle, se détermina à vendre l'île 30,000 écus au comte de Cérillac.

Cérillac, mal-à-propos nommé au gouvernement de la Grenade, étoit un homme fier et rapace, dont la tyrannie réduisit à la

---

(1) L'endroit d'où ces malheureux Caraïbes se précipitèrent dans la mer, est encore aujourd'hui appelé par les Français le *Morne des Sauteurs*.

fin les habitans au désespoir. Il fut mis en jugement pour ses crimes, et, en considération de sa noblesse, condamné à être fusillé au lieu d'être pendu.

De Cérillac, la propriété de l'île passa à la compagnie française des Indes occidentales, qui, en 1674, la donna au roi. Ce changement de maître fut moins favorable à la colonie qu'on auroit dû s'y attendre ; car on trouve que, même au commencement du siècle présent, l'île ne contenoit pas plus de trois plantations à sucre, et deux d'indigo, cultivées par deux cent cinquante-un blancs, et cinq cent vingt-un nègres. Les habitans auroient pu rester long-tems dans cette malheureuse situation, si, pour suppléer à leur manque de commerce et d'esclaves, ils n'avoient pas entrepris un commerce d'interlope avec les Hollandais, ressource qui opéra si efficacement en leur faveur, qu'en 1762, lorsque les Anglais prirent possession de l'île, ils trouvèrent que ses productions annuelles montoient à 11,000 boucauts de sucre, et à 24,000 liv. d'indigo.

Les stipulations en faveur des habitans, quand la Grenade fut cédée aux Anglais, furent que leurs taxes et privilèges seroient les mêmes que ceux des autres îles sous le vent; et quant à la religion, ils devoient être sur le même pied que les catholiques romains du Canada.

En 1763, sa majesté publia une proclamation par laquelle les habitans de cette île furent admis à la jouissance de tous les avantages des lois d'Angleterre, et d'appel au roi et à son conseil. Il y est aussi déclaré que le gouverneur a reçu des ordres exprès pour former, conjointement avec le conseil et la chambre des représentans, un code de lois aussi conforme que possible à l'esprit du code anglais.

Le général Melville fut le premier gouverneur nommé. L'assemblée fut convoquée la première fois en 1765, et une question de la plus haute importance fut soumise à sa considération.

Le lecteur a été informé du prétexte dont on s'étoit servi pour mettre sur l'île de la Barbade le droit injuste de quatre et demi pour cent. Quelque frivole qu'eût été ce prétexte, le roi avoit encore usé plus despotiquement de sa prérogative, en mettant, même sans l'apparence du consentement du peuple, un droit de la même nature et équivalent sur la Grenade.

On donnoit pour excuse de cette mesure, que la Grenade étoit un pays conquis : on ajoutoit à cet argument *humain*, qu'il seroit aussi impolitique de mettre la Grenade sur un meilleur pied que les autres îles anglaises sous le vent, que de lui faire un plus mauvais sort. Si la Grenade étoit plus imposée, ce seroit lui faire injure; si elle l'étoit moins, cette inégalité exciteroit la jalousie des autres.

Le cas fut soumis à la cour du banc du roi; et, après quatre séances fort intéressantes, milord Mansfield, à l'honneur de son intégrité, prononça contre le roi.

Il est agréable de voir cette victoire des colons, parce qu'elle démontre la rectitude singulière et l'intégrité de la cour devant laquelle cette cause fut plaidée; mais notre satisfaction n'est plus si complète, quand nous considérons les bases sur lesquelles milord Mansfield s'appuia pour rendre ce jugement impartial.

Son jugement est uniquement basé sur ce que la proclamation du roi, par laquelle il déclare que les habitans jouiront du privilège d'élire leurs représentans, et d'être gouvernés d'après les lois de leur assemblée, étoit publiée antérieurement à l'ordre donné de lever l'impôt contesté. Si sa majesté n'avoit pas fait cette déclaration antérieure, lord Mansfield assure que, par droit de conquête, elle pouvoit imposer aux habitans toutes les taxes et les réglemens qu'elle auroit jugé à propos. Il cite ensuite à l'appui de son opinion, les divers cas du pays de Galles, de l'Irlande, du comté de Berwick, et de la Nouvelle-Yorck, et s'efforce de prouver son assertion en disant : « que ces « contrées reçurent leurs lois de l'Angle- « terre, comme pays conquis, et non pas « comme des réglemens de leur propre « choix ».

En accordant que la Grande-Bretagne eût *constitutionnellement* le droit de donner des lois de sa façon à un pays conquis et de l'imposer, ce qui est néanmoins bien loin d'être prouvé, elle ne pouvoit le faire sans manquer à la justice. Si l'usage devient un prétexte honorable pour commettre un acte que la raison condamne, la Grenade et les autres colonies n'ont droit à aucune constitution qu'à celle qu'il plaira à l'autorité royale de leur donner ; mais si la justice et la vérité sont indépendantes de l'usage, et immuables par leur nature ; s'il est du devoir des hommes d'accorder à leurs semblables des priviléges égaux à ceux dont ils jouissent eux-mêmes, cette colonie a le droit d'annuller tous les impôts qui ne sont pas consentis par ses représentans ; et la taxe ci-dessus mentionnée est une injustice criante.

La première assemblée fut donc convoquée, comme nous venons de le dire, en 1765. Toute son attention fut à cette époque absorbée par la question du droit de s'imposer soi-même ; mais une question d'un autre genre alloit alors se présenter.

En 1768, le roi déclara que les catholiques romains qui avoient capitulé, seroient éligibles au corps législatif et au conseil du gouverneur, et qu'ils seroient également qualifiés pour agir comme juges de paix. Cette ordonnance du roi occasionna beaucoup d'agitation dans l'île. Le parti protestant se récria violemment contre la violation manifeste de l'acte du serment *test-act* (1),

(1) Le *test-act* est un serment exigé par acte du parlement de tons les fonctionnaires publics, par le-

à quoi les catholiques répliquèrent que l'acte du serment n'étoit applicable qu'à l'Angleterre et à Berwick sur la rivière Tweed. Les ministres de sa majesté furent néanmoins inébranlables dans leur résolution de maintenir les privilèges des catholique ; de sorte que les membres protestans les plus zélés, voyant qu'il leur étoit impossible de triompher de leurs antagonistes, se retirèrent de l'assemblée dans un accès d'injuste colère, s'imaginant sottement que le seul bien qu'ils pussent faire au public étoit de supprimer toute espèce d'opinion qui n'étoit pas conforme à la leur.

Leur défection produisit les plus fatales conséquences. Toutes les fois que les affaires publiques l'exigeoient, l'assemblée n'étoit jamais assez nombreuse. A la fin les Français ayant appris la situation dans laquelle se trouvoit l'île, formèrent le plan de s'en emparer, et réussirent.

Le 2 juillet, vingt-cinq vaisseaux de ligne, dix frégates et 5000 hommes de troupes, arrivèrent dans le port Saint-Georges. Le comte d'Estaing, commandant de l'expé-

---

quel ils renoncent à la suprématie du pape. (*Note du traducteur.*)

dition, attaqua le lendemain avec 3000 hommes, le petit corps de troupes qui défendoit le Morne de l'Hôpital, qui consistoit en 300 miliciens, 150 matelots et le 18me. régiment. Les Français finirent par s'emparer du poste, mais ils y perdirent 300 hommes. Milord Macartney, alors gouverneur de la Grenade, se retira avec sa brave garnison et entra dans le vieux fort, au pied du port. Il devint cependant inutile de résister plus long-tems à des forces si supérieures. Les canons pris au Morne l'Hôpital furent tournés contre le fort, et il fut réduit à la triste nécessité de se rendre à discrétion. Il faut dire, à l'honneur des Français, que, quoique d'après les lois de la guerre, il fût permis de mettre la ville au pillage, les propriétés furent respectées, et que l'on accorda des gardes à tous ceux qui en demandèrent.

Mais leur conduite subséquente ne fut pas si généreuse. Le nouveau gouverneur défendit, sous peine d'une amende considérable, à tout débiteur de payer sa dette à un Anglais, ou même les dettes dont un Anglais s'étoit rendu caution. Les biens appartenans à des Anglais absens furent aussi mis au pouvoir d'une bande de déprédateurs, appelés conservateurs, dont le devoir étoit sans doute de conserver, mais qui avoient coutume de piller les propriétés confiées à leur protection. Il faut néanmoins avouer qu'aussitôt que l'on eut fait à la cour de France le rapport de ces injustices, elles furent absolument condamnées par le ministère, et que toute la bande de conservateurs fut congédiée.

La paix de 1783 rendit à l'Angleterre la Grenade et diverses autres îles dont les Français s'étoient emparés. Tout ami de l'humanité doit désirer, avec moi, que ces malheureuses disputes qui l'ont fait si facilement tomber entre les mains des Français, ne se réveillent jamais.

Nous allons terminer l'histoire de cette île par une courte relation de sa population, de son agriculture et de son commerce. Il est auparavant nécessaire de dire que, depuis la paix de 1783, l'on a tiré une ligne de démarcation de l'est à l'ouest, entre Cariacou et l'île de l'Union. Cette dernière et ses dépendances font aujourd'hui partie du gouvernement de Saint-Vincent.

De 80,000 acres de terre, il n'y en a

jamais eu plus de 50,000 de cultivées. Le pays est arrosé de ruisseaux et a une surface variée, quoiqu'il ne contienne aucun endroit aussi impraticable que les montagnes de la Jamaïque. Il y a une grande variété de sol; mais en général le territoire est fertile, et ses productions sont innombrables. Les exportations de la Grenade et des Grenadines, en 1776, montoient à 600,000 liv. sterl. 14,400,000 liv. tournois, ce qui, considéré comme le produit de 18,000 nègres seulement, étoit une chose prodigieuse.

Elle contient six paroisses, et l'île de Cariacou, qui en dépend, en forme une septième. Depuis qu'elle a été cédée à la Grande-Bretagne, la religion protestante a été établie dominante. Il y a en conséquence cinq prêtres, dont les appointemens sont de 360 l. du pays, et de 60 l. pour leur logement. Les terres appartenantes au clergé catholique romain, ont, du consentement du roi, été en partie appliquées au soulagement des prêtres protestans, et en partie distribuées entre les prêtres catholiques.

La capitale de l'île est la ville Saint-Georges; du tems des Français c'étoit le

Fort-Royal. Il n'y a plus ensuite que de petits villages situés sur les ports le long des côtes.

Je ne sais à quelle cause l'attribuer; mais depuis quelques années la population des habitans blancs de la Grenade est sensiblement diminuée; il n'y en a pas à présent plus de 1000; en 1771, leur nombre montoit à 1600.

Avant la prise de l'île en 1779, la population des noirs étoit de 35,000; en 1785, elle montoit à 23,926.

Mais quoique le nombre de blancs et de nègres soit allé en décroissant, on ne sauroit en dire autant des gens de couleur. En 1787, le nombre de ces métis étoit de plus de 1100. On a, à la vérité, fait plusieurs efforts pour empêcher ou diminuer ce mélange de sang, en mettant des amendes sur les affranchissemens; mais la loi s'élude en allant dans un autre endroit.

Ici, comme à la Jamaïque, le gouverneur est seul chancelier; ses honoraires sont de 3,200 l. par an, d'argent du pays.

L'assemblée législative est composée de 26 membres; le conseil, de 12. Une terre de 50 acres donne droit de siéger comme représentant d'une des sept paroisses, et une rente de 240 liv. tournois en fief ou à vie, est requise pour avoir droit d'élire.

Ils ont différentes cours : une cour de grandes sessions, de plaidoiries ordinaires, d'échiquier, d'amirauté, et, finalement, une cour composée du gouverneur et de son conseil, pour juger tous les appels de la cour des plaidoiries ordinaires.

Dans tous les cas imprévus par les lois de l'île, la loi commune et les actes du parlement d'Angleterre deviennent les bases des jugemens. Quand il s'élève des difficultés, on a recours aux usages de la cour de Westminster.

Il ne nous reste plus qu'à parler des îles qui dépendent de la Grenade, ou des Grenadines, dont les principales sont Cariacou et l'île Ronde. La première, outre qu'elle suffit à l'entretien de ceux qui la cultivent, rend annuellement un million de livres de coton. L'île Ronde est d'une plus petite étendue, et entièrement consacrée au pâturage et à élever des bestiaux.

Le lecteur pourra se former une idée assez juste du commerce de la Grenade et de son étendue, en jetant les yeux sur l'état suivant.

En janvier 1787, il sortit de la Grenade 118 vaisseaux, contenant en tout 25,764 tonneaux, dont les équipages montoient à 1826 hommes, et les cargaisons étoient évaluées à 614,908 liv. st. ou 14,747,792 l. tournois.

CHAPITRE III.

SAINT-VINCENT ET SES DÉPENDANCES;
LA DOMINIQUE.

Dans la patente qu'avoit obtenue le comte de Carlisle pour établir des colonies dans les Antilles, étoient comprises les îles de Saint-Vincent et de la Dominique. Les Anglais avoient alors fait tous leurs efforts pour subjuguer les naturels par la ruse ; mais les Français employant les mêmes moyens, les premiers furent à la fin obligés de renoncer au projet de se rendre maîtres de l'île. Par le traité d'Aix-la-Chapelle, en 1748, ces deux îles et quelques autres furent déclarées n'appartenir ni à l'une ni à l'autre de ces puissances. Cet accord n'eut pas plutôt été fait que les deux partis en parurent mécontens. On trouve, en conséquence, qu'il se fit un accord bien différent après la guerre qui eut ensuite lieu. Aucune des puissances ne sembla se rappeler que les Caraïbes avoient droit aux possessions dont elles vouloient si injustement s'emparer;

mais il fut convenu que la France possédant Sainte-Lucie, Tabago, Saint-Vincent et la Dominique seroient cédés aux Anglais, en compensation. Il faut, à la vérité, avouer qu'à cette époque, les Caraïbes rouges, anciens propriétaires de l'île, étoient presque tous exterminés, puisqu'il n'en restoit plus que 100 familles en 1763.

SECTION I.

SAINT-VINCENT.

L'ILE de Saint-Vincent fut ainsi appelée d'après le nom de ce saint, parce qu'elle fut découverte ce jour-là. Il ne paroît pas que les Espagnols en aient jamais fait la conquête ; mais d'autres hommes que les naturels reçurent dans leur pays, probablement par compassion, firent à la fin cette conquête, qu'aucune nation européenne n'avoit pu effectuer. Vers la fin du dernier siècle, un navire de la côte de Guinée, avec une cargaison considérable d'esclaves, échoua sur les côtes de cette île. Les nègres qui s'échappèrent dans les montagnes, furent accueillis par les naturels. Ils devinrent à la fin si nombreux par leurs mariages avec les Indiennes, et par la réunion des nègres fugitifs de la Barbade, qu'ayant commencé la guerre contre les naturels, ils en diminuèrent rapidement le nombre, et les forcèrent à se retirer dans la partie nord-ouest de l'île. Ils obtinrent, avec le tems, le nom de Caraïbes noirs, pour les distinguer des indigènes, qui étoient d'un teint rougeâtre.

Les malheureux Indiens se plaignirent alternativement de leur triste sort aux Anglais et aux Français. A la fin, les derniers se laissèrent persuader de prendre leur parti, et, étant débarqués dans l'île en 1719, commencèrent à ravager les plantations des nègres. Ceux-ci, quoiqu'incapables de résister en bataille, devenoient néanmoins formidables la nuit, quand ils sortoient en masse de leurs montagnes. Les Français furent donc obligés d'abandonner le projet de les subjuguer par la force; de sorte qu'ils convinrent mutuellement de faire la paix, et par un article du traité, il fut déclaré que l'île seroit sous la protection, et non pas sous la domination de la France.

En 1723, les Anglais essayèrent de s'emparer de l'île, mais de la manière la plus inconséquente que l'on puisse s'imaginer. Le duc de Montague avoit obtenu la concession des îles Sainte-Lucie et Saint-Vincent; mais les forces anglaises qui voulurent s'emparer de la première, furent repoussées par les Français ; de sorte qu'elles tournèrent toute leur attention vers la dernière. En conséquence, le capitaine Braithwaite fut envoyé à Saint-Vincent, pour essayer les effets de la persuasion sur les naturels, et tâcher de les engager à se soumettre au gouvernement britannique. Braithwaite ayant mouillé sur la côte, apperçut le rivage bordé d'une multitude d'Indiens, au milieu desquels étoit un blanc, qui se trouva être un Français. Il débarqua cependant avec un de ses compatriotes et un Français; mais il ne fut pas peu surpris, arrivé à terre, de les trouver armés de sabres et de fusils : ils formèrent un cercle, l'entourèrent et le firent prisonnier. Ils le conduisirent ensuite dans l'intérieur du pays et le présentèrent à leur général, qui étoit assis en grande parade au milieu de ses gardes. Celui-ci demanda à Braithwaite d'où il venoit, et quelle étoit son intention. Il répondit qu'il étoit Anglais, et qu'il étoit descendu sur la côte pour faire de l'eau et couper du bois. Le général lui dit qu'il savoit qu'il avoit d'autres intentions et qu'il vouloit s'emparer de l'île; il lui ordonna, en conséquence, de se retirer sur-le-champ du rivage. Le capitaine Braithwaite s'en retourna alors à bord de son vaisseau sans molestation. Dès qu'il y fut rendu, il envoya à terre sa chaloupe avec du rum, du pain et du bœuf, et un messager au général pour lui dire que, quoiqu'il refusât à des étrangers le privilège ordinaire de faire de l'eau et du bois, il lui avoit néanmoins envoyé une partie de ce que contenoit son vaisseau. Il reçut une réponse fort honnête de la part du général par deux messagers, qui s'offrirent à rester comme ôtages, s'il vouloit revenir à terre. Braithwaite retourna donc dans l'île, fut bien accueilli du général nègre, et s'insinua si bien dans ses bonnes graces, qu'il lui persuada, ainsi qu'à quelques autres, de venir à son bord. Après avoir bien bu et s'être ouverts avec cette franchise qu'inspire le jus du raisin, les Anglais eurent la loyauté de leur avouer l'objet de leur mission.

Les nègres répliquèrent que s'ils avoient

fait un pareil aveu dans l'île, toute l'autorité qu'ils avoient sur leurs compatriotes n'auroit pu les soustraire à l'indignation générale, et qu'ils auroient infailliblement été sacrifiés. Ils déclarèrent que, quoique le pays fût sous la protection de la France, il n'étoit pas sous sa domination, et qu'ils ne se soumettroient jamais à devenir les esclaves d'aucune nation européenne. Braithwaite voyant donc que toute intrigue ultérieure seroit inutile, les renvoya avec des présens, et retourna à la Martinique.

Il ne se passa rien de remarquable dans l'île après cette époque, pendant l'espace de quarante ans, sinon les hostilités continues entre les Caraïbes rouges et les noirs. D'après le petit nombre des premiers, on peut aisément juger de quel côté demeura la victoire durant ces querelles. Il est cependant remarquable que le peuple vainqueur ait pris des vaincus la coutume nationale extraordinaire d'applatir le front des enfans de manière à rendre le crâne plus épais.

La paix de Paris donna Saint-Vincent aux Anglais. L'île fut en conséquence divisée et vendue par portions à différens propriétaires. Il est cependant bon d'observer que le gouvernement britannique eut l'infâmie de ne pas même respecter les terres habitées par les Caraïbes, mais qu'il vendit la totalité de l'île, depuis un bout jusqu'à l'autre. Il n'est pas surprenant que les Caraïbes, indignés de voir partager leur pays par des gens qui n'y avoient aucun droit, aient pris les armes contre de pareils usurpateurs. Les Anglais firent des représailles terribles, et le ministère forma le projet d'extirper les naturels; mais les remontrances des militaires employés dans l'île le firent désister de son dessein.

Pendant la guerre de l'Amérique, Saint-Vincent fut laissé dans un si pauvre état de défense, que les Français s'en emparèrent avec 650 hommes seulement; peut-être que la jonction que les Caraïbes noirs firent avec les Français, au moment où ils débarquèrent, en rendit la conquête plus facile. A la paix de 1783, il fut encore rendu aux Anglais.

De 84,000 acres de terres bien arrosées, quoique montueuses et inégales, que contient l'île de Saint-Vincent, il n'y en a qu'environ 46,000 de cultivées, dont la moitié est possédée par les Anglais, et l'autre moitié par les Caraïbes.

Sur le territoire anglais, il y a cinq paroisses : il n'y a qu'une ville considérable dans l'île, Kingston, qui en est la capitale. Le reste n'est composé que de pauvres villages. Le système de gouvernement est tout-à-fait le même que celui de la Grenade. Les émolumens du gouverneur sont de 2000 liv. sterlings par an ou 48,000 livres tournois.

D'après le dernier état, le nombre de blancs montoit à 1,400, les nègres à 11,850. Il faut cependant comprendre dans ce nombre, les nègres des petites îles qui en dépendent, telles que Bequia, Mustique et l'Union, qui en contiennent une bonne partie. Le lecteur peut se former une idée du commerce qui subsiste entre Saint-Vincent et la Grande-Bretagne, par l'état suivant. En 1787, il sortit de Saint-Vincent et des îles qui en dépendent 122 vaisseaux, dont les équipages étoient composés de 969 hommes, et les cargaisons estimées à 186,450 liv. 14 s. 8 den. sterl. ou 4,474,361 l. 18 s. tournois.

SECTION II.

LA DOMINIQUE.

Cette île fut ainsi appelée, parce qu'elle fut découverte le Dimanche. On en faisoit très-peu de cas avant qu'elle fût cédée aux Anglais en 1759.

Plusieurs planteurs français y étoient établis, qui, en prêtant serment de fidélité au gouvernement britannique, et en payant annuellement un petit droit seigneurial, furent maintenus dans leurs propriétés. Le reste des terres, vendues en différens lots, rapporta la somme de 312,092 L. 11 s. 1 d. sterlings, ou 7,490,220 l. 15 s. tournois.

Les Français, jusqu'à ce jour, sont cependant les habitans les plus nombreux de l'île. Ils reçoivent principalement leurs coutumes et leur religion de la Martinique, dont cette île est regardée comme dépendante.

La Dominique étoit dans un état d'opulence et de prospérité avant la guerre de l'Amérique : elle avoit un commerce avec l'Amérique, les autres îles, la France et l'Espagne. Mais malheureusement la querelle entre la mère-patrie et ses colonies détruisit toutes ses espérances. Telle étoit l'inattention du ministre pour cette île florissante, que, pendant le plus chaud de la guerre, il n'y avoit à la Dominique que 100 hommes et six officiers.

Cette négligence, de la part de la Grande-Bretagne, attira sans doute l'attention des Français. Il y eut aussi des soupçons (je ne sais cependant s'ils sont bien fondés) que quelques habitans français, attachés à leurs premiers maîtres, avoient invité leurs compatriotes de la Martinique à s'emparer de l'île. Le 7 septembre 1778, un vaisseau français de 40 canons, trois frégates et environ 30 bateaux de transport, ayant à bord 2000 hommes de troupes réglées, outre des volontaires, aux ordres du marquis de Bouillé, parurent devant l'île. Par la trahison de quelques-uns des habitans, le fort Cacheçrou fut livré aux Français. Ils s'avancèrent alors vers la ville, qui ne fut que foiblement défendue par des batteries mal organisées ; et pour accélérer les progrès de l'invasion, les habitans français ne voulurent pas se battre ; mais le petit nombre des autres et les troupes firent une brave défense, et quoique leur bravoure ne fût pas capable de repousser l'ennemi, elle leur procura une capitulation honorable. Il leur fut permis de sortir avec les honneurs de la guerre et de conserver leur religion, leur gouvernement, leurs lois et leurs propriétés.

M. de Bouillé, après sa conquête, retourna à la Martinique et laissa le commandement de l'île au marquis du Chilleau, dont la conduite pendant quatre ans fut insolente et tyrannique.

Il désarma les Anglais, et leur défendit, sous peine d'être fusillés, de s'assembler plus de deux à la fois dans aucun endroit. Il leur ordonna de ne point aller dans les rues sans lumière, après une certaine heure, et donna de l'avancement à une sentinelle pour avoir tué un Anglais qui vouloit aller à bord de son vaisseau dans le port. Toutes les lettres, avant qu'on les délivrât, étoient soumises à son inspection; et il avoit souvent la petitesse de se déguiser pour entendre les conversations particulières sans être reconnu.

Il donna des ordres secrets pour qu'on

mît le feu à la ville de Roseau. Au lieu de porter du secours aux incendiés, comme l'humanité auroit dû le lui suggérer, il assista lui-même à l'incendie pour empêcher qu'on éteignît les maisons des Anglais en proie aux flammes, et donna permission aux soldats de les piller : on estime la perte de ces infortunés, dans cette occasion, à 200,000 liv. sterl. ou 4,800,000 liv. tournois.

La prospérité de la Dominique s'évanouit avec sa liberté ; pendant cinq ans son commerce fut anéanti. Toute correspondance avec la France fut interrompue, de sorte que ses denrées furent ou envoyées en Angleterre, sur des vaisseaux neutres hollandois, et vendues à bas prix, ou à Ostende sur des navires impériaux, et vendues à un prix encore plus modique. La ruine du commerce produisit en peu de tems celle des planteurs, dont plusieurs, dans le désespoir, abandonnèrent leurs propriétés. A la fin, après avoir gémi pendant cinq ans sous le joug des tyrans, le jour du bonheur arriva, et, à la grande joie des habitans, leurs privilèges, leurs propriétés, leurs espérances de prospérité leur furent rendus par le retour du gouvernement britannique (1).

La Dominique contient 186,436 acres carrées de terre, et est divisée en dix paroisses ; sa capitale est Roseau, ville de forme irrégulière, d'environ un demi-mille de long et un quart de large. La surface de l'île est fort variée, quelquefois s'élevant en montagnes escarpées et irrégulières, et quelquefois s'étendant en vallées fertiles et superbes. Les montagnes renferment encore des volcans, et des sources d'eau chaudes d'une qualité salubre.

L'île est arrosée de trente belles rivières. Le sol est de différentes espèces : celui de couleur noir ordinairement contigu au rivage, est en général le meilleur. On ne peut cependant pas dire qu'il y ait beaucoup de terres fertiles à la Dominique. L'île contient cinquante plantations ; et, une année dans l'autre, elles ne rapportent guères plus de 3,000 boucauts de sucre.

(1) Le gouvernement civil, rétabli par les Anglais, est comme celui des autres îles. Leur législature est composée d'une assemblée de dix-neuf, d'un conseil de douze et d'un gouverneur dont les appointemens sont de 1,200 liv. sterling, ou 28,800 liv. tournois.

Il faut cependant avouer que le café fournit des moissons plus abondantes.

Le nombre d'habitans blancs, par le dénombrement de 1778, étoit de 1,236, celui des nègres libres de 445, celui des esclaves de 14,967, et environ trente familles des Caraïbes indigènes. Ces derniers sont des gens tranquilles et doux, vivant principalement de la chasse et de la pêche. Ils sont extrêmement adroits à tirer de l'arc, et très-habiles à faire des paniers de paille et d'écorce d'arbre.

En 1787, il sortit de la Dominique 162 vaisseaux qui avoient 1814 hommes d'équipage, et dont les cargaisons étoient évaluées à 7,271,705 livres 5 sous tournois, ou 302,987 liv. 15 s. sterl.

CHAPITRE IV.

Gouvernement des îles Caraïbes sous le vent, comprenant Saint-Christophe, Antigue, Montserat, et les îles Vierges. — Histoire et description de chacune. — Exportations. — Produit du droit de 4 ½ pour cent. — Conclusion de l'histoire.

Depuis l'année 1672, ces différentes îles ne forment qu'un gouvernement, et sont sous l'autorité d'un individu, appelé capitaine général des îles caraïbes sous le vent. La résidence de ce gouverneur est dans l'île d'Antigue ; quoiqu'occasionnellement il visite les autres. Son lieutenant est un vice-gouverneur, qui réside au même endroit. Pendant leur absence des autres îles, c'est le président de l'assemblée qui est revêtu du pouvoir exécutif.

SECTION I.

SAINT-CHRISTOPHE.

Cette île ainsi appelée par les naturels à cause de sa fertilité, fut découverte par Colomb, et honorée de son nom. Quoiqu'elle n'ait jamais été cultivée par les Espagnols, c'est le plus ancien des établissemens français et anglais dans les îles caraïbes. Le capitaine Roger North, dans un voyage à Surinam, étoit accompagné par un marin nommé Painton, homme d'un rare mérite, et auquel l'Angleterre est redevable de la possession de Saint-Christophe, parce qu'il démontra combien un établissement dans cette île seroit plus avantageux que sur le continent. Ce navigateur intelligent communiqua ses idées à son ami Warner, qui, ayant pris la résolution d'exécuter ce projet, fit voile avec quatorze associés pour la Virginie, d'où il se rendit à Saint-Christophe. Il arriva dans l'île au mois de janvier 1623, et dans l'espace de neuf mois recueillit une assez bonne moisson de tabac.

C'est une erreur de croire que l'établissement des Français dans l'île est aussi ancien que celui des Anglais. Desnambuc, le chef des premiers colons français qui débarquèrent dans l'île, fit voile de France deux ans après l'arrivée de Warner. Cette erreur provient sans doute de ce que la colonie de Warner ayant été réduite par un ouragan à la nécessité de se rembarquer pour l'Angleterre, celui-ci fit son second voyage à Saint-Christophe en même-tems que les Français. Le fait est que Desnambuc, ayant été attaqué dans son passage par un galion espagnol, avoit été obligé de faire voile pour cette île, afin de se réparer. Il fut très-bien reçu des Anglais, qui, dans ce tems-là, convaincus de l'injustice de leur propre conduite envers les Indiens, étoient bien-aises d'un accroissement de force. Les Français et les Anglais ainsi réunis exercèrent les cruautés les plus atroces contre les Caraïbes, massacrant leurs guerriers, et faisant des esclaves de leurs femmes. Indignés des souffrances de leurs compatriotes, les naturels des autres îles vinrent, en grand nombre, à leur assistance, dans l'intention d'expulser ces usurpateurs. Il s'ensuivit un combat sanglant, dans lequel les Européens laissèrent cent hommes sur le champ de bataille, mais restèrent néanmoins vainqueurs par la supériorité de leurs armes à feu.

Les chefs respectifs, Warner et Desnambuc, retournèrent peu après dans leur patrie, pour aller chercher de nouveaux aventuriers. Le dernier, sous les auspices de Richelieu, obtint une charte pour une compagnie qui devoit faire le commerce avec cette colonie; mais les vaisseaux équipés pour cet objet étoient si mal approvisionnés, que la plus grande partie des équipages périt de besoin pendant le voyage. Le reste, en débarquant à Saint-Christophe, fit un traité offensif et défensif avec les habitans anglais; mais, comme nous en avons déja fait mention, leurs forces réunies ne furent point en état de résister à l'invasion des Espagnols. Cependant, quand on réfléchit à leur conduite envers les malheureux Caraïbes (tout en condamnant la conduite des Espagnols), on a moins de regret de voir ces colons éprouver à leur tour des cruautés semblables à celles qu'ils avoient exercées, et massacrés par de nouveaux usurpateurs.

L'île étoit à peine parvenue à sa population ordinaire que l'épée des Espagnols avoit considérablement diminuée, qu'il s'éleva des animosités nationales. Sous le règne de Charles II, les habitans français s'insurgèrent contre les Anglais et les chassèrent de l'île. Ils furent rétablis par la paix de Breda, mais chassés de nouveau, comme auparavant, quand Jacques II abdiqua la couronne. Huit mois après, les Anglais revinrent en plus grand nombre pour prendre leur revenche, subjuguèrent leurs ennemis, et en transportèrent beaucoup à la Martinique.

En 1705, un armement de France débarqua dans l'île et dévasta les propriétés des Anglais. Le parlement eut cependant l'humanité d'accorder des indemnités à ceux qui avoient éprouvé des pertes; et ce fut heureusement là le dernier coup du ressentiment national que l'île éprouva. Par la paix d'Utrecht, elle fut entièrement cédée aux Anglais; et les habitans français, qui voulurent prêter serment de fidélité, furent naturalisés.

Saint-Christophe resta en notre pouvoir jusqu'en 1782. A cette époque, il fut pris par les armes de France, mais rendu à la paix de 1783.

Cette île contient environ 43,726 acres de terre, dont environ 21,000 sont en pâturages et en plantations à sucre. L'intérieur du pays est montueux et aride; mais la fertilité des plaines offre une ample compensation pour la stérilité des montagnes.

Le sol de Saint-Christophe est essentiellement différent de celui des autres îles. Il est léger et poreux, et paroit être un mélange de terreau-vierge et de pierre-ponce ferrugineuse. Il est probable que cette qualité lui vient de feux souterrains. Quoi qu'il en soit, il n'a point son pareil pour la production du sucre. Les terres choisies de cette île rapportent, année commune, 32 quintaux (1) de sucre par acre ; et il y a des cannes plantées dans certains endroits, qui en ont même produit la quantité prodigieuse de 8,000 livres par acre. Saint-Christophe renferme neuf paroisses : Basseterre est encore la capitale de l'île. L'île contribue pour 1000 livres, cours du pays, au traitement du gouverneur.

L'assemblée est composée de 24 membres ; le conseil de 10. Le gouverneur agit comme chancelier d'office, et exerce ses fonctions seul. Il fut, à une époque, proposé de lui adjoindre des colons ; mais les habitans représentèrent que les personnes ainsi choisies seroient intéressées à la décision de chaque cause qui se présenteroit.

(1) Le quintal est de 112 livres pesant.
(*Note du traducteur.*)

Il n'y a qu'une cour de justice, dont le premier juge est nommé par le roi, et a un traitement de 14,400 livres tournois par an.

On estime les habitans à 4,000 blancs, 26,000 nègres esclaves, et 300 nègres libres et mulâtres. Tous les blancs, depuis l'âge de 16 ans jusqu'à 60, sont enrôlés dans la milice, de sorte qu'elle est assez considérable. Il y a deux régimens de blancs, outre un corps de noirs.

Dans le fait, le nombre de ces miliciens, et la nature de l'île étoient une excuse assez raisonnable de la part du gouvernement pour refuser de protéger cette colonie avec des troupes britanniques. Mille hommes bien armés et bien équipés, dans un terrain si entrecoupé de montagnes, auroient aisément pu résister à l'ennemi, quand il prit dernièrement l'île.

SECTION II.

NEVIS.

L'ILE de Nevis s'élève comme une montagne du milieu de la mer, sa base n'ayant pas plus de huit lieues. Le cratère sur le sommet de la montagne, et les sources d'eau chaude imprégnées de soufre, ne nous laissent aucun lieu de douter que cet endroit ne soit l'éruption d'un volcan. Il est probable qu'il sortoit de la fumée du haut de l'île, quand elle fut découverte par Colomb, et c'est de là que les Espagnols la nommèrent *nieves* ou neige.

Toute la surface et l'aspect de cette île prouvent qu'elle fut produite, à quelque époque reculée, par l'explosion d'un volcan. Son sommet est exactement un creux ou cratère, et contient une source d'eau chaude qui est fort imprégnée de soufre.

L'île est aussi bien arrosée qu'elle est belle. Son sol en général est extrêmement fertile, mais dans quelques endroits fort sec. Cette circonstance ne lui est cependant pas désavantageuse, car ces endroits produisent abondance d'ignames et d'autres légumes, qui ne viendroient peut-être pas si bien dans un terrain plus humide et plus fertile.

Les Anglais prirent possession de cette île en 1628. On y compte 600 blancs et 10,000 nègres. Cela met les blancs dans la nécessité d'avoir toujours sur pied la milice la plus respectable qu'ils peuvent former. Ils ont aussi un corps de cavalerie de 50 hommes; mais il n'y a jamais de garnison anglaise dans l'île.

LIVRE. IV.

CHAPITRE PREMIER.

Compte sommaire des habitans des différentes îles. — Classes. — Emigrés de la Grande-Bretagne et d'Irlande. — Caractère dominant des Européens y résidant. — Créoles ou naturels. — Effets du climat. — Caractère des femmes et des enfans créoles. — Gens de couleur, et leurs différentes classes ou tribus. — Restrictions sur les nègres libres et les mulâtres. — Leur caractère.

D'après le compte le plus exact, la population actuelle des Indes occidentales ou des îles du vent et sous le vent est comme il suit :

	blancs.	nègres.
La Jamaïque,	30,000	250,000
La Barbade,	16,167	62,115
La Grenade,	1,000	23,926
Saint-Vincent,	1,450	11,853
La Dominique,	1,236	14,967
Antigue,	2,590	37,808
Montserat,	1,300	10,000

	blancs.	nègres.
Nevis,	1,000	8,420
Saint-Christophe,	1,900	20,435
Iles Vierges,	1,200	9,000
Iles Bahamas,	1,060	2,241
Les Bermudes,	5,462	4,919
Total	64,365	455,684

Outre les quatre grandes classes qui composent les habitans des îles de l'Amérique, savoir : les créoles, ou blancs nés dans le pays, les blancs de l'Europe, les créoles de couleur, les nègres libres, et les nègres esclaves, il se trouve d'autres habitans dignes d'attention.

Il y a beaucoup d'émigrés des États-Unis, et des Juifs, race errante et vagabonde, qui pénètre par-tout où il existe des hommes. On leur permet le libre exercice de leur religion sans aucune restriction, et ils ont conséquemment beaucoup de synagogues dans toutes les îles. Considérés sous un point de vue politique, ils sont inférieurs aux autres blancs, n'ayant pas le droit de voter aux élections, ni d'être nommés membres d'aucune assemblée. Leurs mœurs et coutumes sont absolument les mêmes que celles de leurs confrères des autres pays (1).

Ceux qui quittent leur patrie pour passer dans les Indes occidentales afin d'augmenter leur fortune, s'imaginent qu'ils pourront vivre au gré de leurs desirs, sans trop s'appliquer aux affaires. Ils ne tardent pas à éprouver la fausseté de cette opinion; car il n'y a aucune partie du monde où il faille plus d'assiduité dans les affaires, et une attention plus suivie que dans les îles.

Les premiers possesseurs de ces îles s'y retirèrent à la vérité dans des vues bien éloignées de celles de passer leur vie dans l'oisiveté et l'abondance. Ce fut pour jouir de la liberté civile et religieuse que les premiers aventuriers abandonnèrent leur patrie, quand ils virent un gouvernemeut monarchique ou républicain en Angleterre, contraire à leurs principes et à leurs inclinations.

(1) M. Necker rend le compte suivant des blancs, des nègres libres et esclaves des îles françaises : il estime les blancs à 63,682; les nègres libres à 13,429; et les esclaves à 437,736. Depuis le tems où cette estimation a été faite, il est possible que leur nombre soit augmenté.

Maintenant les professions de jurisconsultes, de médecins et de théologiens sont remplies dans les Indes occidentales par des gens à talens et respectables, et il faut dire aussi que leurs talens sont bien encouragés par le public. Des préjugés locaux peuvent faire penser à quelques individus que les éloges que j'accorde à leur génie sont peu mérités, et que je parle avec partialité; mais que ces individus se rappellent que la nature a répandu les germes du génie dans tous les climats, et que les talens supérieurs sont en général le résultat de l'éducation, et non pas de qualités locales.

La marine et les troupes de terre de la Grande-Bretagne fournissent beaucoup d'habitans aux Indes occidentales. Ces gens là, fatigués des dangers auxquels leur profession les expose, préfèrent sagement une vie plus tranquille et plus industrieuse.

Après avoir fait l'énumération de la classe de facteurs, de commis, et d'ouvriers, qui s'établissent dans le pays, nous pouvons parler de l'individu qui cultive la terre. Cette profession, connue par les divers noms de planteurs, d'économes, et d'agens, est ordinairement composée de ceux qui n'ont point été élevés dans les affaires chez eux, et qui, s'imaginant que la tâche de surveiller les travaux d'esclaves africains, de prendre soin de leur santé et d'administrer une plantation à sucre, ne demande pas beaucoup de connoissances, s'engagent dans des travaux auxquels ils ne sont pas toujours propres.

Puisque la plupart des planteurs sont des émigrés de la mère-patrie, il est donc évident que leurs mœurs et coutumes doivent être à-peu-près les mêmes que celles de leurs compatriotes dans le pays d'où ils sortent. Malgré la plausibilité de cette conséquence, il y a des auteurs qui, en parlant de la vie et du caractère des habitans des îles, les représentent comme les hommes les plus dépravés, les plus libertins et les plus détestables ; comme si le changement de climat dégradoit le caractère de l'Anglais ; ou comme si la Grande-Bretagne, en formant ses colonies, n'y avoit envoyé que des êtres vicieux et pas un seul individu vertueux.

Le tableau qu'ils nous ont offert est si surchargé et si invraisemblable, qu'il n'est pas possible de le croire ressemblant.

Quelle cause pourroit ainsi changer leur caractère en mal? J'avoue qu'un changement de circonstances et de manière de vivre doit occasionner un changement de mœurs; mais j'espère que je serai en état de prouver que ce changement tend plutôt à les rendre meilleurs que plus méchans.

En passant dans les îles, l'émigré se trouve soudainement dans un pays où la différence de couleurs est une marque de distinction et inspire le respect. Sa couleur le place au rang le plus éminent; et si l'on accorde que le meilleur moyen de faire prendre à un homme un caractère respectable, c'est de lui apprendre à se regarder comme tel, de même que lorsqu'on veut le dégrader, c'est de lui persuader qu'il est vil et méprisable, il est évident que le nouvel habitant doit plutôt gagner que perdre dans la balance de la *respectabilité*. La conséquence que je viens de tirer a effectivement lieu. Le plus pauvre blanc se regarde comme plus égal au riche, qu'un Européen dans les mêmes circonstances en Europe, et lui parle en conséquence d'un ton de franchise et d'indépendance.

« Par-tout où l'esclavage est établi, dit

« un grand écrivain, ceux qui sont libres,
« sont les hommes les plus fiers et les plus
« jaloux de leur liberté. Pour eux la li-
« berté est non-seulement une jouissance,
« mais une espèce de rang et de privilège.
« En ne voyant pas que la liberté, comme
« dans les pays où elle est commune à tous,
« peut être accompagnée de travaux humi-
« lians, de beaucoup de misère, et de tout
« l'extérieur de la servitude, ils la regardent
« comme quelque chose de plus noble et de
« plus précieux. Ainsi les habitans des colo-
« nies méridionales de l'Amérique sont plus
« fermement et plus opiniâtrément atta-
« chés à la liberté que ceux des colonies
« septentrionales. Telles étoient les an-
« ciennes républiques ; tels étoient nos
« ancêtres ; tels sont de nos jours les Po-
« lonais, et tels seront tous les maîtres
« d'esclaves qui ne sont pas eux-mêmes
« esclaves. »

Ceux qui ont envie de déprécier les habitans des Indes occidentales, les accusent d'ostentation et de vanité. Cette accusation n'est pas sans fondement; mais il ne faut pas trop peser sur ces imperfections, puisqu'elles sont presque toujours chez eux accompagnées de la bienveillance et de l'hospitalité. Cette dernière vertu y est si commune, qu'il n'y a pas une auberge supportable dans toutes les îles. (1)

On peut attribuer à ce même esprit d'indépendance, qui, comme je l'ai remarqué, provient de la conviction de l'égalité, ce caractère récalcitrant et litigieux que fait paroître l'habitant des îles; car les vices et les vertus croissent naturellement ensemble. Ce caractère litigieux n'est pas sans avoir quelques avantages pour contre-balancer ses mauvais effets. Ainsi accoutumés à argumenter sur leurs droits les plus importans, ils acquièrent par l'habitude une connoissance des lois supérieure aux habitans des

---

(1) Il y a des particularités chez les blancs comme chez les noirs, qui méritent d'être citées pour ceux qui veulent étudier leur histoire. Il n'y a rien de plus frappant que la disparité de leurs tables et de leurs maisons. Leurs buffets sont chargés de vaisselle et de vins choisis, ils ont plusieurs services à leurs dîners, et tout cela se fait dans un hangar qui ne vaut pas une grange de l'Europe. Les nègres servans sont en grand nombre, mais mal vêtus; il n'y a que les principaux domestiques qui portent des bas et des souliers, les autres sont à moitié nus en servant à table.

autres pays, outre cette sagacité que doit occasionner l'exercice de leurs facultés.

Mais pour avoir les véritables traits du caractère des habitans des îles, il faut surtout examiner les créoles, ou les gens nés dans le pays. Dans leur personne, les créoles sont plus grands que la plupart des Européens ; et quoiqu'ils n'aient pas cette grosseur requise, selon nos idées de beauté, pour compléter la figure d'un homme grand, ils ont néanmoins beaucoup d'adresse et de souplesse dans les membres, et un port agréable et aisé. Il y a deux circonstances remarquables dans la formation de leurs corps, qui démontrent combien la main de la providence sait parer aux inconvéniens d'un climat peu tempéré par des moyens sages et bienfaisans. Ils ont l'œil fort enfoncé, et par ce moyen le sourcil qui est au-dessus protège la vue de l'éclat insupportable du soleil. En second lieu, il y a une constante fraîcheur sur leur peau, qui est certainement occasionnée par quelque moyen intérieur de la bonté divine pour conserver le corps dans une température modérée, peu nécessaire aux habitans des pays plus froids.

Les créoles femelles sont sobres, tempérées, et n'ont pas de grands besoins ; elles n'ont d'autre amusement que l'exercice de la danse ; car cette passion ruineuse des bals masqués, du jeu et des assemblées, si dominante en Angleterre, est inconnue dans les îles. Rien ne sauroit égaler la sobriété avec laquelle elles vivent. Elles ne boivent ordinairement que de la limonade, et ne mangent le plus souvent que des légumes. On ne sauroit nier, qu'à bien des égards, leur personne soit moins attrayante que celle des Anglaises ; car quoiqu'elles aient une belle figure, leurs traits et leurs manières ne sont pas animés. Elles manquent aussi de cette couleur indispensable pour rendre la beauté parfaite, de ce vermillion de la jeunesse qui relève les grâces de la belle Anglaise ; mais leur infériorité de teint est compensée par l'éclat de leurs yeux grands et expressifs. Leurs dents sont aussi extrêmement belles, par le soin qu'elle ont de les tenir toujours propres, et l'usage constant de mâcher une racine dont les qualités produisent l'effet d'un fort *détergent*.

La circonstance la plus remarquable dans le caractère des naturels, sont les progrès étonnans de leur esprit dans un âge peu avancé. Les philosophes de l'Europe ont fait attention à ce phénomène ; mais argumentant d'une manière analogique de la nature des plantes à celle des animaux, ils ont conclu, selon moi, par une fausse assertion. Ils ont dit que, comme dans les climats chauds, les végétaux parvenoient plutôt à l'état de perfection ou de maturité que ceux de l'Europe, de même l'esprit du naturel des îles se développoit de meilleure heure et déclinoit plutôt. Que ces philosophes considèrent cependant que dans un climat si chaud, l'esprit se laisse plus aisément aller à des habitudes licentieuses, et que conséquemment, quand il auroit naturellement la même durée que celui des Européens, il devroit tomber plutôt en décadence. Il faut aussi se rappeler qu'à cause de la situation des lieux, l'esprit est incapable de trouver des objets pour exercer ses facultés et augmenter par-là sa vigueur. Enfin, dans les cas où les facultés précoces d'un créole n'ont point été prodiguées sur des objets indignes de ses recherches, et dans les endroits où des circonstances favorables lui ont donné l'habitude de la réflexion, son esprit se conserve jusqu'à un âge fort avancé.

Mais les qualités du cœur contribuent davantage au bonheur général que celles de l'esprit, et je crois qu'en cela le créole n'est inférieur à aucun être de son espèce. Son caractère est aussi généreux que ses manières sont franches et indépendantes. Il n'a point de fausseté, de bassesse ou de réserve dans le caractère, et jugeant des hommes par lui-même, il ne leur soupçonne pas des dispositions si peu aimables.

Les philosophes ont été embarrassés par les deux opinions reçues sur les effets du climat. Depuis l'existence du genre humain, on a remarqué que les conquérans sont toujours venus du nord. Cependant dans les latitudes les plus chaudes, on y a trouvé la force et le courage au suprême degré; tandis qu'en voyageant à l'extrémité septentrionale du globe, on voit le courage de l'homme expirer chez le Lapon. Devons-nous donc croire que la timidité soit une conséquence de la chaleur ? Je conviens que l'indolence peut en être un résultat; mais l'indolence et la crainte ne sont pas la cause et l'effet. Le créole est adonné au plaisir et aux aisances, et il ne se soucie guères d'exercer les facultés de son esprit. Mais quand les facultés assoupies de son ame sont émues, il montre alors qu'il est capable et d'agir et de penser avec la plus grande énergie. Les créoles ne manquent point du tout de courage, et ils l'ont prouvé d'une manière remarquable dans une multitude d'occasions.

Le naturel des îles, dit-on, a la ridicule manie d'amplifier ses espérances de prospérité, et de bercer son imagination de rêves de richesses improbables, et d'absurdes chimères. Il n'y a ni dans son sol ni dans son climat aucune qualité qui puisse produire un pareil effet, comme certains écrivains se l'ont imaginé. Il vient probablement de la nature de ses propriétés peu semblables aux biens de l'Europe, qui rendent un revenu fixe et certain, quand ils sont confiés à l'industrie du fermier. Le créole fait lui-même valoir ses terres, et comme la différence du produit d'une année à une autre est étonnante, il est aisément tenté d'espérer qu'il accumulera promptement des richesses.

Il y a différens degrés de gens de couleur. Un sambo est le rejeton d'une négresse par un mulâtre, ou d'une mulâtresse par un nègre. Le mulâtre est l'enfant d'une négresse par un blanc, et le métis d'une quarterone par un blanc. Les Espagnols ont encore des distinctions plus minutieuses, dont il est inutile de faire ici l'énumération.

Je crois que, dans toutes nos îles à sucre, les descendans de négresses par des blancs, auxquels la loi accorde le privilège de la liberté, sont à trois degrés du nègre. Tous ceux qui sont au-dessous portent le nom de mulâtres.

A la Jamaïque, il y avoit autrefois une distinction entre ceux qui étoient nés de mères affranchies et ceux à qui leurs maîtres donnoient immédiatement la liberté. Cela provenoit d'une maxime de loi qui tiroit son origine de la mère-patrie, et qui étoit établie dans les colonies, que la propriété des enfans appartenoit au propriétaire de la mère. Jusqu'en l'année 1748, les individus nés dans les circonstances dont je viens de parler, c'est-à-dire, dont les mères avoient été affranchies après leur naissance, n'avoient point droit à être jugés par des jurés, et étoient regardés comme indignes de rendre témoignage en justice. Ces cruautés ont été mitigées ; mais il reste encore beaucoup à faire. Dans la plupart des îles anglaises, leur témoignage n'est reçu que dans les cas où il n'est pas question de passer un acte en faveur du blanc accusé. Le nègre a un maître pour le protéger contre les injures grossières ; mais par cette institution partiale, le mulâtre n'a aucune garantie contre la tyrannie et l'oppression. Ils sont aussi privés du droit de posséder le plus petit emploi public ; ils ne peuvent point être brevetés, même dans un corps de noirs, et ils sont exclus du droit de suffrage aux élections.

Il faut convenir que leur situation humiliante est en quelque sorte mitigée par la générosité que montrent les membres des assemblées coloniales envers les gens de couleur, à qui l'éducation et le baptême donnent des droits à la considération, en dépit des lois et des ordonnances à ce sujet.

Des exemples partiaux de générosité ne justifient cependant pas l'état avilissant auquel ces êtres infortunés sont réduits. Le blanc le plus bas et le plus méprisable se conduit avec insolence envers l'homme de couleur libre le mieux éduqué; et comme le mépris dégrade toujours le caractère, ce sont des membres inutiles de la société.

Quoi que l'on puisse dire sur la propriété ou l'impropriété de mettre cette classe d'hommes sur un pied égal à celui des gens d'une couleur différente, peut-on nier que la sagesse et l'humanité demandent le redressement immédiat d'un grief insupportable? Le grief que je veux dire est la privation du droit de paroître comme témoins, même dans les cas où ils se plaignent d'une injustice personnelle. Quel attachement à sa patrie, quelle reconnoissance à la protection des lois, quel motif d'être utile à la société dont il fait partie, ou enfin quelle dignité ou indépendance d'esprit peut avoir l'homme qui est intérieurement convaincu que le premier coquin d'une couleur plus blanche que la sienne peut l'insulter impunément?

Le mulâtre libre a des raisons de craindre de mauvais procédés, non-seulement de la classe qui est au-dessus de lui : tenant le milieu entre le blanc et le nègre, il est méprisé par l'un et envié et détesté par l'autre. Le nègre regarde son assujétissement à un blanc comme en quelque sorte supportable, mais il a en horreur l'idée d'être l'esclave d'un esclave.

Dans leur conduite envers les blancs, les mulâtres sont modestes et respectueux: ils sont néanmoins accusés (et je crois bien avec justice) d'abuser de leur pouvoir envers les nègres. Il est, à la vérité, presque impossible qu'ils tiennent une conduite différente. L'esclave devenu maître est toujours le plus insensible des tyrans, comme le plus vil favori de la fortune est celui qui insulte le plus insolemment au malheur.

Un autre reproche que l'on fait aux mulâtres, c'est l'incontinence des femmes. Quoique ce reproche soit fondé, je tâcherai cependant de l'excuser en raison des circonstances : ces femmes sont dans toutes les îles entretenues par les blancs et leur servent de maîtresses. Mais en examinant la situation de ces infortunées, nous trouverons plus de raisons de blâmer la cruauté de ceux qui les entretiennent et les engagent à cette vie honteuse, que leur imprudence à accepter leurs offres. Ignorant les maximes de la morale, n'ayant pas reçu la moindre éducation, incapables de se procurer des époux d'entre les blancs ou les personnes de leur couleur (les premiers regardant une pareille alliance comme avilissante, et les derniers étant trop dégradés eux-mêmes pour former un pareil mariage), elles ont de bonnes raisons à donner pour excuser leur conduite.

D'ailleurs, cette connexion entre l'entreteneur et la maîtresse, si elle n'est pas légitimée par le mariage, peut être considérée au moins comme aussi innocente. Elles donnent à leur entreteneur le doux nom de mari ; elles sont fidelles et attachées à ses intérêts ; et elles se conduisent avec décence et avec rigueur envers les autres hommes. Il n'y en a véritablement que très-peu qui se livrent à cette infâme espèce de prostitution, publiquement avouée dans les grandes villes de l'Europe.

L'injustice de tenir tant de belles et aimables femmes dans l'état du concubinage, demande une réparation immédiate.

Mais qui en donnera l'exemple ? Sera-ce les victimes de cette injustice ? *Elles ne le peuvent pas*, et je crois bien que les séducteurs *ne le feront pas*. Un auteur respectable, dom Antonio de Ulloa, rend le témoignage le plus flatteur des dispositions humaines de ces gens de couleur, en parlant des circonstances fâcheuses qu'éprouvèrent plusieurs pauvres Européens, qui, après être venus aux îles espagnoles dans l'espoir d'améliorer leur sort, se trouvèrent quelquefois sans moyens d'existence. Plusieurs d'entre eux, dit l'Espagnol, parcourent les rues jusqu'à ce qu'il ne leur reste plus rien pour acheter de la nourriture et payer leur logement. Fatigués de chercher inutilement de l'emploi, affectés par la non-réussite de leurs espérances, et par le changement de climat, ils vont tristes et malades se coucher dans les places des églises et dans les portiques. Les gens de couleur déploient ici leur générosité, tandis que le négociant riche et égoïste refuse de donner son aumône pour soulager leur misère. Le mulâtre et le nègre prenant pitié de leur affliction, les portent chez eux, les nourrissent, les consolent et les rappellent à la vie; et, quand ils meurent, prient Dieu pour le repos de leur ame. Tel est le compte flatteur que l'on a rendu de la générosité des mulâtres de Carthagène; et ceux qui connoissent les îles de l'Amérique, n'hésiteront pas à accorder à leurs habitans le même caractère qu'à ceux de Carthagène.

En parlant des créoles ou naturels des Indes occidentales, et des mulâtres ou gens de couleur, nous nous sommes bornés à ceux qui étoient ou tout-à-fait blancs ou en partie. Nous consacrerions maintenant un chapitre séparé aux nègres libres, s'il y avoit une différence marquée entre eux et les nègres dans l'état d'esclavage; mais comme il n'y en a guères, nous examinerons, dans le chapitre suivant, le caractère général du nègre.

CHAPITRE II.

Des nègres dans l'état d'esclavage.—Observations préliminaires.—Origine de la traite des nègres.—Établissement portugais sur la côte d'Afrique.—Nègres amenés à Hispaniola.—Voyage d'Hawkins.—Compagnie d'Afrique établie par Jacques I.er—Charte accordée.—Description de la côte d'Afrique.—Forts et factoreries.—Exportations de la Grande-Bretagne. —Nombre de nègres que l'on exporte à présent aux colonies anglaises.—État du commerce depuis 1771 jusqu'en 1787.—Nombre de nègres importés aujourd'hui par les différentes nations de l'Europe.

Le nombre de nègres, actuellement dans les colonies anglaises de l'Amérique, est de 450;000. La contemplation de la servitude de tant d'êtres de l'espèce humaine et de leur assujétissement absolu à la volonté des autres, n'est pas une perspective bien agréable; et le tableau prend une teinte encore plus hideuse, quand on réfléchit au nombre de ces malheureux qui ont été arrachés de leur pays natal, de leurs foyers et du milieu de leurs parens, pour être traînés dans cet état avilissant.

Quelque odieux néanmoins que soit ce commerce en lui-même, il est possible que le propriétaire d'esclaves soit exempt des crimes dont on a, depuis quelques années, pris l'habitude de l'accuser. Je pourrai donc exciter l'indignation de ces gens passionnés qui ne se donnent pas la peine de choisir les coupables, en prenant la défense des planteurs; mais cela ne m'empêchera pas de m'efforcer de soustraire à une infamie peu méritée des hommes qui sont aujourd'hui les objets de l'exécration publique. De quelle manière la plupart des propriétaires d'esclaves des Antilles sont-ils parvenus à la possession de leurs biens? Par héritage et par accident. On pourra dire qu'ils doivent renoncer à leur propriété, quand ils voient qu'elle n'est pas justifiable au tribunal de l'humanité : cela est aussi arrivé quelquefois. Des hommes humains de la Grande-Bretagne, influencés par la sympathie universelle pour les injures réelles ou supposées des nègres d'Afrique, ont envoyé ordre à leurs économes dans les îles, d'affranchir les esclaves de leurs plantations. Ils ont cependant été convaincus depuis, que cette bienveillance n'est pas compatible avec l'intérêt des esclaves eux-mêmes.

La société établie en Angleterre pour la propagation de l'évangile dans les pays étrangers, possède aussi en commun des propriétés dans les Indes occidentales. Les individus qui la composent étoient aussi sensibles aux souffrances de leurs semblables qu'aucun autre Chrétien ; et s'ils avoient cru que l'affranchissement immédiat des nègres pouvoit véritablement faire leur bonheur, ils auroient sans doute regardé un pareil acte comme le devoir le plus sacré. Mais après de mûres et de sérieuses délibérations, il furent convaincus du contraire, et ils ont aussi été obligés, pour alléger leurs travaux, d'en acheter d'autres et de les tenir dans le même état.

Le seul objet digne de nos recherches est donc de savoir si la conduite des planteurs des Antilles envers leurs esclaves, considérant les vices de l'autorité humaine, est plus dure que ne devroit être le traitement d'un maître envers ses domestiques ?

Nous allons maintenant donner au lecteur un exposé de l'origine et de la situation du commerce des nègres. Le chapitre suivant contiendra la description du nègre, de son caractère et de ses inclinations, de la manière de les conduire aux îles de l'Amérique, et de son traitement quand il y est arrivé ; après quoi je parlerai des abus que l'on dit exister dans la pratique de ce commerce.

Ce fut sous le célèbre prince Henri de Portugal, en 1442, que les premiers esclaves d'Afrique furent enlevés de leur patrie par les Européens. Antoine Gonzalès avoit pris deux maures près du cap Bojador, et les avoit emmenés dans son pays ; mais son prince lui ayant ordonné de les remener en Afrique, il les vendit à la Rio del Ora, et reçut des maures, dix nègres et de la poudre d'or. L'avarice des Portugais fut excitée par cet échange avantageux, et ils commencèrent un commerce sur une échelle plus grande. Le roi de Portugal s'arrogea pendant quarante ans le titre de seigneur de la Guinée.

On trouve que dès l'année 1502, il y avoit des nègres employés dans les mines d'Hispaniola. Ovando en défendit à la vérité l'importation, à cause des méchancetés qu'ils apprenoient aux Indiens ; mais les Espagnols extirpèrent ces derniers avec tant de célérité, que les nègres furent regardés comme absolument nécessaires, et que l'on accorda de nouveau la permission d'en importer.

Douze ans après, à la requête de Barthélemi, homme dont la philantropie l'engageoit à être le protecteur sincère et l'ami des Indiens, il fut accordé une patente autorisant certaines personnes à importer annuellement 4000 nègres dans les colonies espagnoles. Las-Casas est accusé d'inconséquence en voulant ainsi alléger les souffrances d'une race d'hommes aux dépens d'une autre. Il faut cependant observer que les mêmes peines infligées à différens individus ne produisent pas invariablement le même degré de souffrance. Las-Casas considéroit avec douleur et indignation les calamités déplorables des Indiens sans protecteurs. Il voyoit un peuple autrefois innocent et heureux, qui n'avoit jamais connu le malheur qu'au moment où les Européens le lui avoit fait sentir, réduit en peu de tems d'un million d'ames à 60,000. Il prenoit d'autant plus pitié de l'esclavage de ces individus, qu'ils avoient connu des tems plus prospères, et qu'ils n'étoient point accoutumés aux travaux qu'on exigeoit d'eux. Il calcula donc avec beaucoup de sagesse, en conseillant aux Espagnols avides, puisqu'il falloit les tenir dans l'activité, d'employer plutôt une nation dure et sauvage, accoutumée à la plus rigoureuse tyrannie, à ces travaux, que des hommes auxquels l'oppression étoit nouvelle, et dont l'esprit étoit trop sensible pour supporter l'esclavage.

Les nègres d'Afrique avoient été dès leur enfance, des objets de sévérité, et conséquemment ils y étoient accoutumés. D'ailleurs la forme de leurs corps et leurs membres étoient plus vigoureux que ceux des habitans d'un climat délicieux, où les fruits de la terre croissoient pour ainsi dire sans travail. Las-Casas ne pouvoit prévoir, à moins d'avoir été inspiré, les effets futurs de ce trafic ; sa conduite fut donc aussi humaine que judicieuse.

Jean Hawkins étoit à cette époque au service d'Elisabeth, qui lui donna ensuite le titre de chevalier. Ayant appris que les esclaves se vendoient à un haut prix à Hispaniola, il fut tenté de faire voile avec une escadre de trois vaisseaux pour la côte de Guinée. Son armement consistoit en un vaisseau de 120 tonneaux, un de 100, un de 40, et 100 hommes d'équipage. Il partit en octobre 1562, et débarqua à Sierra-Leone, où, par les moyens les plus affreux et les plus indignes, il se procura 300 esclaves. Ayant ensuite été à Hispaniola, il y fit un échange lucratif, et revint en Angleterre, après onze mois d'absence.

L'année d'ensuite, il fit voile avec six vaisseaux, du nombre desquels étoit le *Jésus* de 700 tonneaux ; et ayant dans son voyage été joint par deux autres, il continúa sa route pour la côte de Guinée. Après avoir éprouvé quelques avaries, il aborda au cap Verd, sur la côte d'Afrique. Il y tendit des embuches aux naturels, que l'historien de ce voyage représente comme « un « peuple doux et humain »; mais l'équipage du *Mignon* (1), choqué sans doute des lâches moyens qu'il employoit pour former sa cargaison, en avertit secrètement les naturels, et Hawkins les épia fort inutilement.

(1) L'un des deux vaisseaux qui joignirent Hawkins en mer.

L'amiral se sépara alors du *Mignon*, et fit voile pour l'île d'Alcatras.

Les Anglais firent encore usage dans cet endroit de leurs pièges pour attirer les naturels ; mais ceux-ci surent les éviter. Ils eurent beau les suivre avec leurs armes à feu, les Africains s'enfuirent dans les bois. Ce manque de succès les força à aller dans une autre île, appelée *Sambula*. Il paroît que les naturels de cette île étoient des cannibales ; et les Anglais s'étant *humainement* déterminés à punir leur cruauté, brûlèrent et détruisirent leurs villages avec le plus grand zèle. Les naturels furent cependant trop lestes pour eux et échappèrent à leur poursuite.

Sans entrer dans d'autres particularités sur les exploits de cet amiral sur la côte d'Afrique, nous remarquerons que les Français et les Portugais avoient à cette époque fait une convention avec les naturels, par laquelle ces derniers s'engageoient à fournir des esclaves aux premiers. Leur conduite étoit sans contredit plus humaine ; car ils n'achetoient que ceux qui étoient déja esclaves, et qui servoient selon l'occasion de nourriture à leurs compatriotes. Hawkins, ce scélérat sans principes, fit un troisième voyage de piraterie, mais la Providence permit qu'il y pérît avec toute sa bande.

En 1618, une compagnie de négocians de Londres obtint une patente pour un commerce exclusif. Elle fut néanmoins obligée de renoncer à ses projets, à cause de la modicité des profits qui revenoient de ses expéditions. Sous Charles I*er*, une seconde patente fut accordée à d'autres individus, sur leur demande, et ils y firent des profits plus considérables. Mais leurs succès ayant attiré l'attention, d'autres aventuriers firent un commerce illicite, et des contrebandiers de toutes les nations abordant sur les côtes, ce monopole fut abandonné, et discontinué jusqu'en 1662. Dix ans après cette époque, on leva en neuf mois une somme de 111,000 livres sterlings, 2,664,000 livres tournois par souscription, pour former une compagnie; et un tiers de cette somme fut destiné à bâtir des forts sur la côte. Un des bienfaits immédiats de cet établissement fut la création de manufactures en Angleterre. C'étoient autrefois les Hollandais qui avoiènt fourni aux armateurs pour la côte de Guinée tous les approvisionnemens nécessaires à leur voyage; mais la Grande-Bretagne produisit alors des étoffes de laine et d'autres objets importans de commerce pour cette côte. Il s'en exporta annuellement pour 1,680,000 livres tournois.

La prospérité de cette compagnie fut néanmoins de courte durée. Entr'autres bienfaits de notre révolution, nous lui devons l'abolition de tous les monopoles, ou priviléges exclusifs accordés par la couronne. Le commerce d'Afrique devint libre, et les aventuriers qui l'entreprirent furent très-nombreux. Cependant les négocians qui avoient été trompés dans leurs perspectives de richesses, essayèrent pendant quelque tems de continuer leur monopole; mais leur droit qui avoit jusqu'alors été aboli par le fait, le fut expressément par un acte de Guillaume et de Marie. Il fut par cet acte déclaré légal pour tous les fidèles sujets de sa majesté de faire le commerce de la côte d'Afrique avec les colonies de l'Amérique, entre le cap Mont et le cap de Bonne-Espérance, à condition de payer dix pour cent sur toutes les marchandises exportées, d'après leur valeur.

Il fut stipulé dans le même acte que tout individu, en payant un autre droit de dix pour cent sur les marchandises importées, jouiroit du privilège plus étendu de commercer entre le cap Blanco et le cap Mont. Le produit de ces droits fut destiné à la compagnie.

Cette loi excita un mécontentement général, et il fut présenté nombre de pétitions contre elle. La compagnie prédit sa propre ruine, et ses craintes furent presque réalisées ; car, en 1739, elle étoit tellement sur le déclin, que le parlement fut obligé de voter à son profit 240,000 livres tournois annuellement pendant l'espace de neuf ans (1).

Après avoir éprouvé tant de changemens, le commerce d'esclaves d'Afrique prit, en 1750, un nouvel aspect. On fit une loi pour l'encourager et l'améliorer, dont il est inutile de donner ici les détails, puisqu'on peut la consulter. Je vais maintenant offrir une courte relation des pays avec lesquels ce trafic est continué.

(1) En 1744, on vota pour cette compagnie 480,000 L. tournois, ce qui fait en tout une somme de 2,400,000 liv. tournois votée par le parlement britannique pour le soutien du commerce d'esclaves.

Depuis Loango, Saint-Paul, en Angola, jusqu'au cap Blanco, est une étendue de côte de 1300 lieues où ce commerce se pratique.

Les Anglais ont un établissement dans la province de Sénégambie. Cette province est arrosée par la rivière Gambie, navigable pendant l'espace de plusieurs cents milles dans l'intérieur du pays; et habitée par les Mandingos.

Depuis Roxo jusqu'à Appollonie, ce sont principalement des établissemens portugais. Les naturels sont aussi appelés Mandingos, quoique leur langage diffère de celui des premiers.

Depuis Appollonie jusqu'à la rivière Volta, la côte d'Or a une étendue de 1000 milles, et est divisée en nombre de petits états. Chanti, Akim et Aquambou, trois grands royaumes, qui sont fort peu connus, forment l'intérieur du pays. Sur toute cette côte, la langue est assez semblable. Les naturels sont appelés Koromantyns, de Koromantyne, comptoir fort respectable, tant qu'il resta au pouvoir des Anglais, mais de peu de considération depuis qu'il est entre les mains des Hollandais.

La division qui vient après, est le pays de Whidah, appelé par quelques écrivains la côte d'Or propre. Depuis Popo, principauté de cette division, les naturels de Whidah sont communément appelés *Papaws* par les négocians anglais. Vient ensuite le grand empire de Benin, commençant sur la rive occidentale de la rivière Lagos, et s'étendant jusqu'au cap Lopez. Les nègres de cette côte sont en général appelés *Eboes*. Il y en a une tribu particulière distinguée par le nom de Mocoes. Le langage de ces derniers diffère de celui de tous les autres sur cette côte.

Au midi de la rivière de Congo, les Portugais ont des possessions considérables. Ils ont bâti et bien fortifié la ville de Loango, Saint-Paul, et étendant leur commerce vers la côte orientale, voyagent en caravanes à travers le pays.

En faisant l'énumération des forts et des comptoirs établis par les Européens, on trouve que leur nombre est comme il suit :

Par les Hollandais,	15
— les Anglais,	40
— les Portugais,	4
— les Danois,	4
— les Français,	3

On exporte continuellement de la Grande-Bretagne, pour l'Afrique, des étoffes de laine, des toiles, des marchandises de Sheffield, de Birmingham et de Manchester ; des soieries, des draps, des armes, de la poudre, des balles, du cuivre et du bronze travaillés, et plusieurs autres articles qui rapportent annuellement en échange, en Angleterre, environ 19,200,000 l. tournois. Il n'y a que très-peu d'endroits sur la côte d'Afrique où le commerce soit libre. Dès qu'il est un peu vivant, le roi ou chef du district, exige un droit sur toutes les exportations. L'échange des denrées se fait de différentes manières. Quelquefois le négociant anglais va chez le marchand nègre, mais le plus souvent les marchés se font à bord des vaisseaux. Les comptoirs ou factoreries établies sur la côte, se chargent de procurer des cargaisons aux vaisseaux de leur nation ; et les officiers des forts, selon leurs circonstances et leur pouvoir, font aussi des marchés particuliers d'esclaves avec les commerçans ; mais les naturels eux-mêmes amènent au marché des esclaves à un plus bas prix que ceux qui viennent par l'intermédiaire des établissemens britanniques.

Avant l'échange qui se fait entre les marchands européens et africains, il y a une chaîne continue de marchands de distance en distance dans l'intérieur du pays, qui se les font passer les uns aux autres des contrées éloignées où aucun blanc n'a encore pénétré. Quoique le commerce sur la côte soit régulier et constant, je suis fâché de n'avoir pas pu me procurer, faute de mémoires, un état exact de tous les Africains qui ont été transportés aux Indes occidentales anglaises, depuis le commencement de ces établissemens. Je mettrai cependant devant les yeux du lecteur tous les renseignemens que j'ai recueillis, et sa sagacité le rendra probablement capable d'en faire une estimation qui ne sera pas bien éloignée de la vérité.

Il a été fortement soutenu par les ennemis du commerce des nègres, et jamais nié par ses partisans, que, depuis 1680 jusqu'en 1700, il n'y eut pas moins de 300,000 Africains, réduits à l'état d'esclavage par les commerçans anglais. Depuis cette époque jusqu'en 1786, on en importa d'Afrique dans l'île de la Jamaïque seule 610,000. Le lecteur peut se former une idée du nombre qu'on en a exporté, dans le même intervalle, aux provinces méridionales de l'Amérique et aux Antilles. En prenant ceci pour base, on peut, sans crainte de se tromper, porter le nombre de nègres importés depuis 1686 jusqu'en 1786, à 2,130,000. Ce calcul est plus modéré que ceux que l'on a coutume de faire, mais je le crois fondé sur la vérité.

Il paroît qu'avant l'époque de la guerre de l'Amérique, le commerce d'esclaves avoit été porté au plus haut degré. L'état suivant des vaisseaux qui firent voile d'Angleterre pour la côte d'Afrique, en 1771, et du nombre d'esclaves qu'ils en apportèrent, a été donné au public comme parfaitement exact. Je ne crois pas qu'on puisse disputer son authenticité.

	vaisseaux.	nègres.
A Sénégambie,	40 pour	3,310
A la Côte-du-Vent,	56	11,960
A la Côte-d'Or,	29	7,525
Benin,	63	23,301
Angola,	4	1,050
Total........	192	47,146

Des 192 vaisseaux ci-dessus mentionnés :

		nègres.
107 firent voile de Liverpool, pour		29,250
58 de Londres,		8,136
23 de Bristol,		8,810
4 de Lancastre,		950

En 1772 il partit de la Grande-Bretagne pour la côte d'Afrique,

	175 vaisseaux ayant à bord des marchandises estimées à	20,793,469ᵗᵗ tournois.		
1773	151 *ditto*	16,514,652	12ˢ	0ᵈ
1774	167	20,316,613	6	0
1775	152	18,868,034	18	0
1776	101	11,298,697	3	0
1777	58	5,741,235	9	
1778	41	3,698,066	3	
1779	28	3,821,208	11	

Cette diminution manifeste ne sauroit être attribuée qu'à la malheureuse guerre de l'Amérique. Lorsqu'elle fut terminée, le commerce reprit un aspect plus brillant, comme il paroît par l'état suivant des nègres importés dans les colonies anglaises de l'Amérique, et exportés desdites colonies depuis 1783 jusqu'en 1787, espace de cinq ans.

années	nombre de vaisseaux	tonneaux	nègres imp.	nègres exp.	nègres gardés
1783	38	5,455	16,208	809	15,399
1784	93	13,301	28,550	5,263	23,287
1785	73	10,730	21,598	5,018	16,580
1786	67	8,070	19,160	4,317	14,843
1787	85	12,183	21,023	5,366	15,657

L'état suivant du nombre de nègres actuellement exportés d'Afrique, par les Anglais, les Français, les Hollandais, les Danois et les Portugais, ainsi que les pays particuliers d'où ils sont tirés, a été envoyé aux membres du conseil privé par les négocians de Liverpool, et est sûrement le plus exact et le plus authentique qu'il soit possible de se procurer.

	nombre d'esclaves exportés.
Par les Anglais,	38,000.
— les Français,	20,000
— les Hollandais,	4,000.
— les Danois,	2,000
— les Portugais,	10,000
Total.	74,000

	nombre d'esclaves.
Dont Gambie fournit environ	700
Les îles Delos et rivières adjacentes,	1,500
Depuis Sierra-Leone jusqu'au cap Mont,	2,000
— cap Mont jusqu'au cap Palmas,	3,000.
— cap Palmas jusqu'au cap Appollonie,	1,000

	nombre d'esclaves.
Côte-d'Or,	10,000
Quitta et Popo,	1,000
Whidah,	4,500
Porto-Novo, Eppée, et Bidagry,	3,500
Lagos et Benin,	3,500
Bonny et le nouveau Calabar,	14,500
Vieux Calabar et Camerouns,	7,000
Gabon et le cap Lopez,	500
Loango, Melimba, et le cap Renda,	13,500
Majumba, Ambris et Missoula,	1,000
Loango, Saint-Paul, et Benguela,	7,000
Total	74,200

Quelles que soient l'étendue et la variété de la côte dont ces naturels sont exportés, il est peut-être impossible de distinguer le caractère d'une nation d'avec celui d'une autre. Parmi les esclaves, il y a une uniformité de caractères dans tous les climats de la terre, à cause de l'assujétissement dans lequel ils sont tenus, et du manque d'occasion de faire ressortir l'énergie cachée de leur ame. Homère remarque, avec beaucoup de justesse, que « le jour qui rend un « homme esclave lui enlève la moitié de sa « valeur ». Cependant un individu à portée d'examiner les plus petites actions du nègre et de faire des réflexions sur ce sujet, pourra y apercevoir quelques nuances de différence que l'esclavage n'a pas encore effacées. C'est pourquoi, après quelques observations sur ces traits de distinction, je passerai à l'examen du caractère général du nègre.

CHAPITRE III.

Mandingos, ou naturels de la côte du vent.—Mahométans.—Guerres, mœurs et figures.—Nègres Koromantins, ou nègres de la côte d'Or.—Férocité de leur caractère démontrée dans une relation de la rébellion des nègres à la Jamaïque en 1760.—Leurs mœurs, guerres et superstitions.—Naturels de Whidah ou Fida.—Leurs bonnes qualités.—Naturels de Benin.—Figures et caractères.—Cannibales.—Naturels de Congo et d'Angola.—Examen du caractère et des dispositions des nègres dans l'état d'esclavage.

Dans toute l'Afrique, à l'ouest et au nord de Sierra-Leone, les naturels sont mahométans. Imitant strictement le fondateur de leur religion, ils sont continuellement en guerre avec les nations qui les environnent pour propager leur croyance. C'est pourquoi les prisonniers faits dans ces guerres de religion, ne sauroient se dire maltraités en passant entre les mains des Européens, puisqu'il est très-probable qu'ils seroient sacrifiés à la vengeance de leurs ennemis, s'ils n'étoient rachetés par les factoreries.

Je suis porté à croire que lorsque les Mandingos se battent entr'eux, ils sont excités à la guerre par des motifs de gain, c'est-à-dire, pour vendre aux marchands établis sur la côte, les prisonniers qu'ils peuvent surprendre et faire. Ils les conduisent de fort loin vers la mer, et en tirent le meilleur parti possible (1).

Les Mandingos, quoique divisés en plusieurs tribus, très-différentes en apparence, ont cependant une ressemblance de figures et se distinguent aisément des naturels des autres parties de l'Afrique. Il y a, parmi

(1) M. Edouard tient cette relation de la bouche d'un esclave. Ce malheureux avoit été surpris par les Mandingos, et vendu à un vaisseau destiné pour la Jamaïque. Ayant quitté son pays fort jeune, il ne connoissoit pas grand'chose des mœurs des naturels; mais il se rappeloit qu'ils pratiquoient la circoncision, et qu'ils étoient extrêmement superstitieux. Il chantoit une phrase que M. Edouard supposoit être l'arabe *la Illa ill Illa* (il n'y a d'autre Dieu que Dieu) de l'alcoran. Il dit que le vendredi, ils jeûnoient avec beaucoup de dévotion, et qu'il étoit regardé presque comme un péché d'avaler ce jour-là sa salive. M. Edouard raconte aussi qu'il avoit un autre domestique qui savoit très-bien écrire l'alphabet arabe et très-correctement, ainsi que quelques passages choisis de l'alcoran.

eux, des tribus d'une taille beaucoup plus haute que la plupart des nègres. Il est remarquable que les Mandingos aient des traits moins désagréables, et soient plus exempts de mauvaise odeur que les autres Africains. Avec toutes ces bonnes qualités, ils n'ont pas beaucoup d'intelligence et ne s'acquittent guères bien des travaux auxquels on les emploie.

Les nègres koromantyns sont ensuite le sujet de notre examen. Ce qui les caractérise est une fermeté de corps et d'esprit, que des idées modernes de supériorité traiteroient peut-être de férocité, mais que les anciens auroient appelée la base de toutes les vertus. Ils voient le danger et la mort sans paroître épouvantés : ils ont des tempéramens propres aux travaux les plus durs, et ne semblent pas, par habitude, être ennemis du travail. Il y a plusieurs de ces nègres qui, lorsqu'ils sont réduits à l'état d'esclavage dans les Indes occidentales, ne font que changer de maîtres ; car ceux que j'interrogeai le plus scrupuleusement sur ce sujet, et sur la véracité desquels je pouvois le plus compter, m'informèrent qu'ils avoient été vendus par leurs maîtres aux marchands de Guinée. Mais dans les guerres que les Koromantyns se font les uns aux autres, il arrive souvent que des chefs, qui ont eux-mêmes des esclaves, sont faits prisonniers. Il n'est donc pas surprenant que des hommes de cette nature, quand ils sont vendus comme esclaves, fassent les efforts les plus extraordinaires pour se venger de ceux qui les retiennent dans la servitude. On voit, en conséquence, qu'en 1761 lorsqu'il y eut une rébellion à la Jamaïque, elle avoit été excitée, et qu'elle fut conduite par un nègre intrépide de cette description, qui avoit été chef dans son pays sur la côte. Elle éclata sur les frontières de la paroisse de Sainte-Marie ; et si M. Zacharie Bayly, qui demeuroit dans ce quartier, n'avoit pas montré beaucoup de courage et de conduite dans cette occasion, il n'y a point de doute que la révolte n'eût fait de grands progrès. Nous ne devons pas passer sous silence un fait qui eut lieu à cette époque, et qui fait même beaucoup d'honneur aux insurgens, ainsi qu'à l'individu qui fut l'objet de cet acte de générosité. Abraham Fletcher étoit économe de la plantation de M. Bayly, dont nous venons de parler, et pendant toute son administration, s'étoit conduit envers les nègres avec justice et humanité. On voit rarement ces vertus respectées par des hommes féroces dans un tems de révolte. Les esprits sont tellement échauffés par les émotions de la crainte et de la vengeance, qu'ils oublient de faire la différence de l'innocent et du coupable. Les Koromantyns révoltés n'en agirent cependant pas ainsi. Ils avoient Fletcher en leur pouvoir ; et si sa conduite passée avoit mérité quelque reproche, il l'auroit alors payé cher ; mais en considération de ses bonnes qualités, ils lui accordèrent la vie. Ils ne continuèrent cependant pas à montrer la même modération; étant allés à Port-Marie, ils se procurèrent des armes et des munitions, et étant joints dans la route par plusieurs compagnies de leurs camarades, ils gagnèrent l'intérieur du pays par la grande route, portant partout la terreur et la dévastation. En même-tems M. Bayly, qui avoit inutilement essayé de les approcher et de les appaiser, en employant la persuasion au lieu de la force, voyant qu'il n'y avoit plus de sûreté que dans des mesures de rigueur, rassembla un corps de cent hommes, tant blancs que nègres fidèles, et, après avoir envoyé avertir les planteurs d'alentour de leur danger, marcha contre les rebelles. Il parvint à la fin à les atteindre, les attaqua, en fit plusieurs prisonniers et poussa le reste dans les bois. Tacky, le chef koromantyn qui avoit fait insurger ses compatriotes, et qui les conduisoit, fut tué dans une escarmouche par un autre détachement qui étoit à la poursuite des nègres.

On fit alors quelques exemples terribles de ceux qui furent pris et convaincus d'avoir eu part aux massacres qui avoient été commis. De trois qui éprouvèrent les plus grands supplices, l'un fut brûlé vif, les deux autres pendus avec des chaînes et laissés dans cette cruelle situation jusqu'à la mort. Ces victimes infortunées supportèrent la rigueur de leur supplice avec une fermeté étonnante. Les deux, particulièrement, pendus dans les chaînes, restèrent ainsi exposés pendant neuf jours, en proie à la faim et à la torture, sans paroître affectés de leurs souffrances; ils se mêloient même à la conversation des nègres qui les environnoient. Le septième jour, où l'on devoit supposer qu'ils éprouvoient des peines inouies, on les vit rire aux éclats de quelque chose que l'on avoit dit.

A quoi doit-on donc attribuer cette force d'esprit inconcevable ? Sans doute à leurs mœurs et aux cruautés que les possesseurs barbares d'esclaves de la côte d'Afrique exercent sur leurs sujets. Accoutumés, dès l'enfance, aux horreurs de la guerre, habitués aux souffrances par les rigueurs qu'ils éprouvent, sans espoir de soulagement jusqu'à ce que la mort les ait délivrés du pouvoir de leurs oppresseurs, la vie leur devient indifférente, et ils sont eux-mêmes insensibles à leurs propres maux et à ceux des autres. Leur barbarie ne se borne pas à leurs prisonniers (1); le père est cruel envers ses enfans, et les amis du mari décédé sacrifient, sans remords, sa femme et ses esclaves à son enterrement.

Il est cependant vrai que lorsqu'ils tombent à des maîtres humains dans les Indes occidentales, ils perdent peu-à-peu ce mépris de la mort, et qu'à mesure qu'ils s'avancent dans la carrière du bonheur, ils deviennent

(1) La méthode ordinaire de traiter les prisonniers est de leur arracher la mâchoire inférieure, et de les laisser mourir dans cet état.

moins cruels et plus attachés à la vie. Un habitant de la Jamaïque, ayant un jour rendu visite à un nègre koromantyn malade, lui demanda pourquoi il avoit peur de mourir ? Le nègre lui répondit en mauvais anglais, que dans son pays il avoit coutume de mépriser la mort ; mais que depuis qu'il étoit aux Antilles, il avoit appris à connoître la valeur de la vie.

Cette grande fermeté de corps et d'esprit se montre de bonne heure dans le nègre koromantyn. Un planteur de la Jamaïque qui avoit acheté vingt jeunes nègres, dont dix Koromantyns et dix Eboes, ordonna qu'on les marquât avec un morceau d'argent chaud sur l'estomac. Cette opération n'est pas fort douloureuse ; car l'argent est d'abord trempé dans l'esprit-de-vin, et appliqué un moment sur la peau, de sorte que la peine ne dure qu'un instant. Mais les Eboes croyant que cela faisoit beaucoup de mal, se mirent à crier de peur, et le planteur ne fit pas l'opération. Les jeunes Koromantyns, pour témoigner leur mépris de cette opération, vinrent volontairement et reçurent l'empreinte sans faire paroître la moindre crainte.

Quelque inhumanité que ces individus puissent montrer, quand ils ont une occasion de se venger, je pense qu'on ne sauroit nier qu'ils ne donnent souvent des marques d'un esprit énergique qui, malheureusement, n'a aucun moyen d'être dirigé vers les vertus nobles et généreuses ; dans l'état d'assujétissement où il est tenu. Je vais terminer mes observations, en donnant une courte relation de leur religion.

Ils croyent en un Etre suprême, Dieu du ciel et créateur de l'univers, qu'ils appellent *Accompong*. Ils le prient et l'adorent, mais ils ne lui offrent pas de sacrifices.

Au Dieu de la terre, *Assaru*, ils offrent les fruits de la terre ; à *Ipboa*, un cochon ; et à *Obboney*, l'être malin ; ils font des sacrifices humains de prisonniers esclaves.

Ils ont, comme les anciens, leurs dieux lares, qui sont supposés avoir été des mortels comme eux. Ils immolent à ceux-ci un coq et un bouc, sur l'endroit où l'on croit qu'ils ont été enterrés, et font ensuite une fête sociale.

Ils administrent le serment d'une manière fort imposante à un esprit superstitieux. La personne qui le prête boit de l'eau mêlée avec du sang humain et de la terre du tombeau d'un proche parent, en souhaitant que son ventre crève, et que ses boyaux pourrissent, s'il ne dit pas la vérité. Cela ressemble beaucoup au serment d'eau amère chez les Israélites.

Les nègres de Whidah ou Fida, sont sans doute les plus précieux que l'on transporte dans nos îles. Ils entreprennent toute espèce de travail avec plaisir; et, étant cultivateurs chez eux, ils deviennent de très-bons agriculteurs. Ils n'ont point ce caractère féroce de la race que nous venons de décrire, et sont aussi exempts de cette teinte de mélancolie que l'on rencontre chez les Eboes. On dit que le royaume de Whidah est bien cultivé, et couvert de villages et de fermes.

Dans leurs idées de peines et de la mort, ils sont bien différens des Koromantyns : ils n'entendent jamais prononcer le mot de mort sans émotion; et c'est une marque de grossièreté chez eux, très-punissable, d'en faire mention devant un supérieur. Ils se soumettent à l'autorité du planteur américain avec patience et résignation, estimant que c'est le devoir du maître de punir; et le leur, d'obéir.

Plusieurs des nègres de Whidah, et particulièrement la tribu appelée *Nagoes*, pratiquent la circoncision; mais il se trouve bien des tribus qui ne connoissent pas cet usage.

Les Eboes, ou Mocoes, sont les naturels de Benin, côte d'une vaste étendue, qui a 3000 milles ou mille lieues de longueur. Ces nègres ont un teint olivâtre ou maladif, et la forme de leur visage ressemble beaucoup à celle d'un singe. Les naturalistes ont remarqué que l'homme a la partie inférieure du visage plus large qu'aucun autre animal; mais que cette plus grande largeur du visage d'un Européen, soit un signe de la supériorité de ses facultés spirituelles, ou que, conséquemment l'Eboe doive être considéré comme approchant de la nature du singe par l'esprit ainsi que par le visage, c'est une conséquence que je ne me permettrai pas de tirer.

Le caractère impatient de l'Eboe le rend de moindre valeur pour un maître que la race dont nous venons de parler; car quand il est en danger de souffrir, ou d'éprouver un châtiment rigoureux, il préfère la mort. D'après la mélancolie et l'abattement répandus sur le visage de ces nègres, on seroit tenté de croire qu'ils sont plus rafinés dans leurs notions que ceux des autres tribus. Mais le lecteur sera convaincu du contraire, en apprenant que les Mocoes, loin d'être civilisés dans leur patrie, sont habituellement cannibales. Ce fait est prouvé par l'aveu d'un esclave Mocoe, qui convint qu'il avoit souvent partagé de pareils repas, et par le procès bien connu de deux nègres d'Antigue qui, en 1770, furent jugés et condamnés pour avoir tué et mangé un de leurs camarades.

Les Eboes sont extrêmement superstitieux dans leur croyance, le lézard étant un de leurs principaux dieux. La présence de cet animal est tellement regardée comme sacrée, que toute espèce d'injure à sa dignité est punie comme un crime. On vit un malheureux exemple de cette nature en 1787. Deux matelots d'un vaisseau qui faisoit le commerce sur cette côte, débarquèrent pour faire de l'eau, et tuèrent par hasard un lézard. Ils furent à l'instant saisis et condamnés à mort. On offrit une rançon, mais elle ne fut pas suffisante pour satisfaire la cupidité des Mocoes, qui exigèrent une plus grande somme. Le capitaine, qui n'étoit certainement pas fort humain, ne voulut pas leur racheter la vie à un si haut prix, et les abandonna conséquemment à la discrétion des naturels. On ne sut jamais ce qu'ils étoient devenus.

Les nègres de Congo et d'Angola sont ceux qui, d'après l'ordre que nous avons tracé, doivent ensuite être soumis à notre considération. Leur caractère n'est pas fortement prononcé : ils sont minces et agréables, avec la peau et les cheveux très-noirs. D'après leur douceur et leur docilité, ils sont plus propres à servir de domestiques. Ils sont aussi plus propres et plus ingénieux que la plupart des autres Africains.

Nous avons déjà dit que, quelle que puisse être la différence des traits dans le caractère des nègres des diverses parties de l'Afrique, leur état d'esclavage les a pour ainsi dire réduits au même degré d'avilissement. Nous allons donc mettre sous un seul point de vue toutes les variétés du caractère du nègre.

Il est vrai que les nègres koromantyns sont braves, comparativement à leurs compatriotes africains ; mais les qualités opposées semblent dominer dans le caractère du nègre.

L'Africain n'a point de candeur. Quand on lui fait une question, il hésite et ne répond jamais directement, afin d'avoir le tems de préparer une réponse convenable. Il est aussi adroit à voler qu'à mentir.

Cette inclination aux vices les plus méprisables, est sûrement le résultat de l'esclavage. Ils sont cependant redevables à la même cause d'une des plus aimables qualités du cœur humain ; je veux dire cette compassion qu'ils éprouvent pour les compagnons qui sont dans des circonstances semblables aux leurs. Celui qui a été le compagnon de voyage du nègre dans son passage d'Afrique, devient son cher et sincère ami ; et le mot compagnon de voyage exprime même chez eux toutes les tendres idées d'égards. La bienveillance du nègre est néanmoins renfermée dans cette sphère. Ils sont extrêmement sévères les uns envers les autres quand l'occasion se présente. Quand un jeune nègre devient l'apprentif d'un vieux, il est impossible d'exprimer les maux qu'il endure de la cruauté de son compatriote.

Ils ne sont pas même plus humains envers

le chien fidèle qui les suit. Chaque nègre ne paroît avoir un animal de cette espèce que pour faire éprouver toute sa méchanceté à un être qui ne sauroit se défendre. Il est assez remarquable que le pauvre animal semble lui-même convaincu qu'il est devenu l'esclave d'un esclave. Sa nature généreuse se dégrade, on ne le voit plus sauter, ni jouer; il devient triste, rampant et craintif.

Les historiens, aimant à représenter tout sous les couleurs les plus agréables, peignent le nègre comme susceptible de la passion de l'amour à un degré violent et rafiné. M. de Chanvalon s'écrie : « L'amour, cet enfant
« de la nature à qui elle confie sa conserva-
« tion, dont aucune difficulté ne sauroit
« retarder les progrès, et qui triomphe même
« dans les fers, inspire le nègre au milieu
« de sa misère. Aucun danger ne peut
« abattre, aucune crainte de châtiment ne
« peut restreindre l'ardeur de sa passion. Il
« quitte la nuit l'habitation de son maître,
« et traversant les déserts sans s'inquiéter
« de ses habitans venimeux, il va déposer
« ses chagrins dans le sein de sa fidelle et
« affectueuse maîtresse. »

Mais cette description est aussi extravagante qu'elle est élégante. Si par amour, on entend cette passion pour un seul objet, relevée par le sentiment et rafinée par l'estime, je crois bien que le nègre n'en possède pas la moindre particule. Malgré tout ce que l'on a dit sur la convenance d'instituer le mariage dans les Indes occidentales, je suis sûr que le nègre regarderoit une liaison de cette nature comme la punition la plus rigoureuse qu'on pût lui infliger. Si au contraire on entend par amour cet instinct animal qui nous pousse aveuglément à le satisfaire, le nègre en a certainement sa bonne part. Il se livre à cette passion sans réserve, regardant le changement d'objets comme une chose nécessaire pour rendre la jouissance plus piquante.

Il est vrai que dans la vieillesse, ils commencent à perdre ce goût du changement, et que l'attachement qui a commencé par la passion se convertit par l'habitude en amitié. Leur vieillesse devient alors plus agréable par un échange réciproque de bons offices.

Tout considéré, la vieillesse d'un nègre est aisée et heureuse. Le devoir des hommes est de garder les champs des femmes, et de servir les malades. Le vieux nègre, outre que son travail est diminué, reçoit de la part de ses compatriotes des marques de respect qui flattent beaucoup son orgueil, et éprouve d'eux une tendresse qui contribue à son bonheur. Il faut que la misère soit bien grande quand on le laisse manquer. A travers la barbarie du caractère africain, on y aperçoit le respect pour la vieillesse, briller avec un éclat qui feroit presque oublier ses vices. Ce respect est regardé comme un devoir sacré, qu'il seroit impie de ne point avoir. De cette tendresse pour la vieillesse, il arrive que les exemples d'âges avancés, presque incompatibles avec une latitude si chaude, y sont fréquens. En 1792, il mourut à Savannah-la-Mar, à la Jamaïque, une négresse âgée de 120 ans.

Un trait fort remarquable dans le caractère du nègre, c'est qu'il est fort enclin à devenir orateur. Il aime passionnément les discours suivis, et ses avant-propos sont ordinairement très-fatigans. Quand on veut bien l'entendre, il vous fait une longue relation de ses qualités, de ses souffrances et de ses circonstances. Cependant quoique les nègres aiment les périphrases, il y a des momens où ils renferment leurs idées dans des phrases concises et fortes (1).

C'est une opinion dominante en Europe, que l'oreille des Africains est particulièrement formée pour la musique; mais cette assertion n'est pas juste, car je ne crois pas qu'il y ait un seul nègre qui soit jamais devenu grand musicien, quoiqu'on ait souvent pris beaucoup de peine pour leur apprendre cette science. Le fait est qu'ils préfèrent le bruit à l'harmonie, et qu'ils aiment mieux qu'aucun autre instrument leur pontaga, espèce de guitarre discordante, le dundo ou tabor, et le goumbay, qui est un tambour dur et rustique. Leurs chansons, qui ne sont pas de la poésie, sont des impromptus. Leurs sons sont variés, et quoiqu'ils ne soient pas harmonieux, ont néanmoins une teinte agréable de mélancolie. Dans leurs fêtes, ils chantent des chansons

―――――――――
(1). M. Edouard raconte un exemple de cette nature. Un nègre, après beaucoup de fatigue, étoit à dormir sur le plancher à côté de lui pendant qu'il finissoit une lettre; il ne put l'éveiller après l'avoir appelé plusieurs fois. Un autre domestique essaya de l'éveiller, et lui cria: « *n'entendez-vous pas massa* » à quoi l'autre lui répondit en ouvrant les yeux, et les refermant presqu'aussitôt: « *le sommeil n'a pas de massa* ou de maître. »

d'un genre différent; elles sont ou satyriques, ou remplies d'obscénités, et accompagnées de danses également indécentes.

Aux funérailles d'un ami respecté, ils s'exercent à une danse martiale, qui ressemble à la pyrrhique des anciens, et accompagnent le corps avec une musique bruyante et guerrière. C'est probablement de ces démonstrations de joie que tira son origine cette opinion invétérée chez les Européens, que les nègres regardoient la mort comme un heureux événement, et qu'ils voyoient arriver d'un œil content la fin de leur esclavage et de la vie. Je suis bien certain cependant qu'ils ne considèrent pas la visite de la mort comme une si grande faveur; et que, malgré tous les maux qu'ils éprouvent dans cette vie, ils desirent rester aussi long-tems que possible hors de cet état de délices qu'ils sont supposés vouloir anticiper. Parmi les nègres qui ont résidé quelque tems dans les Indes occidentales, le suicide est beaucoup moins fréquent que parmi les Anglais libres et policés. Quand il se commet un pareil crime, ils ne le représentent jamais comme un acte de prudence et de résolution, mais ils l'attribuent aux instigations de l'esprit malin Obeah.

La mention de ce nom m'engage à parler d'une croyance universelle chez les nègres. Je ne puis le faire d'une manière plus exacte qu'en insérant le rapport en entier de l'agent de la Jamaïque, aux commissaires nommés pour examiner le commerce des nègres. Ce fut, je crois, M. Long qui en fit la découverte.

« Le mot obeah, obiah ou obia (car on l'écrit différemment) est, selon nous, l'adjectif, et obe ou obi le nom substantif; et par les mots hommes ou femmes-obia, on entend ceux qui pratiquent l'obi. Nous regarderions l'étymologie de ce mot comme de peu d'importance dans notre réponse aux questions qui nous ont été faites, si sa recherche ne nous avoit entraînés dans d'autres qui sont vraiment très-curieuses. Dans le savant commentaire de M. Bryant sur le mot *oph*, on trouve l'étymologie très-probable de ce terme. « Un serpent, en langue « égyptienne, étoit appelé *ob* ou *aub* ». — « Obion est encore aujourd'hui le nom d'un « serpent en égyptien ». — « Moïse, au « nom de Dieu, défend aux Israëlites de « ne jamais s'informer du démon ob, qui

« est traduit dans notre bible par enchan-
« teur ou sorcier, *divinator* ou *sorcilegus* ».
— « La femme d'Endor est appelée oub ou
« ob, traduit par *Pythonissa*; et Oubaios
« (qu'il cite d'Horus Apollon) étoit le nom
« du basilic ou serpent royal, emblême du
« soleil, et ancien oracle d'Afrique ». Cette
dérivation qui s'applique à une secte particulière, probablement les restes d'un ordre
religieux très-célèbre dans les tems les plus
reculés, est maintenant devenue à la Jamaïque, le terme général pour dénoter les
Africains qui pratiquent dans cette île les
sortilèges ou la magie, en y comprenant
la classe appelée *myals*, ou ceux qui, par
le moyen d'une potion narcotique, faite du
jus d'une herbe (que l'on dit être la *calalue*
à branches, espèce de solanum), qui
occasionne un profond sommeil pendant
un certain tems, s'efforcent de faire croire
aux spectateurs qu'ils ont le pouvoir de
ressusciter les morts.

« Autant que nous pouvons en juger
d'après notre propre expérience, et les
renseignemens que nous nous sommes procurés dans l'île, et d'après le témoignage
de tous les nègres avec lesquels nous avons

conversé sur ce sujet, les professeurs d'obi sont, et furent toujours des naturels d'Afrique, et pas d'autres ; et ils ont apporté cette science avec eux à la Jamaïque, où elle est si universellement pratiquée, qu'il y a très-peu de grandes habitations où il y a des naturels d'Afrique, qui n'ait un ou plusieurs de ces prétendus sorciers. Les plus vieux et les plus rusés sont ceux qui attirent le plus la confiance. Les individus qui ont les cheveux gris, quelque chose de dur et de rebutant dans la figure, et quelque connoissance des plantes médecinales et venimeuses, sont les plus propres à en imposer aux foibles et aux crédules. Les nègres, soit africains ou créoles, les révèrent, les consultent et les craignent ; ils vont trouver ces oracles, et dans toutes les occasions avec la plus grande foi, soit pour la guérison des maladies, pour obtenir vengeance de leurs ennemis, se concilier la faveur, pour la découverte ou la punition d'un voleur ou d'un adultère, et la prédiction des événemens futurs. Le métier de ces imposteurs est très-lucratif ; ils font et vendent des obis propres à différens cas, et à différens prix.

« Ils jettent soigneusement un voile mystérieux sur leurs enchantemens, qu'ils ne pratiquent qu'à minuit, et ils prennent toutes sortes de précautions pour les soustraire à la connoissance des blancs. Les nègres trompés, qui croient bien sincèrement à leur pouvoir surnaturel, deviennent les complices volontaires du secret, et le plus fort d'entr'eux tremble à la vue du paquet de haillons, de la bouteille ou des coques d'œufs mises dans le chaume du toît, ou sur la porte d'une case, ou sur la branche d'un platane, pour épouvanter les maraudeurs. En cas de poison, ses effets naturels sont uniquement attribués, par les nègres ignorans, à la force de l'obi. Les nègres plus intelligens n'osent point révéler leurs soupçons, de peur d'encourir la vengeance terrible dont les obeah menacent ceux qui les trahissent. Il est donc très-difficile au propriétaire blanc de distinguer l'obeah de tout autre nègre de sa plantation; et les noirs, en général, en ont une telle terreur, qu'il n'y a que très-peu d'exemples où ils aient pris assez de courage pour dénoncer ces imposteurs. Leur esprit étant ainsi prévenu, ils ne trouvent pas plutôt un obi pour eux près de la porte de leur maison ou dans le chemin qui y conduit, qu'ils se regardent comme perdus. Quand un nègre est volé d'une volaille ou d'un cochon, il s'adresse aussitôt à l'homme ou à la femme obeah ; on répand ensuite parmi les nègres que l'obi est mis pour le voleur ; et aussitôt que celui-ci apprend cette terrible nouvelle, son imagination commence à travailler ; il ne lui reste plus d'autre ressource que dans l'habileté supérieure de quelque éminent obeah du voisinage, qui puisse contrecarrer les opérations magiques de l'autre ; mais s'il ne s'en trouve pas de plus habile, ou si, après avoir obtenu l'appui d'un pareil allié, il se sent encore affecté, il ne tarde pas à tomber en langueur, tourmenté continuellement par la crainte des maux qui le menacent.

« Le plus petit mal de tête, d'estomac ou de toute autre partie du corps, une perte ou une blessure accidentelle confirme ses appréhensions, et il se regarde comme la victime d'un agent invisible et irrésistible. Le sommeil, l'appétit, la gaieté l'abandonnent, sa force diminue, son imagination troublée ne lui laisse aucun repos, le désespoir se fixe sur son visage ; des ordures et toute espèce de substances mal-saines font alors son unique nourriture ; il languit, tombe malade et descend graduellement dans le tombeau. Un nègre qui devient malade, consulte l'obeah sur la cause de sa maladie ; il lui demande si elle sera mortelle ou non, et à quelle époque il mourra ou sera guéri ? L'oracle attribue ordinairement la maladie à la malice de quelque individu qu'il nomme, et conseille de mettre l'obi pour cet individu ; mais quand il ne donne aucun espoir de guérison, le désespoir s'empare aussitôt du malade, aucune médecine ne lui fait effet, et la mort en est la conséquence certaine.

« Ces symptômes anomales qui proviennent de causes profondément gravées dans l'esprit, telles que les terreurs de l'obi, ou de poisons, dont les effets sont lents et cachés, mettent en défaut les connoissances des plus habiles médecins.

« Considérant le nombre d'occasions qui peuvent provoquer les nègres à exercer les pouvoirs de l'obi les uns contre les autres, et l'influence étonnante de cette superstition sur leur esprit, il n'est point douteux que la mortalité qui a lieu annuellement parmi les nègres de la Jamaïque, ne doive en grande partie être attribuée à ce cruel préjugé ».

Voulant donner plus de poids à la description que nous avons faite de cet usage et de ses effets ordinaires, nous y avons joint quelques exemples d'entre ceux qui sont si souvent arrivés à la Jamaïque; non pas qu'ils soient particuliers à cette île, car nous croyons qu'on peut trouver de pareils exemples dans les autres colonies de l'Amérique. Le père Labat, dans son histoire de la Martinique, en a cité quelques-uns qui sont très-remarquables.

Il paroîtra peut-être extraordinaire qu'un usage que l'on dit si fréquent à la Jamaïque, n'ait pas été réprimé depuis long-tems par la législature. Le fait est, que l'habileté de quelques nègres, dans l'art d'empoisonner, a été remarquée depuis que les colons les connoissent bien. Sloane et Barham, qui exerçoient la profession de médecins à la Jamaïque, le siècle dernier, en ont cité plusieurs exemples. La manière secrète et insidieuse avec laquelle ce crime se commet ordinairement, en rend la preuve légale extrêmement difficile. Les soupçons ont en conséquence été très-fréquens, mais les convictions rares ; ces assassins ont quelquefois été livrés à la justice, mais il est raisonnable de croire que le plus grand nombre a échappé avec impunité. Quant aux autres tours d'obi plus communs, tels que de suspendre des plumes, des bouteilles, des coques d'œufs, etc. pour intimider les nègres enclins au vol et les empêcher de piller les cases, les étables ou les jardins des esclaves, cela faisoit rire les habitans blancs qui n'y voyoient qu'un stratagême innocent des nègres les plus intelligens, pour épouvanter les plus simples et les plus superstitieux d'entre eux, et qui produisoit le même effet que les épouvantails que les fermiers et jardiniers européens mettent dans leurs champs.

Mais en 1760, quand il éclata une insurrection formidable de Koromantyns ou nègres de la Côte-d'Or, dans la paroisse de Sainte-Marie, qui se répandit dans presque tous les autres districts de l'île, un vieux nègre koromantyn, principal instigateur de la révolte, oracle des insurgens, qui avoit fait prêter le serment solemnel aux conspirateurs, et qui leur avoit donné une potion magique pour les rendre invulnérables, fut heureusement pris, convaincu et pendu avec toutes ses plumes et ses obis autour de lui. Son exécution frappa les insurgens d'une terreur panique, dont ils ne purent jamais revenir. Les examens que l'on fit à cette époque ouvrirent les yeux du public sur la tendance dangereuse de la pratique de l'obi, et donna lieu à la loi pour sa suppression, et sa punition. Mais ni la crainte de cette loi, ni les recherches que l'on a faites depuis des professeurs de l'obi, ni les exemples nombreux de ceux qui de tems à autre ont été pendus ou déportés, n'ont jusqu'ici produit l'effet désiré. Nous concluons donc que cette secte, comme toutes les autres du monde, a pris de l'accroissement par la persécution, ou que l'on amène tous les ans de nouveaux sectaires des côtes d'Afrique.

La pièce suivante est celle dont nous avons parlé dans la relation précédente.

USAGE DE L'OBI.

Cette pièce nous vient d'un planteur de la Jamaïque, homme de la plus grande véracité, qui est actuellement à Londres, et qui est prêt à en attester l'authenticité.

« Etant retourné à la Jamaïque, en 1775, il trouva que nombre de ses nègres étoient morts pendant son absence, et que de ceux qui restoient en vie, il y en avoit au moins la moitié de malades, languissans et dans un état déplorable. La mortalité continua après son arrivée, et l'on en enterroit souvent deux ou trois par jour; d'autres se trouvèrent mal et commencèrent à décliner avec les mêmes symptômes. On employa tous les moyens imaginables par le secours de la médecine, et la nourriture la plus soignée pour conserver la vie des plus foibles; mais malgré tous ses efforts, cette dépopulation continua encore plus d'un an avec plus ou moins d'intermission, sans qu'il pût en découvrir la véritable cause, quoique l'usage de l'obi fût fortement soupçonné, tant par lui que par le médecin et d'autres blancs de la plantation, parce qu'il avoit été fort commun dans cette partie de l'île, et particulièrement parmi les nègres de Papah ou Popo. Il ne fut cependant pas en état de vérifier ses soupçons, parce que les malades nioient constamment qu'ils eussent la moindre liaison avec des personnes de cette secte, ou qu'ils en connussent aucune. A la fin une négresse, qui avoit été pendant quelque tems malade, vint un jour le trouver et lui dit, que, sentant qu'elle ne pouvoit pas vivre beaucoup plus long-tems, elle croyoit qu'il étoit de son devoir, avant de mourir, de lui faire part d'un grand secret, et de l'informer de la véritable cause de sa maladie, dans l'espoir que cette découverte pourroit arrêter le mal qui avoit déja privé de la vie un si grand nombre de ses compagnons. Elle ajouta que sa belle-mere (femme du pays de Popo, âgée de plus de 80 ans, mais encore active et bien portante) lui avoit mis l'obi, comme elle avoit fait à tous ceux qui étoient dernièrement morts; et que depuis qu'elle avoit connoissance, elle avoit toujours vu cette vieille femme pratiquer l'obi.

« Les autres nègres de la plantation n'eurent pas plutôt entendu parler de cette dénonciation, qu'ils coururent tous vers leur maître et en confirmèrent la vérité, ajoutant qu'elle avoit suivi cette profession depuis son arrivée d'Afrique, et qu'elle étoit la terreur du voisinage. Là-dessus, il alla sur-le-champ avec six domestiques blancs à la case de la vieille femme, et en ayant enfoncé la porte, il vit tout l'intérieur du toît (qui étoit de chaume) et toutes les crevasses du mur remplies des instrumens de son métier, qui consistoient en haillons, plumes, os de chats et mille autres articles. Continuant ses recherches, il trouva un grand vase de terre, bien couvert sous son lit. Il contenoit une quantité prodigieuse de boules de terre ou d'argile de diverses dimensions, grosses et petites, blanchies en dehors et différemment composées, les unes avec des cheveux et des haillons ou des plumes de toutes espèces, et fortement liées avec de gros fil (il y avoit dans quelques-unes la section supérieure du crâne d'un chat); d'autres étoient hérissées tout autour de dents, de griffes de chats ou de dents d'hommes ou de chiens, et de grains de chapelet de diverses couleurs. Il y avoit aussi plusieurs coques d'œufs pleines d'une liqueur visqueuse, dont il négligea d'examiner la qualité, et plusieurs petits sacs remplis de divers articles dont il est impossible de se souvenir depuis si long-tems. La case fut à l'instant abattue et livrée aux flammes avec tout ce qu'elle contenoit, au milieu des acclamations de tous ses autres nègres. Quant à la vieille femme, il ne voulut pas la mettre en jugement, parce que, d'après les lois de l'île, elle auroit été condamnée à mort; mais par un principe d'humanité, il la remit entre les mains d'un parti d'Espagnols qui (comme elle étoit encore en état de faire quelque léger travail) furent bien-aises de la prendre et de l'emmener avec eux à Cuba. Du moment de son départ, ses nègres parurent animés d'un nouvel esprit, et la maladie ne fit plus de progrès parmi eux. Dans le cours d'environ quinze ans avant cette découverte, il estime qu'il perdit au moins cent nègres, dont il attribue la mort uniquement à la pratique de l'obi ».

JUGEMENS DE L'OBEAH.

Ayant reçu des renseignemens ultérieurs sur ce sujet, d'un autre planteur de la Jamaïque, qui a été de deux jurys pour juger deux obeahs ou professeurs d'obi, nous demandons la permission de les insérer en ses propres paroles, pour servir de supplément à ce que nous avons déja offert au lecteur.

« En 1760 l'influence des obeahs ou de ceux qui pratiquoient l'art de faire des obis, et de les imposer aux autres nègres, devint si grande, qu'elle engagea un grand nombre de nègres de la Jamaïque à prendre part à la rébellion qui éclata cette année là, et qui donna lieu à la loi qui fut alors promulguée contre l'usage des obis.

« On avoit assuré ces esclaves égarés, qu'ils deviendroient invulnérables, et pour les rendre tels, les obeahs ou sorciers leur donnoient une poudre dont ils devoient se frotter.

« Dans la première escarmouche avec les rebelles, il y en eut neuf de tués et plusieurs de faits prisonniers. Parmi ces derniers étoit un nègre fort intelligent, qui offrit de découvrir des choses très-importantes, à condition qu'on lui accordât la vie; ce qui lui fut promis. Il raconta alors la part active que les obeahs avoient prise dans la propagation de l'insurrection. Sur cette dénonciation, l'un d'eux fut arrêté, jugé comme conspirateur, convaincu et condamné à mort.

N. B. C'est le premier obeah koromantyn dont il est question dans notre premier papier.

« Au lieu de l'exécution il défia le bourreau, et lui dit : « qu'il n'étoit pas au pouvoir des « blancs de le faire mourir ». Les spectateurs nègres furent fort étonnés quand ils le virent expirer. On fit sur d'autres obeahs, qui furent pris à cette époque, diverses expériences avec des machines électriques et des lanternes magiques, mais qui ne produisirent que peu d'effet. Il y en eut cependant un qui, après avoir éprouvé plusieurs rudes chocs, avoua que « l'obi de son maître « surpassoit le sien ».

« Le planteur dont nous tenons cette relation, se rappelle d'avoir été deux fois juge dans des procès d'obeahs, et ces deux prétendus magiciens furent convaincus d'avoir vendu leurs obis, qui avoient causé la mort des individus auxquels ils avoient été administrés. Malgré cela l'humanité de leurs juges fit commuer leur punition en celle de la déportation. Le fait fut prouvé par deux témoins et par plusieurs autres circonstances.

CHAPITRE IV.

Moyens de se procurer des esclaves en Afrique.—Observations sur ce sujet.—Objections à une abolition directe et immédiate de ce commerce par la nation britannique seule. — Considérations sur les conséquences d'une pareille mesure.—Disproportion de sexes chez les nègres annuellement importés d'Afrique.—Méthode de transporter les nègres, et règlemens nouvellement établis par acte du parlement.—Effets de ces règlemens.

En faisant le calcul de tous les nègres que l'on peut tirer d'Afrique, par les divers moyens que l'on met en usage pour cet effet, nous n'en trouvons que 74,000. De quelle manière obtient-on donc le surplus ? En réponse à cette question, ceux qui connoissent plus particulièrement le commerce d'esclaves ont dit : que, non-seulement les habitans des côtes, mais aussi ceux de l'intérieur du pays, sont soumis à un gouvernement absolu, de forme monarchique ou aristocratique; qu'en conséquence le sujet, pour punition de ses crimes, est souvent amené au marchand de la côte de Guinée, et mis à mort, en cas que ce dernier n'en veuille point. Les hommes libres ont aussi un pouvoir illimité sur leurs enfans; mais quand ils mésusent de ce pouvoir et sont assez dénaturés pour vendre leurs enfans, ils deviennent les objets de l'exécration publique. L'homme libre peut aussi, d'après plusieurs circonstances, être réduit à l'état d'esclavage; comme pour dette, adultère, et le crime imaginaire d'obi ou de sortilège; et dans les cas de cette nature, les parens de l'accusé subissent le même sort.

Nombre d'individus ont rendu ce témoignage; mais il a été contredit en plusieurs points par des personnes non moins respectables. M. Penny, entr'autres, assure que le maître africain n'a pas le droit de mener son esclave au marché, sinon en cas de délit; et que c'est par les guerres que ces peuples se font entre eux qu'ils s'en procurent le plus grand nombre. Mais M. Edouard, d'après le témoignage de plusieurs nègres, qu'il a interrogés dans des circonstances qui ne laissent aucun doute de leur véracité, semble avoir prouvé d'une manière incontestable la première assertion ; savoir, que les Africains libres ont et le pouvoir et la coutume de vendre leurs esclaves, sans aucune imputation de délit (1). M. Edouard a examiné vingt-cinq jeunes personnes des deux sexes, dont quinze avouèrent qu'elles étoient nées esclaves dans leur pays, cinq dirent qu'elles avoient été enlevées de chez leurs parens, et les cinq autres faites prisonnières de

---

(1) Nous avons mis ici quelques-unes des réponses faites par ceux qui ont été examinés.

Adam, garçon de Congo, qui fut volé de la maison de son père, après avoir marché pendant l'espace d'un mois de l'intérieur du pays, fut vendu d'un marchand noir à un autre, quelquefois pour un objet, et quelquefois pour un autre, jusqu'à ce qu'il parvint entre les mains du marchand de la côte de Guinée.

Quaw et Quamina, deux frères âgés de dix-huit et vingt ans, de la côte d'Or, quand on leur demanda pourquoi ils avoient été vendus, répliquèrent que leur maître avoit des dettes et qu'ils avoient été vendus pour le libérer.

Asiba, fille de la côte d'Or, fut vendue par son maître, ainsi que plusieurs autres, pour une certaine quantité de toile, et d'autres marchandises.

Yamousa, jeune homme de Chambie, fut vendu par son maître avec une vache, pour un fusil et d'autres articles.

guerre. Il faut observer que le témoignage de ces nègres est très-croyable, parce que M. Edouard les interrogea à différentes reprises, de sorte qu'il put s'apercevoir quand ils s'écartoient de la vérité par l'incohérence de leurs relations.

Tels sont les moyens par lesquels les Antilles sont approvisionnées d'esclaves d'Afrique. Tout être sensible verra sans doute avec peine l'existence d'un commerce qui voue tant d'individus de l'espèce humaine à la déportation et à l'esclavage; mais l'horreur qu'un pareil trafic peut lui inspirer, sera en quelque sorte diminuée par la réflexion, que la plupart d'entre eux ne font que passer dans un esclavage plus doux.

Olivier, d'Asienti, âgé d'environ vingt-deux ans, étoit fils d'un charpentier libre, et avoit été fait prisonnier dans une attaque des Frankis. Il passa par les mains de six marchands nègres, avant de parvenir au capitaine européen.

Esther, fille d'Eboe, raconte qu'elle demeuroit à environ une journée de la côte; mais qu'étant allée voir sa grand'mère, le village avoit été attaqué par un corps de nègres (elle ne sait de quelle nation); que sa grand'mère et ses autres vieux parens avoient été mis à mort, et elle conduite à la côte et vendue.

On ne sauroit nier que ce commerce n'encourage un esprit de rapine parmi les naturels ; cependant la question de savoir si son abolition subite et partielle ne produiroit pas des maux réels, au lieu de remplir les vues de ceux qui desirent avec ardeur une mesure si prompte et si vigoureuse, mérite considération. Pour résoudre cette importante question, il faut examiner non-seulement l'état des esclaves d'Afrique, mais encore celui de ceux qui sont déja dans les Indes occidentales.

En premier lieu, on raisonneroit mal en supposant que si la Grande-Bretagne seule cessoit ses demandes de nègres, il en viendroit un moindre nombre au marché; car quoique dans tout autre genre de commerce la quantité de denrées se règle d'après les demandes, celui-ci fait exception à la règle. Quand deux états africains sont en guerre, les captifs sont traités d'après leur force et leur apparence. Les vieux et les infirmes sont massacrés sur-le-champ ; ceux qui sont en état de faire un long voyage sont conduits vers la côte, et ceux d'entre ces derniers dont les marchands ne veulent pas, immédiatement mis à mort. De là il paroît que, si la Grande-Bretagne discontinuoit ses demandes, il y auroit tous les ans une surabondance de 38,000 nègres qui, s'ils n'étoient pas achetés par d'autres nations, seroient inévitablement sacrifiés à l'avarice trompée du marchand nègre. Les exemples de cet usage barbare sont si nombreux, qu'il a souvent été renouvelé en présence de nos vaisseaux ; de sorte qu'en ce cas-ci, le remède seroit infiniment plus affreux que le mal.

Secondement, qu'un homme sans préjugés réfléchisse à l'état des autres nègres des Indes occidentales, qui continueroient dans l'esclavage. Un fait auquel on ne fait pas assez d'attention, c'est qu'il y a une si grande différence de nombres entre les hommes et les femmes dans ces Indes, que sans un supplément de femmes, la race s'éteindroit indubitablement ; d'ailleurs, il ne faut pas perdre de vue, que nombre de planteurs ont contracté des engagemens avec des négocians anglais de leur fournir annuellement une certaine quantité de rum et de sucre. Figurez-vous donc la situation d'un individu de cette espèce, continuellement tourmenté pour remplir ses engagemens, et incapable, par tous les efforts de l'industrie, de satisfaire ses créanciers avec un approvisionnement d'ouvriers qui iroit toujours en diminuant. Les esclaves eux-mêmes ne tarderoient pas à sentir les effets d'une pareille résolution; le travail de vingt seroit d'abord exécuté par dix-neuf, et finiroit par devenir la tâche d'un très-petit nombre. Dans ce cas, ou on les fait travailler au-delà de leurs forces, ou on les excite à la rébellion, ou le planteur est obligé de se borner à l'étendue de terre qu'il peut cultiver, et devient par ce moyen incapable de payer ses justes dettes. Ce tableau de détresse n'est point l'effet de l'imagination; ces maux furent sentis dans toute leur rigueur à Demeraray, à l'époque où l'on prohiba l'importation des esclaves.

Il paroît donc évident que l'abolition directe de la traite des nègres par une seule nation, ne diminueroit pas la vente de ces victimes infortunées que l'on transporte aux Indes occidentales, et que, bien loin de diminuer les maux de celles qui y sont déja, elle ne feroit que les augmenter. On peut ajouter à ces argumens, une considération digne de la plus sérieuse attention.

Tant que la tentation de vendre et d'acheter des esclaves continuera, il y aura probablement des acheteurs européens et des vendeurs africains, en dépit de toutes les décisions, même de l'Europe combinée, pour les empêcher. Et ceux qui connoissent tant soit peu les Indes occidentales, n'ont pas besoin d'être informés que toute tentative d'empêcher un commerce d'interlope, seroit tout-à-la-fois impraticable et absurde, d'après la nature du pays.

La méthode de transporter les Africains de leur pays natal aux Indes occidentales, est un sujet trop important pour être passé sous silence. Cependant, avant d'entrer en matière, je ferai quelques observations sur la disproportion de sexes, à laquelle j'ai déja fait allusion. M. Barnes, homme dont l'autorité est respectable, nous donne les raisons suivantes, pour prouver que cette disproportion n'est point la faute des acheteurs, mais qu'elle a une cause différente.

« La disproportion entre les nègres et les négresses exportés d'Afrique, dit M. Barnes (1), me paroît devoir être attri-

(1) Rapport du conseil-comité en 1789.

buée aux trois causes suivantes : *d'abord*, à la pratique de la polygamie, qui domine dans toute l'Afrique : *secondement*, à quelques-unes des causes de l'esclavage même ; les hommes sont plus sujets à commettre des délits que les femmes, et, dans les cas où les mâles et les femelles sont enveloppés dans la même calamité, la première cause a toujours son effet ; les jeunes filles sont gardées comme épouses, et les mâles vendus comme esclaves : *en troisième lieu*, à la circonstance que les femmes ne sont plus propres à être conduites au marché beaucoup plutôt que les hommes. Une femme, à cause des enfans qu'elle a portés, peut paroître une esclave de bien peu de valeur à l'âge de vingt-deux ou vingt-trois ans; au lieu qu'un homme de trente-quatre ou trente-cinq ans, bien portant et bien fait, est de très-bonne vente : il s'ensuit donc que, quand il se trouveroit dans les marchés un aussi grand nombre de femmes que d'hommes de même âge, on refuseroit beaucoup-plus des premières pour la seule raison ci-dessus mentionnée. Quant à la question de savoir si le marchand européen préfère l'achat des mâles à celui des femelles, j'observerai que, quoiqu'il soit impossible de conduire les affaires d'une maison ou d'une plantation, sans un certain nombre de femmes, cependant, comme la nature du service des esclaves dans les Indes occidentales (étant principalement la culture des terres) exige, pour l'intérêt immédiat du planteur, un plus grand nombre d'hommes, le marchand européen désireroit sans doute faire son assortiment d'après la proportion requise; mais le fait est, *qu'il n'en a pas le choix*, pour les raisons ci-dessus mentionnées; de sorte que dans toutes les parties de l'Afrique, ce n'est qu'avec la plus grande difficulté qu'il peut se procurer autant de femmes vendables qu'il souhaiteroit pour former un assortiment passable ».

Dans l'examen qui eut dernièrement lieu devant le conseil privé, au sujet de la traite des nègres, on a cité nombre d'exemples, pour prouver que le traitement des esclaves à bord des vaisseaux de la côte de Guinée étoit rigoureux et inhumain; mais il a paru depuis, que les individus qui ont produit ces témoignages sont des gens d'un caractère si méprisable qu'il ne peut pas donner grand crédit à leurs histoires. Il est vrai que les nègres sont mis aux fers, mais cette sévérité n'est exercée qu'autant que la nécessité l'exige, et les jeunes filles et les enfans sont parfaitement libres. Ils sont logés sur le pont entre des planches bien propres, leurs appartemens sont régulièrement nettoyés, et l'on y fait des fumigations. On a le plus grand soin de leur santé et de leur manger. Leurs mets sont des légumes et des graînes qu'ils avoient coutume de manger dans leur pays, bien assaisonnés de jus de viande, de poisson et d'huile de palmier. Ils ont à chaque repas autant de nourriture qu'ils en désirent; et quand le tems est froid ou humide, on leur donne un verre d'eau-de-vie. Lorsqu'ils tombent malades, on les traite tendrement et avec soin, et ils sont transportés dans la chambre du capitaine, ou dans un endroit fait exprès sur le gaillard d'avant.

Par un acte de la vingt-huitième année du règne de sa majesté actuelle, qui a depuis été amendé, on a prescrit en termes très-précis le nombre d'esclaves qui devoit former la cargaison d'un vaisseau, en raison de sa grandeur. Les capitaines sont aussi obligés d'avoir à bord un chirurgien reconnu, et l'on accorde un prix d'une assez grande valeur au chirurgien et au capitaine, quand, dans le cours du voyage, il ne meurt que deux nègres par cent. On peut se former une idée de l'utilité de ces institutions, par le récit d'un simple exemple d'amélioration qu'elles ont produit. A Montego Bay (Baie de Montego) depuis 1789 jusqu'en 1791, la perte de trente-huit navires de la côte de Guinée, l'un dans l'autre, ne monta pas à sept par cent. Huit de ces vaisseaux reçurent la récompense entière de cinquante esclaves, parce qu'il n'en étoit pas morts plus de deux par cent dans la traversée ; deux eurent un demi-prix, et il se trouva une goëlette à bord de laquelle il ne périt pas un seul homme durant le voyage, mais la diminution de la mortalité dans les ports des Indes occidentales, en démontrera peut-être plus clairement les avantages : de 9,993 nègres importés à Montego dans l'espace de tems ci-dessus mentionné, la perte n'alla pas tout-à-fait à trois-quarts par cent.

Il faut néanmoins convenir que, malgré toutes ces précautions, il y a souvent une mortalité terrible à bord des vaisseaux de la côte de Guinée. Le mal doit être attribué à sa propre cause, qui, à la honte de l'humanité, n'est autre chose que la cupidité des capitaines, en achetant plus d'esclaves que ne comporte la grandeur de leur vaisseau. On n'est pas fâché de voir qu'ils éprouvent une punition très-sévère, puisque la commission d'une pareille injustice trompe souvent leurs propres espérances de gain; mais tout homme sensible doit éprouver des mouvemens d'horreur et d'indignation, en réfléchissant que la perte du capitaine coûte la vie à tant de victimes innocentes (1).

Sans vouloir cependant pallier de pareils actes d'iniquité, il paroîtra peut-être, après un mûr examen, que l'abolition de la traite des nègres n'est pas le seul ni le meilleur moyen de mettre fin à la pratique de cette barbarie sordide. On a fait des règlemens, et ils ont depuis peu été renouvelés et mis en vigueur, qui promettent d'effectuer la guérison des maux dont on

―――――

(1) La mortalité est souvent de quinze par cent dans la traversée, et de quatre et demi dans les ports des Indes occidentales.

se plaint. Les planteurs des Antilles, qui ont encouru une haine si peu méritée, ne sont aucunement responsables des fautes qui peuvent se commettre dans l'administration d'une cargaison d'esclaves. Ils ont en dernier lieu montré leur désintéressement : car l'assemblée de la Jamaïque, sans s'inquiéter de l'augmentation que pourroient occasionner dans le prix des esclaves les actes du parlement passés en faveur des nègres, concourut avec lui pour corriger les abus de la traite, et entra même avec zèle dans la cause de la réforme.

Nous avons maintenant fait connoître les moyens par lesquels les commerçans à la côte de Guinée se procurent leurs cargaisons, et les règlemens adoptés par le parlement britannique pour que les esclaves soient traités avec plus d'aisance et d'humanité durant leur traversée aux Indes occidentales; il nous reste conséquemment à parler dans le chapitre suivant, de leur traitement, de leur situation et de leur distribution parmi les planteurs des Antilles.

CHAPITRE V.

Arrivée et vente dans les Indes occidentales. — Nègres nouvellement achetés. — Comment on en dispose, emploi. — Détail de l'administration des nègres dans une plantation à sucre. — Manière de les obtenir. — Maisons, habillemens, et médecins. — Abus. — Derniers règlemens pour la protection et la sûreté des esclaves. — Causes de leur diminution annuelle. — Polygamie. — L'esclavage même le plus doux est contraire à la population. — Observations générales. — Propositions pour améliorer encore plus le sort des esclaves.

Quand un navire de Guinée arrive dans les Indes occidentales, on le fait savoir par des annonces publiques. Les ventes, qui avoient autrefois lieu à bord des vaisseaux, se font aujourd'hui (beaucoup plus à propos) à terre, et l'on prend soin qu'il n'y ait point de cruelle séparation entre des parens. Il est cependant clair que, malgré les meilleures intentions, ces accidens arrivent quelquefois; mais il ne se trouve guère d'exemple où les acheteurs divisent volontairement les membres de la même famille.

La vue d'un grand nombre de créatures humaines, nues, captives, déportées et exposées en vente doit, au premier abord, inspirer des réflexions tristes et pénibles ; mais les victimes elles-mêmes paroissent à peine sensibles à leur propre état. La circonstance d'être exposées ne leur est aucunément désagréable ; elles n'ont pas été accoutumées, dans leur climat insupportable, à porter beaucoup de vêtemens, et elles ont des ornemens qu'elles estiment davantage que les habits qui nous paroissent les plus élégans (1).

Dans le marché, elles donnent très-peu d'indices d'être profondément affectées de leur sort. Instruites de l'intention de leur possesseur de les vendre, elles témoignent de l'impatience d'être achetées ; et quand quelqu'une d'entr'elles a le malheur d'être rejetée, pour quelque défaut dans sa per-

―――――

(1) Les nègres aiment aussi à se faire des balafres sur le visage, s'imaginant que cela contribue à leur beauté. L'usage du tatouage est très-commun chez eux. Les déclamateurs ignorans contre le commerce des nègres ont faussement attribué ces marques à l'inhumanité de leurs maîtres.

sonne, les autres se moquent d'elle en riant aux éclats.

Le nègre, quand il est vendu, reçoit les différens articles qui doivent composer son habillement, et est envoyé à la plantation où il doit résider (1).

A cette époque, ils sont ordinairement consignés en différens lots sur le territoire des nègres déja établis, auxquels on accorde quelque chose pour leur subsistance. Au premier coup-d'œil cet usage paroît être une imposition bien dure sur l'industrie de l'esclave établi, qui est obligé de partager les fruits de ses pénibles travaux avec les nouveaux importés. Mais après quelque considération, et même l'expérience, on est convaincu que le nègre regarde plutôt cela comme une faveur que comme un dé-savantage. Le nègre établi s'attache forte-ment au jeune homme qui est confié à ses

(1) En 1791, le prix des nègres étoit comme il suit: un homme dans la vigueur de l'âge, 1,200 liv. tournois; une femme bien constituée, 1,176 livres; un jeune homme, 1,128 liv.; une jeune femme, 1,104 livres; garçons et filles, depuis 1,080 jusqu'à 960 liv., outre le droit: la coutume de les marquer n'existe presque plus.

soins, et cette affection devient réciproque. Du côté du jeune étranger cela lui rappele la société de ses compatriotes, ce qui doit certainement lui plaire davantage que d'être laissé sous la tutelle d'un blanc; et de l'autre côté, le vieux nègre est charmé de passer sa vieillesse au milieu de ses enfans adoptifs, dont la société lui offre l'agréable souvenir de sa jeunesse.

Cet usage est commun à toutes les plantations des Indes occidentales sans exception; mais je bornerai principalement mes réflexions à l'économie des plantations à sucre. Sur ces plantations, les ouvriers sont ordinairement divisés en trois classes. La première comprend les plus forts individus, mâles et femelles, de l'habitation, dont l'occupation est de préparer la terre, de planter et de couper les cannes, et de suivre la fabrication du sucre. La seconde est composée des jeunes nègres et des convalescens, dont le principal emploi est de sarcler, ou quelque autre travail léger. La troisième, sont les enfans, dirigés par de vieilles femmes, qui arrachent de l'herbe pour les bestiaux, ou sarclent dans le jardin.

La première classe est appelée au travail avant le lever du soleil, et est accompagnée d'un économe. Les nègres travaillent deux ou trois heures, après quoi on leur accorde une demi-heure pour déjeûner, et ce repas consiste en racines ou légumes bouillis, bien épicés. A midi, ils ont deux heures de repos. A deux heures, ils reprennent leur occupation jusqu'au coucher du soleil, et quand ils ont travaillé fort, ou que le tems a été pluvieux, on leur donne une portion de rum. Ainsi ils ne travaillent pas plus de dix heures par jour, les dimanches et fêtes exceptés (1). Il est vrai, qu'au tems de la moisson, ils sont obligés d'assister la nuit à la fabrication du sucre ; mais comme ils se relèvent les uns les autres, et qu'ils ont

(1) Outre les fêtes et dimanches, les nègres de la Jamaïque ont un jour sur quinze pour cultiver leur propre terre. Quelques-uns d'eux emploient ce jour-là à faire divers articles grossiers, qu'ils vendent au marché de Kingston. On les voit quelquefois dans cette ville au nombre de dix mille le dimanche, où ils échangent les objets qu'ils ont fabriqués, pour du bœuf salé, du fer, de beau linge, ou des bijoux pour leurs femmes. Il n'y a pas d'exemple qu'un maître se soit jamais mêlé de ce qu'ils avoient acquis par leur industrie.

abondance de sirop et de cannes mûres pour se nourrir, ils conservent leur santé d'une manière étonnante.

Le plan judicieux d'exciter l'industrie du nègre, en lui donnant une certaine portion de terre à cultiver, est maintenant devenu fort commun. L'esclave est ainsi transformé en espèce de fermier, et le surplus de ses bénéfices sert à satisfaire ses goûts, et à s'habiller. A la Jamaïque où il y a beaucoup de terres, les effets de cette mesure sont bien sentis; et pour prévenir les calamités que pourroit produire cette folle inclination des nègres de cultiver des objets de nourriture précaires, à cause des ouragans, chaque propriétaire est tenu d'avoir une acre de terre par esclave en culture pour ses provisions, outre les autres concessions qu'il peut lui faire.

Les nègres rassemblent ordinairement leurs cases et forment des villages, qui, étant entremêlés d'arbres fruitiers, produisent un effet agréable. Quelque idée qu'un Anglais puisse se faire de ces cases, elles sont certainement, eu égard au climat, plus commodes que les demeures ordinaires des paysans écossais et irlandais.

Le bâtiment a communément de quinze à vingt pieds de long, et est formé de forts pilliers, entremêlés de lattes et de planches; le toît est de feuilles de cocotier ou de palmier, et impénétrable à la pluie. Un bois de lit, une table, deux ou trois escabelles, une jarre et quelques calebasses composent tous leurs meubles, et ils font la cuisine en plein air; mais quelque insignifians que soient les meubles d'un esclave ordinaire, l'ouvrier et le domestique sont mieux pourvus, quand leurs propriétés particulières les ont rendus indépendans des dons de leur maître. Le vêtement du nègre consiste en une chemise de toile d'Osnabourg, quelques étoffes de laine, données par le planteur. Leur habillement journalier n'est sans doute pas trop bon; mais les jours de fêtes, ils font en sorte de paroître, non-seulement décens, mais même élégans.

Une circonstance capitale, et qui doit grandement contribuer à l'aisance du nègre, c'est l'attention suivie que l'on donne à sa santé. Chaque plantation est ordinairement pourvue d'un habile médecin; car les planteurs, étant en général instruits eux-mêmes, ne prennent pas des charlatans sans connoissances, comme il s'en trouve beaucoup en Angleterre.

Les plus dangereuses maladies auxquelles les nègres soient sujets, sont : *le cacaby et l'yaws*. La première est terrible, on suppose que c'est la lèpre dont parle l'Ecriture; la dernière, qui est épidémique, n'est guères susceptible de guérison, quand elle attaque les hommes faits; mais les enfans en reviennent souvent, c'est pourquoi on les inocule pour cette maladie comme pour la petite vérole.

Outre celles ci-dessus, il ne faut pas passer sous silence une espèce de tétanos, ou contraction de mâchoire, incurable chez les enfans; et le mal d'estomac, plus commun chez les personnes avancées en âge. La malheureuse victime de cette maladie sent un desir continu de manger de la terre, qu'elle dévore avec avidité. Il fut un tems où les cruels économes punissoient cette inclination à coups de fouet.

Les invalides et les femmes en couche ont des hôpitaux et des gardes, et, quand le planteur est un homme généreux, les boissons les plus dispendieuses, qui peuvent soulager leur détresse. Après tout, quelques circonstances exceptées, auxquelles on remédiera probablement avec le tems, l'esclave nègre peut être regardé comme plus heureux que la moitié des paysans de l'Europe.

Le lecteur qui desire faire la comparaison entre le paysan de l'Europe et l'esclave des Indes occidentales, ne sauroit en trouver une meilleure que celle qui nous est donnée par le baron de Wimpffen, dans des lettres de Saint-Domingue.

En parlant du nègre, cet auteur dit : « Il est certain que, grace au climat, qui réduit ses besoins à un petit nombre ; grace à l'éducation qui le laisse dans l'ignorance des droits et des jouissances, dont il ne peut se former aucune idée ; grace à l'insouciance et à l'inconstance de son caractère, et finalement, à l'intérêt qu'ont les propriétaires de veiller à son bien-être, le sort d'un esclave nègre, tout considéré, et sur-tout quand il a le bonheur d'appartenir à un maître qui ne règle pas son humanité sur son avarice, est préférable à celui des paysans d'une grande partie de l'Europe ». Entrons dans des détails.

« Sans autre propriété que le produit d'un travail incertain, ou possédant une propriété que l'industrie la plus active peut seule rendre égale à ses besoins, la subsistance du paysan et d'une famille souvent nombreuse, dépend journellement d'un accident, de l'état de sa santé, et de nombre de circonstances qu'il n'est pas en son pouvoir de prévoir, ou qui, si elles étoient prévues, ne feroient qu'augmenter sa misère. On le voit alternativement humilié par la prospérité de ses égaux, l'orgueil de ses supérieurs, la comparaison de sa pauvreté avec leur opulence; et finalement, par toutes les nuances qui composent cette longue chaîne de subordination, dont il est lui-même le dernier chaînon.

« Il est libre, à la vérité, au moins on lui a appris à le croire; mais à quoi sert cette liberté à un homme qui, de quelque côté qu'il essaye de se mouvoir, est ou arrêté ou repoussé dans le cercle de misère dont il vouloit s'échapper; tantôt par le manque de moyens, ce qui rend sa pauvreté plus insupportable, et tantôt par l'opinion du monde, ce qui lui fait encore mieux sentir sa propre nullité.

« Il est véritablement, sinon mieux, du moins plus vêtu que le nègre; mais le nègre n'a pas besoin de vêtemens. L'habillement, qui pour l'un n'est qu'un objet de luxe, est pour l'autre d'une nécessité indispensable.

« La chaumière de l'un est plus grande et mieux meublée que la case de l'autre; mais les réparations, et ses meubles mêmes, absorbent une partie considérable de ce qu'il gagne : il faut qu'il la répare en été et qu'il la chauffe en hiver.

« L'un ne peut se procurer que la vie et l'habit, payer ses impositions avec de l'argent, difficile à trouver, mais dont l'autre n'a aucun besoin.

« L'Européen, à force de travail, de nombre de privations, et d'une industrie continue, jouit à peine d'un moment de repos, qu'un triste présage de l'avenir survient et trouble ses plaisirs passagers. Il faut qu'il pense à ses enfans qui deviennent grands, et à la vieillesse qui s'approche à grands pas. Quand il regarde autour de lui, il voit ses propres besoins multipliés dans chacun des individus qui lui demande un abri, des vivres et des habits. S'il tourne ses regards sur lui-même, il voit ses bras énervés qui ne lui seront bientôt plus d'aucun secours dans le combat qu'il a encore à soutenir contre la pauvreté, même après une lutte de soixante ans !

« Le nègre a bien aussi ses souffrances ; je ne prétends pas du tout le nier ; mais, déchargé du soin de pourvoir à ses besoins présens, et à ceux de sa famille pour l'avenir, il souffre moins des maux nécessairement attachés à sa condition, que des privations de certaines jouissances.

« Le malheur du dernier est donc local et négatif, si je puis me servir de cette expression ; celui du premier, universel et positif. Il s'étend sur toute son existence et sur toutes ses liaisons, sur l'avenir comme sur le présent. Le sentiment de ce qu'il souffre, et le souvenir de ce qu'il a souffert, lui rappellent sans cesse ce qu'il a encore à souffrir !

« Quand le nègre a mangé sa banane, il va dormir. Et quand un ouragan détruiroit les espérances du planteur ; quand un incendie consumeroit des bâtimens élevés à grands frais ; quand des tremblemens de terre engloutiroient des villes catières; quand le fléau de la guerre répandroit dans nos plaines la ruine et la dévastation, ou couvriroit l'océan de nos flottes dispersées, qu'est-ce que cela lui fait? Enveloppé dans sa couverture, et tranquillement assis sur les ruines, il voit avec la même indifférence la fumée qui sort de sa pipe et les torrens de flammes qui dévorent la perspective de toute une génération »!

Il paroît que les circonstances les plus aggravantes dans la condition du nègre ont été allégées, et continueront graduellement de l'être, puisque la législature a depuis peu interposé en leur faveur. Il paroît aussi, par plusieurs exemples que, dans les cas où la cruauté du maître envers son esclave a été prouvée, la vengeance de la loi s'est justement fait sentir sur le coupable. Cependant, le lecteur doit naturellement concevoir que, dans un pays où l'on n'admet pas en justice le témoignage d'un nègre, la loi ne sauroit qu'en très-peu de cas soustraire l'esclave à l'esprit vindicatif de son maître, quand il a le malheur de tomber entre les mains d'un pareil maître. Il seroit absurde de dire que toutes les relations du fouet, des mutilations et autres cruautés exercées envers les esclaves, que l'on a répandues en Europe, soient absolument fausses; mais il faut faire quelque déduction pour l'exagération, qui accompagne presque toujours la description; et l'on peut assurer, qu'en général, le traitement des esclaves des Antilles est doux et plein d'indulgence (1).

(1) Je paroîtrai sans doute ne pas assez respecter l'autorité de M. Edouard, en plaçant, en cet endroit, une citation qui prouve décidément qu'il nous a rendu un compte beaucoup trop favorable du traitement des nègres. Mais la cause de la vérité doit être plus respectée que M. Edouard; et quoique je m'écarte de la ligne directe de mon sujet, je croirois manquer à la justice si je laissois passer l'aveu palliatif de M. Edouard de la cruauté des planteurs, sans le mettre en parallèle avec quelques faits cités par l'écrivain respectable dont j'ai déja fait mention, le baron de Wimpffen. M. Edouard dit que le traitement des nègres est doux dans toutes les Indes occidentales. Que le lecteur jette les yeux sur les exemples de cruauté ci-joints, et qu'il décide si, dans un pays où il se commet de pareils actes de barbarie, où il est permis à de pareils monstres d'exister, l'être infortuné qui n'a d'autre alternative que celle de se soumettre à leur vengeance capricieuse, peut être regardé comme traité avec douceur.

« Une dame que j'ai vue, une jeune dame, et l'une des plus belles de l'île, donna un grand dîner. Furieuse de voir apporter sur la table un pâté un peu trop cuit, elle ordonna qu'*on jetât le cuisinier nègre dans le four*, encore tout chaud. Et cette affreuse mégère, dont je passe le nom sous silence en considération de sa famille; cette furie infernale que l'exécration publique devroit bannir de la société avec toutes les marques de l'horreur; cette digne rivale du *trop célèbre* Chaperon (1), est suivie et courtisée, car elle est riche et belle !

« Voilà ce que l'on m'a raconté; maintenant je vais dire ce que j'ai vu.

« Le lendemain de mon retour, je me promenois devant la case d'un planteur avec un de ses voisins. Nous l'entendîmes dire à un nègre d'aller dans l'enclos de ce même voisin, arracher deux jeunes arbres qu'il lui montra, et de les replanter sur-le-champ sur une terrasse qu'il faisoit alors.

---

(1) Un planteur de Saint-Domingue, qui, dans les mêmes circonstances, voyant que la chaleur retiroit et ouvroit les lèvres de l'infortuné nègre, s'écria en fureur: « le coquin rit. »

« Le nègre y alla : le voisin le suivit, le prit sur le fait, et l'amena à son maître, que j'avois alors joint, dans l'espoir de voir une scène de confusion qui paroissoit devoir être amusante.

« Imaginez-vous, monsieur, ce qui se passa dans mon esprit, quand, sur la plainte du voisin, j'entendis le maître ordonner froidement à un autre de ses nègres d'attacher le prétendu coupable à une échelle, et de lui donner cent coups de fouet ! Nous fûmes tous deux frappés d'un tel étonnement, que, stupéfaits, pâles et tremblans, tandis que le malheureux nègre recevoit en silence ce châtiment barbare, nous nous regardâmes réciproquement, sans pouvoir proférer une seule parole. Et celui qui ordonna, celui qui punit ainsi son propre délit sur l'aveugle instrument de sa volonté, à-la-fois coupable, et témoin insensible de l'injustice la plus cruelle, est ici l'un des premiers organes de la loi, le protecteur d'office de l'innocence ! Ciel ! si de misérables égards pour le décorum me défendent de vouer le nom de ce monstre à une éternelle infâmie, qu'il me soit au moins permis d'espérer que la justice divine entendra les cris de l'innocent, et que tôt ou tard elle fera tomber sur la tête du tyran tout le poids de sa vengeance ».

La législature de la Jamaïque s'est fait beaucoup d'honneur, en instituant un conseil de protection, expressément chargé d'examiner les cruautés commises sur les nègres. Quand il lui parvient des plaintes ou des bruits de punitions injustes, il fait les recherches les plus exactes. Outre cette institution humaine, le chirurgien de chaque habitation est obligé tous les ans de rendre compte de l'augmentation ou de la diminution des esclaves, et, en cas de diminution, de déclarer la cause à laquelle il l'attribue.

Le grand argument contre la continuation de l'esclavage dans les Indes occidentales, est sans contredit la perte d'hommes qu'elle occasionne; et que les îles, incapables de se suffire à elles-mêmes par la propagation des esclaves qu'elles possèdent déja, sont forcées de dépeupler l'Afrique pour entretenir leur population. Ce que l'on a dit précédemment de la grande disproportion d'hommes et de femmes parmi les nègres, répond en partie à cette objection.

Il faut cependant ajouter que l'usage de la polygamie est encore une cause bien puissante du décroissement de leur population. On croiroit peut-être que l'influence de l'exemple et des lois prohibitives seroient susceptibles d'abolir cette malheureuse coutume ; mais ceux qui connoissent les habitudes et le caractère du nègre conviendront que le mal est incurable. Il n'y auroit pas pour lui de tâche plus pénible que l'obligation de rester toujours fidèle au même objet. La conséquence naturelle de cette supériorité de nombre chez les hommes est un libertinage effréné chez les femmes, dont le débordement les expose continuellement à de fausses couches.

On ne sauroit nier que l'esclavage même ne contribue beaucoup à la dépopulation. Avant que le rejeton d'un homme devienne l'objet des égards de ses parens, il faut que le sentiment se réunisse à l'instinct, et c'est une qualité que l'on rencontre rarement dans l'esclave.

Divers projets ont, à différentes époques, été présentés au public pour l'amélioration du sort de ces individus. Le plan le plus recommandable, pour parvenir à ce but, seroit d'assigner à chacun d'eux une tâche fixe et régulière par jour, et de lui laisser le reste de son tems, quand il l'auroit finie: on pourroit aussi lui promettre une récompense pour qu'il employât ce reste de tems à son profit. La loi devroit soigneusement protéger les propriétés qu'il auroit ainsi acquises; et pour leur donner à tous de justes idées de ce que les hommes se doivent réciproquement, il faudroit les rendre arbitres des différends qui s'élèvent entre eux, et les former en *jurys*. On devroit, outre cela, leur faire observer le dimanche plus religieusement qu'ils ne le font, d'après les habitudes qu'on leur a laissé prendre. Le dimanche, au lieu d'être un jour de marché, devroit être pour eux un jour de repos, et dédié à l'instruction de leurs facultés spirituelles. En observant ce mode d'amélioration, et en égalisant les sexes, par l'importation d'un plus grand nombre d'Africaines, l'état d'esclave deviendroit peu-à-peu meilleur, et le commerce de nègres cesseroit d'exister.

Mais il nous reste encore à dénoncer le plus grand des abus auquel le misérable nègre est exposé ; abus d'autant plus criant qu'il n'admet pas l'ombre d'une excuse. On aura beau faire des réglemens en faveur de l'esclave, tant qu'il sera continuellement sujet à être vendu et envoyé hors de la plantation pour payer les dettes de son maître, lorsqu'il est attaché au sol, et qu'il s'est en quelque sorte enrichi par son industrie. Quand le bon nègre est établi d'une manière aisée sur le terrain qu'on lui donne, qui, outre les objets de première nécessité, lui procure quelques objets de luxe, il peut être séparé de sa femme et de ses enfans, vendu à l'encan, et transporté aux mines du Mexique, où, privé de la lumière du jour, il souffre, sans être entendu, non pas pour les fautes qu'il a commises, mais pour les malheurs de son maître. Il faudroit abolir cette loi barbare ; il faudroit que le nègre ne pût être vendu qu'avec l'habitation à laquelle il appartient, et n'en être jamais séparé. L'injustice de traîner cette infortunée victime de la faillite et des dettes de son maître, dans des régions où l'esclavage existe sous l'aspect le plus hideux, n'admet ni excuse ni palliatif. Les cruautés d'un autre genre, quoique rigoureuses en elles-mêmes, ne sont pas fréquentes, et sont conséquemment moins à craindre; mais tant que le système actuel existera, il n'y aura jamais de fin à la durée des maux des esclaves.

LIVRE V.

AGRICULTURE.

CHAPITRE PREMIER.

Cannes à sucre.—Connues des anciens. — Conjectures sur son introduction en Europe.—Transplantées de la Sicile aux Açores, etc. dans le quinzième siècle, et de là aux Indes occidentales.—Preuve que Colomb lui-même la porta des îles Canaries à Hispaniola.— Sommaire du raisonnement de Labat pour démontrer qu'elle croissoit naturellement dans les Indes occidentales.— Les deux relations conciliées.—Nom botanique et description.—Sols les plus propres à sa culture, et leur variété.—Usage et supériorité de la charrue.— Méthode de cuire et de planter.

La canne à sucre mérite principalement l'attention de tout homme qui veut connoître l'agriculture des Antilles. Le sucre étoit nommé par les anciens *saccharum*, fut ensuite appelé par les moines *zucharum*, et de là prit le nom français qu'il porte aujourd'hui. Le sucre, d'après le témoignage de Lucain, étoit bien connu par les anciens, et vint probablement de l'Orient, à des époques très-reculées. De la Terre sainte, où il fut bien connu des croisés, il passa dans la Morée et les îles de l'Archipel; de là à l'île de Sicile; et il paroît que, de la Sicile, il fut transplanté par les Espagnols aux Açores, à l'île de Madère, aux îles Canaries et aux îles du Cap-Verd. Les historiens ne sont pas d'accord sur le tems où il fut transporté aux Indes occidentales; mais, d'après les témoignages les plus probables, il paroît y avoir été introduit par Colomb lui-même; car Martyr dit que ce célèbre navigateur, à son arrivée dans les Indes occidentales, ne vit aucune plante ou arbre qu'il connût, excepté l'orme et le pin. Or, il est très-certain que la canne étoit bien connue en Europe avant la découverte de Colomb; et il est singulier que, si elle existoit effectivement dans les Indes occidentales, Colomb ne l'ait pas trouvée.

D'autres historiens maintiennent néanmoins que la canne à sucre est indigène de l'Amérique, et qu'elle fut trouvée croissant spontanément dans toutes les régions du nouveau monde. Parmi les auteurs qui sont de cette opinion, se trouve le père Labat qui, pour appuyer ses argumens, nous informe que Gage, navigateur anglais, rapporte qu'entr'autres articles, les Caraïbes de la Guadeloupe présentèrent à l'équipage de son vaisseau des cannes à sucre. Les Espagnols, ajoute le même auteur, n'avoient pas, à cette époque, cultivé un pouce de terre dans les petites Antilles. Leurs vaisseaux relâchoient, à la vérité, communément dans ces îles pour faire de l'eau et du bois, et y laissoient des cochons pour l'usage de ceux de leurs compatriotes qui pourroient occasionnellement y débarquer. Or il est, on ne sauroit plus absurde, de supposer qu'ils y aient planté des cannes à sucre, et en même-tems mis des cochons à terre pour les détruire.

Les Espagnols n'avoient non plus aucun motif de laisser cette plante dans des îles qu'ils regardoient comme de peu d'importance, excepté pour remplir l'objet dont nous avons parlé; et supposer qu'après leur départ, les Caraïbes aient cultivé une production dont ils n'avoient pas la moindre connoissance, c'est montrer une ignorance absolue du caractère indien et de ses dispositions.

Le même auteur continue ainsi : « Nous avons des autorités plus certaines, et qui prouvent d'une manière incontestable, que la canne à sucre est une production indigène de l'Amérique. Car, outre le témoignage de François Ximénès, qui, dans un traité sur les plantes de l'Amérique, imprimé au Mexique, assure que la canne à sucre croît sans culture, et d'une grandeur extraordinaire, sur les rives de la rivière la Plata, Jean de Lary, ministre protestant, qui étoit en 1556 chapelain de la garnison hollandaise du fort Coligny, sur la rivière Janeiro, certifie qu'il a lui-même trouvé des cannes à sucre en grande abondance sur les rives de cette rivière, et dans des endroits qui n'avoient jamais été fréquentés par des Portugais. Le père Hennepan, et d'autres voyageurs, certifient la même chose et disent que la canne à sucre croissoit près de l'embouchure du Mississipi ; et Jean de Laet soutient qu'elle étoit indigène dans l'île Saint-Vincent. Ce n'est donc point de la plante même que les habitans des Antilles sont redevables aux Espagnols, mais du secret d'en faire du sucre, et ceux-ci le doivent aux nations de l'Orient ».

Ces assertions qui paroissent contradictoires ne sont cependant pas tout-à-fait irréconciliables. Il est très-possible que les cannes à sucre aient crû naturellement dans les Indes occidentales, et qu'elles y aient en même-tems été portées par Colomb; mais, au moins, l'industrie des anciens Espagnols surpassoit de beaucoup celle des modernes; puisqu'en 1535, ils y avoient établi trente moulins à sucre.

La canne à sucre est un roseau à nœuds, d'un jaune très-foncé, qui se termine en feuilles, et qui contient un suc moëlleux, de la douceur la plus agréable du monde. La distance ordinaire d'un nœud à l'autre est d'un à trois pouces, et la canne a communément un pouce de diamètre. Sa hauteur varie selon le terrain, mais elle est généralement de trois à sept pieds, et au-dessous il pousse des rejetons (1). La canne

(1) Sur le haut de la canne, il s'élève souvent une flèche, qui contient une semence blanche; mais elle ne produit jamais quand on la met en terre : espèce de preuve que la canne n'est pas indigène du sol.

N. B. Il y a d'autres espèces de cannes. Le capitaine

vient dans différens sols; mais elle paroît aimer davantage celui qui est fort gras. Saint-Christophe, à cet égard, contient le meilleur sol possible. Le sol appelé *terreau de brique*, à la Jamaïque, tient le second rang. Il est profond, chaud et facile à travailler, et il a la singulière qualité de ne point exiger de sillons, même dans les tems les plus pluvieux. Dans la partie française de Saint-Domingue, on trouve une grande abondance de cette espèce de sol, et il donne une grande valeur aux plantations. Dans les saisons favorables, il a quelquefois rendu deux tonneaux et demi de sucre par acre. Il y a diverses espèces de terreaux noirs, qu'il est inutile de particulariser. Nous ne devons cependant pas passer sous silence le genre de sol, que l'on trouve principalement dans la paroisse de Trelawny, à la Jamaïque, dont la nature est particulièrement propre au sucre destiné à la rafinerie. Il a un aspect luisant et lustré, et lorsqu'on le fait sécher, il ressemble

---

Bligh en a apporté une des îles de la mer du sud, qui éloit beaucoup plus grande que celle que produisent les Indes occidentales.

beaucoup au *camboge*. Quoique profond, il n'est pas lourd, et il est naturellement sec. Il faut l'employer à la culture de ce qu'on appele *cannes ratées*, c'est-à-dire, les rejetons des cannes déja coupées pour faire du sucre.

Il y a des terres que l'on cultive avec la charrue, mais je crains bien que cet usage, quoique avantageux, ne puisse pas devenir universel, à cause de la nature des terres. Il est néanmoins surprenant que la pratique de labourer en long et en large, de herser les mêmes terres et de faire des trous ronds, ait prévalu chez les planteurs de la Jamaïque. Ce seroit surement une méthode beaucoup meilleure de labourer au printems, de laisser la terre en jachère durant l'été et ensuite de faire des tranchées, selon l'ancien usage, en automne. Mais les avantages de la charrue sont incalculables. Un seul homme, trois garçons et huit bœufs, avec une seule charrue ordinaire, en retournant le soc de la charrue le long du revers du sillon, préparent aisément les tranchées de 20 acres de terre en 13 jours.

Voici la méthode laborieuse de procéder

selon l'ancien usage : la terre étant préparée et sarclée, elle est divisée en portions de 15 à 20 acres, avec des intervalles entre elles pour servir de chemins. Chaque portion est subdivisée en carrés de trois pieds et demi, par le moyen d'une ligne attachée à des bâtons. On place les nègres dans la première ligne, et ils travaillent cette division en allant à reculons, et faisant dans chaque carré un trou de quinze pouces de large au fond, et de deux pieds et demi vers le haut. Quand les tranchées sont faites, on y place les cannes en long et on les couvre de deux pouces de terre. Au bout de 12 à 14 jours, le jet paroît, de sorte qu'il faut y remettre de la terre, et dans le cours de quatre à cinq mois, la tranchée se trouve tout-à-fait remplie. A cette époque, il faut que l'économe fasse souvent sarcler, et le dégage aussi des rejetons latéraux qui lui ôtent une si grande partie de sa nourriture.

Les cannes doivent se planter entre les mois d'août et de novembre. Quand elles sont plantées après ce tems là, elles perdent l'avantage des pluies de l'automne, ne poussent qu'en mai, et sont accompagnées de beaucoup de rejetons. Celles que l'on plante vers la fin du printems ne réussissent guères mieux; et la plante de janvier trouble l'ordre des moissons: d'ailleurs, étant coupée dans un temps humide, elle est sujette à repousser, et n'a pas un suc si délicat. On ne sauroit commettre une plus grande erreur qu'en changeant les époques des moissons. Une plantation est comme une machine compliquée, dont toutes les parties doivent toujours mouvoir d'une manière uniforme, avant de produire un effet. Il faut néanmoins avouer que le planteur, quelque prudent qu'il puisse être, et quelque sages que soient ses plans, est sujet à des calamités qu'il est impossible de prévoir, et qu'aucune manière de gérer ne sauroit prévenir. La première de ces calamités est l'aphe de Linnée qui consiste en myriades d'insectes invisibles à l'œil. Ces petits dévastateurs, cherchant leur nourriture dans le suc la plante, injurient la tige et arrêtent la circulation du fluide, tellement que la canne se dessèche et meurt. Outre ces insectes, on peut encore faire mention du vercoquin appelé *le perceur*, et d'un autre connu à Tabago sous le nom de la mouche-sauteuse ou le puceron. On prétend que le premier fléau n'attaque jamais les plantations où il se trouve beaucoup de fourmies-carnivores, *formica carnivora*. Je ne puis donner cela comme authentique; mais il est certain que cette petite fourmie extermine presque tous les insectes plus petits qu'elle. Les historiens espagnols nous ont à la vérité raconté des choses extraordinaires sur les ravages de cette fourmie, mais je crois leurs relations exagérées.

Il y a dans les Indes occidentales cinq espèces d'engrais, savoir; des cendres de charbon de terre et de végétaux, le rebut de la distillerie, du chaume ou les plantes qui restent dans les champs, du fumier, et finalement du terreau tiré des ravins et autres endroits non cultivés.

Quant à la première espèce, je crois qu'elle doit produire un bon effet dans les terrains humides; mais dans la plupart des autres sols elle est tout-à-fait inutile, puisqu'on l'a trouvée sans être dissoute dans la terre, cinq ans après l'y avoir mise. Le meilleur de tous les engrais que l'on puisse se procurer, c'est en faisant parquer les bestiaux tantôt dans un champ et tantôt dans un autre, l'urine ayant un grand effet. Cette méthode est bonne pour tous les terrains, excepté ceux qui sont épuisés de culture. On a coutume, quand on a fait la moisson d'un champ de cannes à sucre, de mettre le feu au chaume, et l'on s'imagine par-là se procurer un excellent engrais. Dans les sols humides, un pareil usage ne fait peut-être ni bien ni mal; mais dans la plupart des terrains propres au sucre, il est certainement nuisible neuf fois sur dix.

Malgré toutes ces manières d'engraisser les terres, il reste encore beaucoup à faire. On se sert avantageusement en Angleterre d'un mélange de sable de mer et de chaux, et cela pourroit être également bon dans les Antilles. Cette remarque est applicable à la marne, dont il y a une espèce tendre et grasse à la Jamaïque. On demandera sans doute pourquoi on n'en a pas fait l'expérience? Il est facile de répondre à cette question. Dans les Indes occidentales, les économes et les esclaves n'ont ni le tems ni les moyens de s'appliquer à faire des innovations dans l'agriculture ; l'usage leur sert toujours de guide, et ils n'ont point d'autre objet que celui de suivre le chemin qui leur est frayé.

Il est tems d'offrir au lecteur des scènes d'un genre différent, et de lui faire voir la fabrication de cette denrée dont nous venons de décrire la culture.

CHAPITRE II.

Tems de la moisson, la saison de la santé et des fêtes. — Moulins pour moudre les cannes. — Suc de la canne et parties qui la composent. — Procédé pour obtenir du sucre brut ou Muscavedo. — Mélasses, leur usage. — Procédé pour faire du sucre terré ou de Lisbonne. — Rum . distilleries et alembics. — Citernes et leurs ingrédiens. — Procédé des îles du vent. — Méthode de la Jamaïque d'une double distillation. — Quantité de rum que donne toute quantité quelconque de sucre brut, mélasses, etc.

Aussitôt que les moulins à sucre sont en mouvement, les regards mélancoliques des nègres convalescens, prennent l'aspect de la santé et de la vigueur; les chevaux, bœufs et mulets, les cochons même et la volaille participent à la fête universelle et engraissent étonnemment en se repaissant des extrémités des cannes et des bagasses. Un spectateur ne sauroit contempler cette scène d'industrie et d'abondance, sans éprouver des émotions de plaisir.

Ceux qui regardent le sucre comme peu

susceptible de nourriture, paroîtront sans doute surpris qu'il ait un effet si merveilleux sur l'économie animale, et qu'il puisse en quelques semaines changer la foiblesse en vigueur. Mais les personnes d'une opinion différente en médecine, ont prouvé les effets salutaires de cette plante par des argumens si irrésistibles, que je ne crois pas qu'on ose aujourd'hui en disputer l'utilité. Celui qui veut parler contre les substances douces en général, dit M. Hare, médecin distingué, entreprend une tâche bien difficile ; car la nature semble les avoir recommandées à toutes les espèces d'animaux. Les oiseaux, les animaux terrestres, plusieurs reptiles et mouches paroissent aimer avec passion tout ce qui est doux, et haïr le goût contraire. Or, je soutiens que la canne à sucre est la première de toutes les plantes douces. C'est à l'influence du sucre que l'on peut en grande partie attribuer l'extinction du scorbut, de la peste, et de plusieurs autres maladies autrefois épidémiques.

Le moulin à sucre est une machine simple ; il consiste principalement en trois cylindres droits, doublés en fer, de trente à quarante pouces de long et de vingt à vingt-cinq de diamètre. Les cannes sont pressées deux fois dans ces cylindres; car après avoir passé par le premier et le second, elles sont fixées à celui du milieu, que l'on appelle *le grand arbre*, par le moyen d'une forme qui les renvoie, pressées de nouveau en retournant, et mises en poudre par les deux premiers. Le récipient du suc ou jus est une espèce de réservoir de plomb, et les bagasses servent à faire du feu.

La Jamaïque est redevable à M. Woolery d'un amendement qu'il a fait depuis peu au moulin à sucre; savoir, l'addition d'une lanterne qui est attachée au cylindre du milieu avec des barres de fer pointues aux deux extrémités. L'effet de cette lanterne est de produire en une heure 500 gallons au lieu de 300 ou 350, en supposant qu'il y ait trente mules d'employées. En déduisant quatre heures des 24, un pareil moulin rend par jour 10,000 gallons, ce qui fait trente-six boucauts de seize quintaux de sucre par semaine.

Le suc de la canne renferme une partie d'eau pure, une de sucre, une de graisse ou grosse huile et de gomme mucilagineuse, avec une portion d'huile essentielle. Il se trouve d'autres substances dans les têtes vertes des cannes, quand elles sont moulues, qui font fermenter la liqueur. Il arrive souvent que la partie ligneuse de la canne en est aussi imprégnée, et la croûte ou l'écorce noire, qui l'environne entre les nœuds, est sujette à diminuer la valeur du sucre.

Le suc, ou vesou, coule du réservoir dans le laboratoire, le long d'une auge de bois doublée en plomb, et tombe dans la grande chaudière à clarifier. Il y en a trois pour cet usage, toutes de cuivre rouge, dont la grandeur doit nécessairement dépendre de la vitesse avec laquelle les cannes sont moulues. Quand les moulins fournissent abondamment, il y a des chaudières qui peuvent contenir mille gallons de vesou; mais en général, elles n'ont guères que le tiers de cette grandeur. Lorsque la grande chaudière à clarifier est à un bout du laboratoire, la batterie ou la chaudière qui sert à la dernière cuisson, contenant de soixante-dix à cent gallons, est placée à l'autre extrémité, et entre elles il se trouve trois autres chaudières, qui diminuent de grandeur, à mesure qu'elles s'approchent de la grande à clarifier. Quand celles-ci sont remplies du vesou qui sort du réservoir, on y mêle une lessive, faite de chaux blanche de Bristol, pour le dégager de l'acide surabondant. Afin d'effectuer la séparation de cet acide, il est d'usage de mettre une pinte de chaux par cent gallons. Cela précipite au fond une substance noire, et affecte tellement le sucre, que la moitié de cette quantité paroîtroit suffisante : il faut préalablement la faire bouillir.

D'après le systême de M. Bousie (à qui l'assemblée de la Jamaïque a voté une récompense de 24,000 liv. tournois pour les améliorations qu'il a faites), il paroît que le sucre purifié par le moyen d'un alkali végétal est supérieur en couleur, et que celui produit par la chaux a un grain plus beau. Il est donc probable (au moins vaut-il la peine d'en faire l'essai) que les végétaux sucrés et la chaux mêlés feroient une meilleure lessive. Le feu allant en croissant et l'écume étant formée sur la surface, on ne laisse pas bouillir le vesou, mais le degré de chaleur se connoît par l'ébullition et la mousse. On éteint alors le feu.

On laisse reposer la liqueur, et son écume s'épaissit. Elle est ensuite soutirée claire et presque transparente, dans la grande chaudière, par le moyen d'une ouverture qui est au bas des clarifiantes, l'écume tombant graduellement au fond sans se rompre. Cette méthode est bien supérieure à celle d'écumer ; car, outre le travail qu'elle épargne, il est évident que le mouvement excité par la chaleur dans le fluide pendant que l'on fait usage de l'écumoire, occasionne un mélange de particules grossières, au lieu que de cette manière elles remontent sur la surface.

Dans la grande chaudière, l'écumoire est plus avantageuse; quand la liqueur est réduite à une moindre quantité par l'évaporation, on continue toujours de la faire bouillir et de l'écumer, et, s'il est nécessaire, on y jette de la chaux ; quand elle est encore plus diminuée, on la conduit dans la troisième chaudière, où l'on répète les mêmes opérations, et à la fin elle passe dans la batterie ou dernière chaudière. Ainsi, il faut qu'il y ait trois chaudières à cuire et trois à clarifier. L'évaporation continue dans la batterie jusqu'à ce que la liqueur soit conduite dans les rafraîchissoirs; elle est alors beaucoup plus épaisse.

Les rafraîchissoirs sont des auges de bois peu profondes, qui contiennent environ un boucau de sucre. Là le sucre se forme en masses de demi-cristaux, après quoi on le porte dans la purgerie, où les sirops s'égouttent. Mais avant ce changement, il faut d'abord observer que la liqueur doit se réfroidir lentement dans les rafraîchissoirs; et, en second lieu, que si les rafraîchissoirs sont trop étroits, ils occasionnent une petitesse de grains qui n'est pas avantageuse.

Il faut la plus grande attention pour juger si le sucre est assez évaporé pour être susceptible de cette opération, ou pour passer de la batterie dans les rafraîchissoirs. Les nègres expérimentés s'en aperçoivent à vue d'œil, mais le moyen le plus ordinaire est le toucher. Le filet qui suit le doigt se rompt à différentes distances, en proportion du tems que la liqueur a cuit. On ne sauroit guères en dire davantage, touchant un essai qui dépend si fort de l'expérience. M. Baker, de la Jamaïque, a recommandé une méthode plus scientifique dans une brochure qu'il a publiée en 1775 : « Procurez-vous, dit-il, un petit carreau de verre mince et bien clair, que je voudrois appeler un *essayeur* ; laissez-y tomber deux ou trois gouttes de liqueur, et portez votre essayeur hors du laboratoire, en plein air. Observez votre matière, et plus particulièrement si elle forme aisément des grains, et s'il y a une petite base de mélasse au fond. Je suis persuadé qu'avec un peu d'expérience, vous serez en état de juger de l'apparence qu'aura tout le contenu de la chaudière, quand il sera froid, par le moyen de cet échantillon, que vous laisserez aussi réfroidir. Cette méthode est en usage chez les chimistes pour essayer les solutions évaporées des autres sels; il paroît donc étrange qu'elle n'ait pas été adoptée dans les laboratoires à sucre ».

Les planteurs des Antilles doivent aussi à M. Baker la méthode de purifier le sucre, par le moyen de vases suspendus à plusieurs feux, et de rafraîchissans pour prévenir l'ébullition.

La purgerie est un grand bâtiment pourvu d'une cîterne, dont les côtés sont en talus, couverte d'une forme de soliveaux, sur laquelle sont des boucaux ouverts. A travers chaque boucau, passe une canne sèche qui va à cinq ou six pouces au-dessous des soliveaux. Les sirops s'égouttent par ces cannes creuses dans la cîterne, et laissent le sucre dans les vases, où il se sèche ordinairement en trois semaines, et, d'après ce procédé, obtient le nom de sucre Muscavedo, pour le distinguer de celui qui est manufacturé d'une autre manière, appelé sucre de Lisbonne ou terré.

Le procédé pour faire cette dernière espèce de sucre, est comme il suit : le sucre passe des rafraîchissoirs dans des formes coniques par le bas, auxquelles il y a un trou d'un pouce et demi pour laisser écouler les sirops. Il faut observer que ce trou est bouché avec une bonde, jusqu'à ce que la liqueur ait pris de la consistance ; vingt-quatre heures après, on ôte la bonde, on étend une couche d'argille délayée sur le haut de la forme, par le moyen de laquelle l'eau, filtrant à travers le sucre, emporte une plus grande quantité de sirops qu'il n'en sortiroit autrement : le sucre ainsi produit, est supérieur au Muscavedo, et les planteurs français suivent ordinairement cette méthode; mais les planteurs anglais déclarent que la perte de poids dont elle est accompagnée, surpasse de beaucoup ce qu'elle fait gagner à la qualité. Quand on tire soixante livres de sucre de la manière de Muscavedo, on ne s'en procure que quarante par ce procédé; mais comme les derniers sirops rendent environ quarante par cent de sucre, la différence de poids n'est guères que d'un sixième.

Nous allons faire quelques observations sur l'art de se procurer du rum. Ce procédé est beaucoup plus curieux que celui de faire le sucre, puisqu'il tire de la lie et des bagasses de la plante une des liqueurs les plus pures et les plus odoriférantes que la distillation puisse produire.

Les distilleries des planteurs anglais sont de différentes grandeurs; elles ont cependant seules autant d'étendue qu'un laboratoire et une purgerie pris ensemble. Il y en a d'assez vastes pour contenir deux mille gallons; mais comme il ne s'en trouve que très-peu de cette grandeur, nous bornerons nos remarques à celles qui correspondent à une plantation susceptible de rapporter, année commune, deux cents boucaux de sucre. On doit avoir dans une pareille habitation deux alembics de cuivre, l'un de douze cents, et l'autre de six cents gallons. Il faut, s'il est possible, tenir les cuves dans une eau courante, et, en ce cas, il suffit qu'il y ait assez d'espace pour admettre le cou de l'alembic. Une cîterne de pierres est préférable à une cuve, si on ne peut se procurer une eau courante, parce qu'elle ne s'échauffe pas si vîte, et si elle est susceptible de contenir trente mille gallons d'eau, elle sera toujours assez fraîche pour condenser l'esprit.

Outre cela, le distillateur doit avoir une cîterne pour la lie, de trois mille gallons, une cîterne pour les écumes, et douze cuves à fermenter, de douze cents gallons chacune.

Cet appareil est destiné aux sirops égouttés du sucre, aux écumes, et même quelquefois au suc crud de la canne, et finalement à l'eau. La lie, l'eau et les substances douces combinées rendent une plus grande quantité d'esprit qu'elles ne donneroient autrement. Les proportions sont en général d'un tiers de chaque.

Quand ces matières sont bien mêlées et

assez froides, au bout de vingt-quatre heures, on y met la première quantité de sirops ou mélasses, c'est-à-dire, trois gallons pour cent gallons de liqueur en fermentation, et, un jour ou deux après,.. trois autres gallons par cent, quand la liqueur a bien fermenté; mais la chaleur de cette fermentation ne devroit pas passer quatre-vingt-quatorze degrés, d'après le thermomètre de Fahrenheit. Sept à huit jours après, elle est propre à la distillation, et on la fait passer dans le plus grand alembic. Il faut ici la tenir sur un feu constant et régulier, jusqu'à ce qu'elle bouille, après quoi on peut graduellement diminuer le feu. L'esprit, condensé par le fluide environnant, coule alors abondamment par le cou de l'alembic, et est clair et transparent.

Cet esprit, appelé *bas-vins*, devient rum ou taffia par une seconde distillation. Il n'est pas hors de propos d'observer que, dans le premier procédé, les distillateurs de la Jamaïque mettent plus de lie que ceux des autres îles. L'usage de la lie, comme nous l'avons dit tout-à-l'heure en d'autres termes, est de dissoudre les substances douces. Son usage et son application exigent un mélange bien entendu : quand les substances douces sont des mélasses, et non pas du suc de cannes, on doit mettre de la lie copieusement, parce que la mélasse est une substance plus épaisse que l'autre ; mais quand le suc de la canne forme la principale partie, il ne faut pas plus de vingt par cent de lie.

Pour augmenter la vinosité, ou plutôt la force de la liqueur, le docteur Shaw recommande plusieurs substances, telles que du tartre, du nître, du sel commun, et les acides végétaux ou minéraux. On dit même que les distillateurs de Saint-Chrystophe font usage d'eau de mer pour produire le même effet, et cela est regardé comme une grande amélioration. Le docteur Shaw conseille aussi au distillateur de mettre dans la cîterne à fermenter quelques gallons d'esprit de vitriol, et il assure que cela augmentera considérablement l'évaporation. Quelque avantage qu'il puisse résulter de tous ces avis, il est évident qu'une certaine quantité d'alkali végétal doit être d'une grande utilité, mais il faut en user modérément ; car si l'on en met une trop grande quantité, cette belle huile essentielle, qui donne la saveur à l'esprit, s'en sépare. L'objet le plus important est la propreté des cîternes, non-seulement pour la bonté du rum, mais parce que la vapeur mal-saine qu'elles contractent par la mal-propreté est souvent fatale au premier individu qui s'en approche.

Nous venons de dire que le mélange ne se fait pas à la Jamaïque comme dans les autres îles sous le vent. Voici les proportions qu'on y observe :

	Lie, la moitié, ou	50 gallons.
Substances douces,	Mélasses, ou sirops,	6
12 par cent.	Ecumes,	36
	Eau,	8
		100

Selon la méthode de la Jamaïque, les bas-vins sont soutirés dans une barrique et conduits dans le second alembic de six cents gallons, pour éprouver une seconde distillation. Dans un jour, on en tire deux poinçons de rum, dans lequel l'huile d'olive coule à fond, et ainsi l'opération est finie. Il en reste encore soixante-dix gallons dans l'alembic, de sorte que dans le fait cinq cent trente gallons de bas-vins rendent deux cent vingt gallons d'esprit à l'épreuve. Ainsi, il se fait dans la semaine douze poinçons de rum, équivalant à cent dix gallons, mesure de la Jamaïque. Une plantation produit deux tiers de rum pour un tiers de sucre. Le lecteur pourra peut-être se former une idée plus claire par l'état suivant : les écumes envoyées à la distillerie sont de sept gallons par cent de la liqueur de la canne; il faut deux cents gallons de suc de canne par chaque boucau de sucre; donc, quand il y en a deux cents boucaux de fait, il reste vingt-huit mille gallons d'écume, égaux à quatre mille six cent soixante - six de mélasses. Cela, ajouté à douze mille gallons de mélasses de la rafinerie, fait en tout seize mille gallons de substances douces, qui doivent produire cent trente-un poinçons de rum à l'épreuve, de cent gallons chacun.

Les observations ci-dessus, tant sur l'agriculture que sur la fabrication du sucre et la distillation du rum, sont principalement tirées de la Jamaïque; de même, dans le chapitre suivant, quand nous entrerons dans de plus grands détails sur ce sujet, tels que le premier achat d'une terre, les dépenses courantes et le produit que l'on en peut raisonnablement attendre, nos remarques feront également allusion à la même île. Il faudra cependant accorder quelque chose, pour la différence entre la Jamaïque et les autres îles du vent.

CHAPITRE III.

Capital nécessaire pour l'établissement et l'achat d'une plantation à sucre d'une étendue donnée.—Les terres, bâtimens, et approvisionnemens considérés séparément.—Détails de la dépense. — Revenu brut des propriétés. — Dépenses annuelles.— Profits nets, différentes charges accidentelles non comprises.—Différence à laquelle on ne fait pas souvent attention en estimant les bénéfices d'un bien en Angleterre et d'un bien dans les Indes occidentales.—Assurances des biens dans les Indes occidentales en tems de guerre, et autres déductions.—La question pourquoi la culture des îles à sucre continue d'éprouver tant de découragement, considérée et discutée.

Dans l'état de cultivateur de sucre, l'on fait des profits immenses ou des pertes immenses; il n'y a pas de milieu. Pour entreprendre ce métier avec quelque perspective de réussir et d'amasser des richesses, 720,000 liv. tournois ne sont qu'un capital très-modéré. Cela peut aisément se concevoir, si l'on considère que les dépenses qu'exige une petite plantation sont plus que proportionnées à son étendue, comparativement à celles d'une grande. En parlant de capital, nous entendons des espèces ou un crédit bien établi. Il faut ici faire attention que les emprunts des Indes occidentales ne sont pas comme ceux de la Grande-Bretagne, où l'hypothèque est négociable; au lieu que dans ces îles elle ne l'est pas. Quand il y a une demande d'argent, personne ne se soucie de se charger de cette dette et d'avancer la somme; de sorte que lorsque le malheureux planteur n'a plus de crédit, il est bientôt ruiné, étant obligé de vendre sa plantation beaucoup au-dessous de sa valeur.

Nous allons donc commencer par faire l'estimation de la somme qu'il faut payer, et des profits que l'on doit raisonnablement attendre d'un bien qui rapporte, année commune, 200 boucauts de sucre (1), et 30 poinçons (2) de rum. Examinons d'abord les terres.

Une plantation qui rend un pareil revenu

(1) De seize quintaux chacun, contenant chacun cent dix gallons.

(2) De 336 pintes de Paris chacun.

(*Note du traducteur.*)

ne sauroit contenir moins de 900 acres de terres, dont 300 sont ordinairement employées à la culture des cannes, 300 à celle des légumes nécessaires à la vie, tels qu'ignames, pommes de terre, etc., et les autres 300 restent en frîche, pour fournir le bois dont on peut avoir besoin dans l'habitation. La plupart des plantations sont plutôt au-dessus qu'au-dessous de cette estimation, c'est-à-dire, qu'elles contiennent une plus grande étendue de terres ; non pas (comme quelques écrivains ont voulu le dire) à cause de la cupidité des propriétaires, mais à cause de la qualité du sol qui, se trouvant dans quelques endroits très-fertile, et dans d'autres médiocre, oblige le planteur à en prendre une grande étendue, afin que le modique produit des uns soit compensé par les abondantes moissons des autres.

La valeur des terres doit, en grande partie, dépendre de leur situation. A la Jamaïque, une terre de 600 acres dans une situation avantageuse, se vendroit quatorze livres l'acre, cours du pays, ou 240 liv. tournois. Les dépenses nécessaires pour défricher cette terre seroient, en livres tournois, des sommes suivantes :

	livres tournois.
Achat de 600 acres de terre,	144,000
Pour en défricher la moitié, afin d'y mettre des cannes, à 206 liv. par acre,	61,800
Pour le défrichement de 100 autres acres et y planter des légumes, à 120 liv. par acre,	12,000
Pour 100 autres, afin d'y semer de l'herbe de Guinée, au même taux,	12,000
Pour enclôre le tout et y faire des fossés,	12,000
Total.........	241,800

Les bâtimens nécessaires à une pareille plantation sont :

1.º Un moulin à eau, s'il est possible; mais si cela n'est pas possible, il faut compter la somme qu'il auroit coûté pour faire un moulin à vent et un moulin à bestiaux, ou pour deux moulins à vent,   24,000

2.º Un laboratoire, y compris les frais de trois chaudières à clarifier, et de quatre chaudières à cuire,   17,140

3.º Une purgerie susceptible de contenir la moitié de la récolte, et une cîterne à sirops ou mélasses,

	livres tournois.
D'autre part	41,140
susceptible d'en contenir 6,000 gallons, ou 24,000 pintes de Paris,	30,840
4.° Une distillerie, avec deux alembics, dont l'un contenant 1,200 gallons, et l'autre 600, une citerne pour contenir 30,000 gallons d'eau, douze citernes maçonnées en terre, et un magasin à rum,	27,432
5.° Maison de l'économe,	9,936
6.° Deux hangars couverts de bardeaux,	9,936
7.° Un hôpital, une maison pour les femmes en couche, prisons, apothicairerie, et magasins pour les outils et usines,	4,968
8.° Une Écurie pour soixante mulets,	2,484
9.° Ateliers pour les ouvriers,	2,484
10.° Hangars pour charriots, etc.,	828
Dépenses extraordinaires,	5.792
Total............	135,840

APPROVISIONNEMENT.

On peut estimer l'approvisionnement nécessaire à une habitation de cette nature, comme il suit :

		livres tournois.
250 nègres, à	1,200ᵗ	300,000ᵗ
80 bœufs, à	250	20,000
60 mulets, à	480	28,800
Total......		348,800

Le tout monte donc,

pour terres,	241,800ᵗ
Bâtimens,	135,840
Approvisionnement,	348,800
Total······	726,440

Le rapport d'une pareille habitation est de

200 boucauts de sucre à 360 liv. tournois par boucau,	72,000ᵗ
130 poinçons de rum à 240 liv. par poinçon,	31,200
Rapport brut	103,200

On se trompe en s'imaginant que le rum seul paie tous les frais de l'habitation. L'estimation suivante des dépenses démontrera la fausseté de cette opinion.

Les marchandises annuellement tirées de la Grande-Bretagne pour une pareille habitation, sont comme il suit :

1°. Les étoffes qui servent à l'habillement des nègres, telles que de la toile d'Osnabourg, d'autres étoffes grossières, des chemises, des couvertures et des chapeaux.

2°. Des outils pour les charpentiers.

3°. Divers articles tels que clous, rivets, chaînes, houes, serpes, couteaux, cercles, barriques, pipes à fumer, plomb, huile de baleine, meules à moulins, etc.

4°. Des comestibles, tels que harengs salés, bœuf, porc, beurre, savon, chandelles, sel, farine de froment et d'avoine, pois, etc.

Les marchandises ci-dessus, estimation modérée, doivent au moins valoir 20,400 l. tournois.

Il faut ajouter à cela le salaire des économes, des commis et des domestiques, les mémoires des ouvriers, les droits, les douves, les frais d'emmagasinage et autres, qui peuvent monter à 31,200 l. tournois.

Les dépenses annuelles de tous genres sont donc de 51,600 l. tournois, exactement la moitié du produit de sa propriété. Dans cette estimation, il n'est pas question des réparations à faire aux bâtimens, ou des six pour cent de commission à donner à ses agens, en cas que le planteur ne réside pas lui-même sur les lieux. Il n'est donc pas surprenant qu'une habitation ne soit pas toujours une mine d'or ; c'est plus souvent une meule à moulins attachée au cou du planteur, qui l'entraîne vers sa ruine.

En comparant la valeur des propriétés anglaises et de celles des Antilles, il ne faut pas perdre de vue que le planteur est tout-à-la-fois seigneur et fermier du petit bien qu'il cultive. Quand il arrive une mauvaise saison, le propriétaire anglais ne sent pas la différence du produit de sa terre ; il n'est affecté qu'autant qu'il veut bien compatir à l'état malheureux de son fermier. La guerre la plus désastreuse ne nuit pas à sa propriété, comme à celle du planteur qui réside en Angleterre : celui-ci, à moins qu'il ne se soumette à payer un grand prix pour assurer ses biens contre la fureur des élémens et les ravages de la guerre, passe bien des nuits sans dormir, et dans la plus cruelle inquiétude pour la subsistance de sa famille, tandis que plus les dangers augmentent, plus les créanciers sont importuns.

La nature du sujet fait ici naître une question. Comment arrive-t-il, dira-t-on, que, puisque les charges d'un bien dans les Indes occidentales sont si considérables, et les profits si médiocres, il y ait tant de gens qui s'engagent dans de pareilles entreprises, et que les îles à sucre soient si rapidement cultivées et fassent tant de progrès ? On pourroit offrir à ceux qui font cette question, le tableau d'une multitude d'infortunés qui ont été victimes des calamités qui accompagnent ce mode de chercher des richesses. Le manque de succès de ces derniers a fourni l'occasion à d'autres individus d'un caractère rapace, de profiter de leur malheur, et d'acheter probablement leurs propriétés à très-bas prix. Ces êtres immoraux, semblables aux paysans de Cornouaille, qui voient un naufrage sans compassion, et qui trompent même le pilote par de faux feux, refusent non-seulement d'assister le planteur, mais le conduisent même à sa ruine. L'homme opulent de ce caractère inhumain prête à l'entrepreneur une somme d'argent suffisante pour acheter une terre; et celui-ci, dans l'espoir d'avoir toujours crédit, se prépare à approvisionner sa propriété; mais au moment où son industrie l'a mis en état de remplir cette dernière tâche, le créancier insensible prétend avoir besoin de son argent : la loi est rigoureuse ; personne n'ose acheter la plantation, à cause de la dépense qu'il faut encore y faire; conséquemment le prêteur la garde pour le prix qui lui convient, et le malheureux planteur est ruiné pour toujours. Ainsi l'oppression de la part du créancier, et le malheur du côté de l'entrepreneur contribuent également aux progrès de la plantation.

Le philosophe, qui spécule dans son cabinet, regarderoit la nature précaire des propriétés des Antilles comme un objet suffisant pour l'empêcher de s'embarquer dans une pareille entreprise ; c'est cependant ce qui fait qu'il se dépense tant d'argent pour tâcher d'avoir de grands produits.

Le prix du sucre est extrêmement variable, et la principale cause de l'inégalité des profits qu'il rapporte, provient de la manière dont il est bien ou mal manufacturé. Tous ceux qui voient la méthode de faire le sucre, la considèrent comme un procédé fort simple, et, par une propension naturelle à l'imitation, desirent s'engager dans une pareille entreprise. Or, quand tant de gens sans expérience se mettent à la tête d'une manufacture, le plus grand nombre ne doit certainement pas être celui qui réussit ; et ils ne doivent s'en prendre qu'à eux-mêmes de leur manque de succès, tandis qu'ils l'attribuent souvent à la variation des prix. Voici des causes qui contribuent beaucoup à la culture rapide des Antilles : il y en a peut-être d'autres plus matérielles ; mais cette discussion est étrangère à mon sujet.

Les détails ci-dessus sur la culture et la fabrication du sucre, paroîtront peut-être ennuyeux à ceux qui ne font pas attention à l'importance du sujet ; mais comme il se trouve tant d'individus qui sont plus ou moins intéressés dans le commerce et les manufactures des Indes occidentales, cela m'excusera en quelque sorte d'avoir mis ces observations sous les yeux du public. Nous allons, dans le chapitre suivant, donner au lecteur tous les renseignemens que nous nous sommes procurés sur les autres productions des colonies qui ne sont point d'un intérêt si majeur, telles que le coton, l'indigo, le café, le cacao, le piment et le gingembre. Ces denrées, avec le sucre et le rum, contribuent principalement au frêt immense d'un plus grand nombre de vaisseaux, que toutes les villes d'Angleterre ensemble n'en employoient au commencement du siècle actuel.

CHAPITRE IV.

Du coton, de sa croissance, et de ses différentes espèces. — Sa culture et les risques dont elle est accompagnée. — Importations de cette marchandise en Angleterre, et profits des manufactures auxquelles elle donne lieu. — Indigo, sa culture et sa fabrication. — Opulence des premiers planteurs d'indigo à la Jamaïque, et réflexions sur la décadence de cette branche de culture dans cette île. — Café, celui des Antilles est-il égal au moka? — Situation et sol. — Droit exorbitant auquel il étoit sujet dans la Grande-Bretagne. — Méthode approuvée de cultiver la plante et de nettoyer la graine. — Estimation des dépenses annuelles et du produit d'une plantation à café. — Cacao, gingembre, arnotto, aloës et piment.

COTON.

CETTE plante, l'un des plus beaux dons de la bonté du Créateur, se trouve dans toutes les régions de l'Asie, de l'Afrique et de L'Amérique, situées sous le Tropique. Le coton que l'on manufacture en toile, est de deux espèces.

Le premier se subdivise en deux autres,

dont l'une est de nature à ne pouvoir être séparée de la semence qu'avec la main. On en fait principalement les mêches des lampes qui servent pendant la cuisson du sucre ; au lieu que s'il pouvoit se séparer comme l'autre, ce seroit une très-bonne acquisition pour nos manufactures. La seconde espèce à graines vertes, quoique beaucoup plus belle que les autres dont on fait généralement usage, est encore inférieure à la dernière ; elle a un verd plus terne et des semences plus grosses. Ces deux espèces de cotonniers deviennent de grands arbres, qui fleurissent depuis le mois d'octobre jusqu'en janvier, et qui portent du fruit depuis février jusqu'en juin. Les fleurs sont composées de cinq feuilles jaunes, superbes mais sans odeur. Chaque feuille a au bas une tache rouge. Le fruit, quand il est mûr, s'ouvre en trois ou quatre loges, et laisse voir le coton en autant de houpes blanches. Ces houpes sont entremêlées de petites graines noires.

Le cotonnier arbuste ressemble à un groseiller européen, et est de plusieurs sortes.

Il produit, 1°. le coton commun de la

Jamaïque, qui est grossier mais fort; quoique la fragilité de sa semence et la difficulté de le nettoyer le rendent moins profitable que les autres espèces, la force de l'habitude l'a toujours fait conserver;

2°. Le coton à barbes brunes, qui est d'une qualité supérieure; mais il est plus difficile à nettoyer;

3°. Le coton nankin, qui ne diffère de l'autre qu'en couleur, et qui donne son nom à la toile dont il est la substance;

4°. Le coton français, ou à petites semences, que l'on cultive communément à Saint-Domingue: il est plus fin et plus productif que celui de la Jamaïque ou le coton à barbes brunes, mais moins fort;

5°. Le vrai coton du Brésil: comme il est extrêmement bon, qu'il produit beaucoup, et se nettoie bien, il est très-imprudent de la part des planteurs de le mêler avec aucun autre.

Toutes ces différentes espèces se cultivent de la même manière; et comme la sécheresse est ce qu'il y a de plus essentiel pour la croissance du coton, il suffit de le planter dans les sols les plus pierreux, pourvu qu'ils aient été épuisés par une culture antérieure. Depuis le mois de mai jusqu'au mois de septembre inclusivement, c'est la saison la plus propre pour semer le coton. On met huit ou dix grains dans le même trou, parce qu'il faut calculer les chances qu'il y en aura de mangés par le vercoquin, et que d'autres pourriront. Les jets paroissent au bout de quinze jours, et il faut alors prendre grand soin de les dégager de tout ce qui peut nuire à leur croissance, en en laissant cependant deux ou trois des plus forts dans chaque trou, en cas que le vercoquin les attaque. Trois mois après on en coupe la cîme, afin de les faire croître latéralement. Au bout de cinq mois la plante pousse ses belles fleurs jaunes, et deux mois après le fruit paroît. Quand on a recueilli le duvet ou la laine, on en sépare la semence par le moyen d'un instrument fort simple appelé *lin*, composé de deux rouleaux parallèles tournant en sens opposés. On y fait passer le coton, et comme l'espace entre ces deux rouleaux n'est pas suffisant pour admettre la semence, elle se sépare et tombe. On charpisse alors le duvet pour le nettoyer de toutes les substances étrangères qui s'y attachent; et après en avoir fait des balles d'environ 200 livres pesant, on l'envoie au marché.

Dans les cotons que produisent les Indes occidentales, il y a une grande différence de qualités.

	par livre.	
Le coton de Berbice fut vendu en 1780,	2ᵗ	8ˢ
celui de Demerarai, depuis 2ᵗ 4ˢ jusqu'à	2	8
de Surinan,	2	6
de Cayenne,	2	6
de Saint-Domingue,	2	3
de Tabago,	2	1
de la Jamaïque,	1	17

Quoique les prix puissent avoir changé depuis, cependant leur valeur relative est toujours la même. Il est aussi digne d'observation que la différence de prix entre le coton de la Berbice et celui de la Jamaïque, est de 29 à 40 francs par cent en faveur du premier. Preuve convaincante qu'il est absolument nécessaire de faire un bon choix des semences.

En faisant l'estimation des dépenses d'une plantation de coton, et de son produit, je me borne à un petit capital, parce que le cas est bien différent de celui d'une plantation à sucre, où l'entrepreneur a besoin d'un approvisionnement énorme

(321)

avant de pouvoir commencer. Il ne faut, au planteur de coton, que très-peu d'argent. Il se trouve dans plusieurs endroits de la Jamaïque, des terres propres à la culture du coton, en raison de 50 francs par acre ; mais comme il est nécessaire de changer de terrain, nous en accorderons une double quantité. Il faudra donc,

	livres tournois.
Pour cinquante acres à 50ᵗ	2,500ᵗ 0ˢ 0ᵈ
Dépense de défricher et de planter vingt-cinq acres à 120 liv. par acre,	3,000 .
Douze nègres à 1,200 liv. chacun,	14,400 .
L'intérêt pour un an à 6 pour ⅔,	1,094
Entretien, nourriture, et médecines pour un an,	2,064
Total.	23,058ᵗ 0ˢ 0ᵈ

La méthode générale de calculer, à la Jamaïque, est de compter sur une récolte de 120 liv. par acre ; mais d'après l'évaluation de plusieurs récoltes, je ne crois pas qu'on en recueille plus de 112 livres. En supposant donc que le prix du coton soit de 30 sous par livre, et qu'il n'en croisse pas plus de 100 liv. par acre, le produit de 25

21

acres sera de 3,750 francs. En déduisant 600 francs pour les dépenses accidentelles, le reste sera 3,150 liv., intérêt de près de 14 l. pour cent pour le capital. Si le coton se vend 46 sous, le bénéfice sera d'environ 20 pour 100.

Mais pour contre-balancer ce produit, il faut dire que le coton est une marchandise bien précaire. Le vercoquin, le puceron, et la pluie menacent continuellement sa destruction. Dans les îles Bahama, en 1788, il n'y en eut pas moins de 280 tonneaux dévorés par les vers. On ne sauroit cependant nier que, comme les demandes de coton sont à présent si considérables, la culture de cette plante ne puisse devenir par la suite un objet très-lucratif, et que les profits seront encore plus grands, si l'on a soin de se procurer les meilleures espèces de semences.

Je vais conclure en offrant à mes lecteurs les tableaux suivans, tirés des sources les plus authentiques, qui ne manqueront pas d'encourager l'esprit de spéculation.

Compte du coton étranger importé dans les Indes occidentales anglaises, dans des vaisseaux anglais.

années.	livres pesant.
1784	1,135.750
1785	1,398,500
1786	1,346,386
1787	1,158,000

Compte du coton étranger importé dans les Indes occidentales anglaises, durant l'acte des ports libres.

années.	livres pesant.
1784	2,169,000
1785	1,573,280
1786	1,962,500
1787	1,943,000

Compte du coton anglais, et étranger, importé dans la Grande-Bretagne, des Indes occidentales anglaises.

années.	livres pesant.
1784	6,893,959
1785	8,204,611
1786	7,830,734
1787	9,396,921

Compte du coton importé dans la Grande-Bretagne de toutes les parties du monde.

années.	livres pesant.	évalué quand il est manufacturé à	
1784	11,280,338	94,800,000ᵗᵗ	tournois.
1785	17,992,888	144,000,000	
1786	19,151,867	156,000,000	
1787	22,600,000	180,000,000	

Machines établies dans la Grande-Bretagne (1787) pour manufacturer le coton.

143 moulins à eau, coûtant	17,160,000ᵗᵗ tournois.
20,500 moulins à bras, y compris les bâtimens et machines auxiliaires,	6,840,000
Total.......	24,000,000

Les machines sont si bien construites, qu'avec une livre de coton de Demerarai, elles ont produit un fil qui avoit 56 lieues de long. Les manufactures de coton de la Grande-Bretagne n'entretiennent pas moins de 600,000 personnes. D'après le calcul le plus exact, les manufactures de laine n'emploient pas plus d'un million d'individus, de sorte que leur importance n'excède pas du double, celle des manufactures de coton.

INDIGO.

Dans les Indes occidentales anglaises, il y a de trois espèces d'indigo, dont la première, quoique plus dure et plus belle, est cependant moins estimée que les deux autres. Les trois espèces ont une qualité qui leur est commune, c'est de croître dans les plus pauvres terrains, et de ne pas être affectées par la plus grande chaleur; mais la moindre pluie les fait mourir. Pour cultiver l'indigo, quand la terre est défrîchée et nettoyée, on la divise en tranchées, et on l'ensemence avec la main : un boisseau de semences suffit pour quatre ou cinq acres. La saison la plus propre pour semer l'indigo dans les Antilles, paroît être le mois de mars. Sur le continent de l'Amérique, elle varie avec le printems qui y est très-varié. Cette plante aime beaucoup le soleil et ne prospère que dans les régions des Tropiques. L'insecte le plus nuisible à la croissance de l'indigo, est une espèce de vercoquin. Il n'y a pas d'autre remède que de changer la plante de terrain ; et c'est à la négligence de ce procédé que l'on doit attribuer tous les manques de succès récemment éprouvés par les planteurs. Le produit ordinaire de l'indigo, quand il échappe aux insectes, est pour la première coupe de 80 liv. par acre, de l'espèce appelée à col de pigeon, ou de 60 liv. de celle qu'on nomme guatimale. Les autres coupes rendent moins ; mais quand la terre est neuve, les cinq coupes ensemble rapportent quelquefois 300 liv. par acre de la dernière qualité. Pour l'entretien de cinq acres, il ne faut que quatre nègres, qui pourvoient d'ailleurs à leurs propres besoins.

Pour en séparer la teinture, il faut deux citernes, placées l'une au-dessus de l'autre. La première s'appelle la pourriture, l'autre la batterie. Outre cela, il faut un bassin à chaux, avec un robinet, au moins huit pouces au-dessus du fond, afin qu'il y ait assez de place pour que la chaux s'y dépose avant qu'on soutire l'eau de chaux dans la batterie. Quand on a mouillé les plantes, on les couche par lits dans la pourriture, jusqu'à ce qu'elle soit aux trois quarts pleine ; on les couvre ensuite de planches que l'on a soin de charger, pour empêcher que les plantes ne montent sur la surface, jusqu'à ce qu'elles soient bien imbibées d'eau. On les laisse alors fermenter, mais on prend grand soin que le fruit n'en sorte pas trop vîte ou n'occasionne la putréfaction des têtes, en les retenant trop long-tems dans l'eau. La société d'agriculture d'Hispaniola a fait plusieurs expériences pour trouver combien de tems il étoit nécessaire de laisser fermenter l'indigo, et a eu la complaisance de publier la recette suivante pour l'avantage du public.

« Quand l'indigo a passé huit à neuf heures dans la citerne, tirez-en un peu d'eau, trempez-y une plume, et faites quelques traces sur du papier blanc. Le premier essai donnera probablement une couleur foncée, et, dans ce cas, l'indigo n'a pas assez fermenté. Il faut répéter cette opération tous les quarts-d'heure, jusqu'à ce qu'il perde sa couleur, et alors il est arrivé à son vrai degré de fermentation ».

Il est étonnant qu'une expérience si simple, si elle répond au but, ait été si long-tems ignorée par les planteurs d'indigo. J'avoue que, quoique je n'en aie pas fait l'épreuve, je ne crois pas qu'elle soit efficace. Je pense que la méthode suivante, que je donne sur l'autorité de M. Lediard, est beaucoup plus sûre.

« Faites un petit trou dans la pourriture, à six ou huit pouces du fond, outre l'ouverture pour soutirer l'eau imprégnée ; bouchez aussi ce trou avec une cheville, cependant de manière qu'elle laisse filtrer un filet d'eau. Lorsque les plantes auront trempé pendant plusieurs heures, le fluide filtrant paroîtra d'un beau verd ; et au bas de la citerne, d'où il coule dans la batterie, il aura une couleur de cuivre. Cette teinte de cuivre montera graduellement, à mesure que la fermentation se fera, jusqu'à la cheville ; et quand cela arrivera, il sera à propos d'arrêter la fermentation.

« Pendant les progrès de cette fermentation, il faudra faire beaucoup d'attention à l'odeur de la liqueur qui suintoit par l'ouverture ; car si elle avoit la moindre âcreté, il seroit nécessaire de la laisser immédiatement écouler dans la batterie, et d'y ajouter de l'eau de chaux assez forte pour lui faire perdre cette âcreté. En coulant de la citerne, elle aura une couleur verte avec un mélange de beau jaune ou couleur de paille ; mais dans la batterie, elle sera d'un très-beau verd ».

Quand la liqueur est dans la batterie, il faut alors la battre. Cela se faisoit autrefois avec la main ; mais on fait aujourd'hui usage de soliveaux mis en mouvement par une roue que tourne un cheval ou un mulet. Lorsque la liqueur est épaissie, on y jette de l'eau de chaux pour opérer une séparation, et prévenir la putréfaction ; mais il faut que celui qui est chargé de cette opération sache bien distinguer les différens degrés de ce procédé ; car si l'indigo n'a pas été assez agité, il devient verd et grossier; et quand il l'est trop, il devient presque noir. Lorsque l'enveloppe est déchargée de ses grains, et que le fruit est coulé à fond, l'eau qui se trouve au-dessus est soutirée dans des moules et forme l'indigo, qui est alors propre à être envoyé au marché.

D'après la nature prolifique de cette plante, le peu de dépense qu'exige sa fabrication, et le petit nombre de nègres qu'il faut pour sa culture, il paroît d'abord étonnant qu'étant susceptible de rendre douze cents liv. par vingt acres, elle ait si mal réussi entre les mains de plusieurs individus qui en ont essayé la culture. Il est néanmoins certain que les planteurs, qui ont entrepris de manufacturer l'indigo, et qui ont éprouvé de si grandes pertes, étoient des gens très-instruits dans le commerce, et ne manquoient ni d'industrie, ni de propriétés. La raison la plus satisfaisante que l'on puisse donner de leur manque de succès, c'est la mortalité terrible qui eut lieu parmi leurs nègres, (provenant de la vapeur de la liqueur fermentée) et qui accompagne toujours une manufacture d'indigo. Cela, joint à d'autres causes moins graves, a frustré toutes leurs espérances de gain par ce genre de travail, et leur a fait tourner leur industrie vers d'autres objets.

CAFÉ.

L'on a déja donné au public tant d'essais sur les qualités de cette fève, qu'il est presque impossible d'ajouter la moindre chose à son avantage. Entre les ouvrages recommandables, écrits sur ce sujet, il n'y en a point qui ait plus mérité l'approbation publique que celui du célèbre docteur Benjamin Moseley, qui, depuis 1785, a eu cinq éditions en anglais, et qui a été traduit dans presque toutes les langues de l'Europe.

Il est depuis long-tems connu que le café des Indes occidentales est inférieur à celui de Moka; mais l'on s'est trompé en supposant que cette infériorité provenoit de ce que le café des Antilles étoit la production d'un arbre d'une qualité inférieure. Pour réfuter cette supposition, et pour prouver que cette différence dépend du sol, du climat et de la manière de le curer, il suffira de démontrer que le café des Indes occidentales, transplanté dans une serre-chaude anglaise, devient meilleur que tous les cafés de l'Orient.

La petite fève qui, dans l'Arabie et les Antilles, croît sur les coteaux secs, est celle qui plaît davantage aux Anglais; mais les fèves d'un verd pâle qui viennent dans un sol gras, profond, et que l'on garde quelques années avant de pouvoir s'en servir, sont les plus recherchées par les négocians de l'Amérique septentrionale. Il n'est donc pas surprenant que, tant qu'il y a eu sur cette denrée des droits exorbitans, les marchés de l'Amérique aient été regardés comme plus avantageux que ceux de la Grande-Bretagne, et que conséquemment la dernière espèce ait été plus généralement cultivée. Mais depuis 1783, le gouvernement britannique a diminué considérablement ces droits, et le commerce a pris une direction bien différente. Les demandes d'Angleterre ont augmenté avec tant de rapidité, que les planteurs ont changé la nature de leurs denrées, d'après le goût des acheteurs. Il faut cependant convenir que l'on ne peut pas toujours trouver un sol propre à la petite fève; mais dans un pays où l'on rencontre une si grande variété de terroirs, il est bien digne de l'attention du cultivateur d'en savoir faire la différence.

Toutes les îles de l'Amérique, mais particulièrement la Jamaïque, abondent en collines rouges de ce terreau chaud et graveleux, si propre au café qui porte un fruit très-odoriférant. Dans les bonnes terres, les arbres peuvent porter toute l'année, pourvu qu'on ait soin d'empêcher, au tems des fleurs, qu'ils ne soient desséchés par le vent de nord, si souvent funeste à ce genre de production. La manière de planter est de mettre les jeunes plants à huit pieds de distance l'un de l'autre, dans toutes les directions, et dans des trous assez grands pour contenir le bas du plant et toutes ses racines; quoique la distance que l'on met ordinairement entre les plants, soit de huit pieds, il arrive cependant que, dans les terres fertiles, les arbres deviennent si considérables, qu'ils s'empêchent mutuellement de croître; il est, en pareil cas, avantageux de couper tous les seconds rangs à dix ou douze pouces de terre; et souvent ces arbres ainsi coupés donnent, l'année d'ensuite, une récolte assez abondante.

Le produit d'une plantation à café dépend de la nature du sol. Dans les terrains secs, une livre et demie de café préparé est regardée comme une assez bonne récolte sur un seul arbre; mais, dans les terrains spongieux et fertiles, un arbre en rend souvent six livres : il est vrai qu'il n'est pas d'aussi bonne qualité. Le calcul suivant peut être considéré comme assez exact. Quand les arbres s'élèvent de vieux troncs, le rapport de la première année est ordinairement de 300 liv.; celui de la seconde, de 500 liv.; et celui de la troisième, de 600 à 700 liv. par acre. Les arbres provenant des jeunes plants ne rapportent rien pendant trois ans; après quoi on peut raisonnablement s'attendre à une récolte de 750 liv. par acre.

Manière de faire la moisson.

Quand les planteurs s'aperçoivent que le fruit est mûr, ils étendent des draps sous les arbres, qu'ils secouent de tems en tems, et le fruit tombe. Les fèves, ainsi cueillies, sont ensuite mises sur des nattes, et exposées au soleil avec l'enveloppe, jusqu'à ce qu'elles soient parfaitement sèches, ce qui demande un tems considerable. On fait ensuite sortir les fèves de leur enveloppe, par le moyen d'un grand et gros rouleau de pierre, et on les étend encore au soleil, car les planteurs croient, qu'à moins que le café ne soit bien sec, il est en danger de s'échauffer. On le nettoie ensuite par le moyen d'un grand van, et on l'emballe pour le vendre.

Le procédé ci-dessus est certainement plus propre à conserver la saveur de la fève ; mais je crois que la méthode ci-après, que l'on pratique dans les Indes occidentales, outre qu'elle est infiniment moins ennuyeuse, doit permettre au marchand de vendre son café moins cher que celui qui est manufacturé en Arabie. Le nègre, chargé de le cueillir, a un sac attaché au cou, qu'il tient ouvert par le moyen d'un cercle qu'il a entre les dents. Quand il est habile, il peut aisément en cueillir trois boisseaux par jour ; et cent boisseaux de café, en cosse, rendent mille livres de café écossé et propre à envoyer au marché.

Le café se cure ou avec la cosse, ou écossé. Quand on le cure avec la cosse, on l'étend au soleil sur une terrasse en talus ou sur une platte-forme de planches, et il est ordinairement sec dans l'espace de trois semaines; après quoi on le tire de son enveloppe par le moyen d'un moulin. Quand on en ôte la cosse, aussitôt que le café sort de l'arbre, on fait usage d'un moulin à écosser (machine composée d'un rouleau cannelé, d'une planche adaptée aux cannelures du rouleau, et d'une espèce d'auge en talus pour les entretenir) : un nègre peut seul en écosser un boisseau par minute avec cette machine. La fève, encore dans sa peau, se lave ensuite dans des tamis de fil-d'archal, et est exposée au soleil.

Il y a eu de longues discussions sur la question de savoir quelle étoit la plus avantageuse de ces méthodes. Je crois que la première laisse plus de saveur; mais elles sont toutes deux susceptibles de donner de bon café avec le secours du tems, qui en augmente plus efficacement la qualité. La membrane ou peau qui tient encore à la fève, en est séparée par une machine ainsi construite : un axe perpendiculaire est entouré d'une auge; et à environ un pied du niveau de sa surface, il y a attachés à l'axe quatre bras horizontaux, auxquels sont fixés autant de rouleaux. En les faisant tourner, ils brisent le café, de manière à séparer la peau de la fève; et lorsque cette séparation est effectuée, on en ôte les peaux par le moyen d'un van. On en cure de cette manière 1500 liv. par jour. La méthode de curer par le moyen des poëles a été reconnue si préjudiciable au goût et à l'odeur du café, qu'elle est presque entièrement abandonnée. Il n'y a véritablement pas de substance si susceptible de s'imprégner des exhalaisons de tout ce qu'elle approche : « Les fèves du café, dit le docteur Moseley, sont très-sujettes à s'imprégner des exhalaisons des autres corps ; c'est pourquoi elles prennent quelquefois une saveur désagréable. Le rum, placé auprès du café, en imprégnera tellement les fèves en très-peu de tems, qu'il fera grand tort à leur saveur ; et M. Miller raconte qu'il y a quelques années, quelques sacs de poivre, à bord d'un vaisseau des Indes, gâtèrent toute une cargaison de café ».

Nous ne saurions plus convenablement conclure ce sujet, qu'en offrant une estimation des frais exigés pour la culture de cette denrée, et des récoltes que l'on doit raisonnablement en attendre. Je pense que c'est la plante la plus avantageuse des Indes occidentales, et celle qui rapporte le plus. Je ne suis cependant pas de l'avis de ceux qui, sous prétexte que cette denrée est fort lucrative, voudroient l'écraser de droits, et qui soutiennent leur opinion en disant que ce n'est pas le marchand qui les paie, mais le consommateur. Si les droits devenoient assez exorbitans pour en diminuer la consommation, le planteur ne seroit plus si porté à la cultiver que les autres articles dont on feroit de plus grandes demandes. Pendant cinq ans que des impôts énormes ont été mis sur le café, il ne s'en importa pas 7,000,000 de liv. dans la Grande-Bretagne, tandis que Saint-Domingue en a tous les ans fourni à l'Europe 70,000,000; et quoique les demandes de la Grande-Bretagne soient augmentées depuis la diminution des droits sur le café, 12 sous par livre font encore un impôt trop considérable pour que le café devienne une boisson générale.

Estimation des frais et du rapport d'une plantation à café, dans les montagnes de la Jamaïque, à cinq lieues de la mer, en livres tournois.

	liv. tournois.
Achat de 300 acres de terre, dont la moitié est mise en subsistances et pâturages, à 50 fr. par acre,	15,000

	liv. tournois.
De 100 nègres à 1,200 liv. chaque,	120,000
De 20 mulets à 480 liv.	9,600
Bâtimens, outils, moulins, etc.	34,272
Dépense pour l'entretien des nègres la première année, avant qu'ils aient tiré des provisions de leur terrain, à 108 liv. par nègre (non comprises les autres dépenses annuelles qui sont ci-après)	10.800
	189.672
Intérêt du capital pour trois ans, à 6 liv. pour ⁒,	34.140
	223,812

DÉPENSES ANNUELLES.

Econome blanc et son entretien,	3,432
Autre domestique blanc,	1,200
Médecin et chirurgien,	432
Entretien des nègres; savoir, habillemens, outils, poissons salés, et autres comestibles, outre ceux de leur terrain,	3,432
Taxes coloniales,	1,716
	10,213
Total pour trois ans avant qu'on tire aucun profit,	30,636
Intérêt pour trois ans à 6 pour ⁒,	5,514
	36,150
Total de la dépense,	259,962

Rapport de la quatrième année, à 60 fr. le cent, ce qui a été le prix commun du café pendant cinq ans avant 1792.

		liv. tournois.
De 150 acres de jeunes arbres à café, on peut la quatrième année s'attendre à 45,000 pesant		27,000
Déduction pour les frais de la quatrième année	8,568	
Sacs et selles	600	
		9,168
Bénéfice net,		17,832

(Ce qui fait à-peu-près 7 pour cent pour le capital.)

Rapport de la cinquième année et des années subséquentes.

		liv. tournois.
150 acres rendant 750 p. par acre, 112,500 pes. à 60 liv. le cent,		67,500
Déduction pour les dépenses annuelles, comme auparavant,	8,568	
Sacs et selles,	1,200	
Réparations des moulins, etc.	1,700	
		11,468
Bénéfice net,		56,032

(Ce qui fait à-peu-près 22 pour cent pour le capital.)

CACAO.

Le cacao, ou la noix de chocolat, est indigène de l'Amérique méridionale, et est encore l'objet d'un commerce considérable avec les Espagnols. On choisit pour le cultiver un terrain uni et abrité, dans lequel on fait un grand nombre de trous d'un pied carré et d'environ six à huit pouces de profondeur. Le planteur prend ensuite une feuille de banane ou quelque autre grande feuille, qu'il place dans la circonférence de chaque trou, en laissant néanmoins quelques pouces de la feuille au-dessus de terre, après quoi il fait légèrement descendre le terreau jusqu'à ce que le trou soit rempli. Il choisit alors trois noix pour chaque trou, replie la feuille par-dessus, après les avoir couvertes d'un peu de terre, et met une pierre dessus pour l'empêcher de s'ouvrir. Au bout de huit à dix jours les feuilles sont ouvertes, et l'on abrite alors la plante de feuilles de palmier fixées en terre ; car le jeune cacao ne fleurit qu'à l'ombre. Si les trois noix poussent, on en coupe une, quand la plante a 18 ou 20 pouces. Il arrive rarement que les deux autres prennent racine.

L'arbre est en pleine vigueur dans sa huitième année, et porte souvent pendant vingt ans ; mais plusieurs plantations de cacao ont péri sans aucune cause visible. Les gens superstitieux ont toujours regardé les comètes comme les avant-coureurs de sa destruction. En dépit de cette fatalité, il fut cependant un tems où les îles anglaises abondoient en plantations de cacaotiers, et leur culture seroit encore étendue et profitable, si la main rapace des ministres n'y mettoit obstacle. Maintenant les seules plantations de cacao un peu considérable, dans nos colonies, sont à la Grenade et à la Dominique. La quantité que l'on en exporte de ces deux îles, monte à quelque chose de plus de 400,000 pés., évaluées dans les marchés de Londres à 240 mille ou 264 mille liv. tournois.

GINGEMBRE.

Le gingembre fut porté des Indes orientales aux Indes occidentales par François de Mendoza, vers l'année 1547, et de là l'on en exporta d'abord en Espagne une quantité de 22,053 pés. Il y a de deux espèces de gingembre, le noir et le blanc ; le premier se procure par l'infusion dans l'eau bouillante ; le dernier par *l'insolation* ou l'exposition au soleil, et est beaucoup plus estimé. La culture des deux espèces ne demande pas plus de soin que celle des pommes de terre dans la Grande-Bretagne, c'est-à-dire, planter et déterrer, à moins que le gingembre ne soit destiné à des confitures ; dans lequel cas, il faut l'ôter de terre quand les fibres sont encore tendres et pleines de jus. On estime la quantité que l'Angleterre en tire de ses îles, à 10,000 sacs de 100 liv. pés. chacun, qui se vend à Londres en raison de 48 francs par sac.

ARNOTTO OU BIXA.

La plante indigène est appelée, par Bolanets, bixa : elle s'élève à la hauteur de sept à huit pieds, et produit des cosses longues et hérissées, ressemblantes en quelque sorte à l'enveloppe de la châtaigne. Dans ces cosses est renfermée la semence, qui a une odeur désagréable, et ressemble à de l'ocre rouge mêlé avec de l'huile. Véritablement les Indiens en faisoient usage pour se peindre le corps, quand ces îles furent découvertes. La méthode de la séparer des cosses est en la faisant bouillir, jusqu'à ce qu'elle en soit entièrement dégagée. On en soutire ensuite l'eau, et on laisse sécher le dépôt dans des vases peu profonds. Ainsi préparée, on en fait usage dans les drogues espagnoles, et on lui attribue beaucoup de qualités médicinales. Les Hollandais en mettent dans leur beurre pour en relever la couleur, et l'on dit même que les fermiers anglais en font usage. L'arnotto est cependant une denrée que l'on ne demande guères et de peu d'importance dans le commerce.

ALOES.

L'espèce la plus recherchée de cette denrée est celle qu'on appele *sucotrine* ; mais la seule connue dans nos colonies est l'hépatique. Elle est perpétuée par la plantation de rejetons, et fleurit dans les sols secs et arides, où des végétaux moins durs ne tarderoient pas à périr. Quand on a déraciné la plante, on la nettoie avec soin, et on la met dans des filets ou dans des paniers ; que l'on fait bouillir dans de grands chaudrons jusqu'à ce que la liqueur devienne noire et forte. On la fait ensuite bouillir de nouveau jusqu'à ce qu'elle ait la consistance du miel ; après quoi on la verse dans des gourdes, où elle sèche ; elle est ensuite propre au marché.

PIMENT.

Cette belle production croît spontanément, mais plus abondamment dans les endroits montueux près de la mer, formant des forêts étendues qui répandent le parfum le plus délicieux. C'est uniquement l'enfant de la nature, et il défie tous les efforts de l'art pour améliorer sa qualité. Pour se procurer une allée de piments, il ne faut point d'autre travail que celui de choisir une pièce de terre boisée dans les environs d'une habitation, ou dans un endroit où les arbres épars sont dans l'état de nature ; on les abat et on les laisse pourrir sur la terre. Environ un an après, on trouve un grand nombre de piments croissant avec vigueur dans toutes les parties du terrain.

Il n'y a pas dans le règne végétal une plus belle production qu'un jeune piment. Son tronc est uni et lisse sans écorce, et a 15 ou 20 pieds de hauteur ; ses feuilles sont d'un verd foncé comme celles d'un laurier femelle, et forment un superbe contraste avec ses grandes fleurs blanches ; elles sont aussi odoriférantes que son fruit. Quant à la manière de le préparer pour la vente, les graines se cueillent toujours vertes, car si l'on en introduisoit de mûres, elles diminueroient la valeur de la marchandise. Elles se cueillent avec la main, sont étendues sur une terrasse et exposées au soleil jusqu'à ce qu'elles deviennent d'un brun rougeâtre ; et lorsqu'elles sont sèches, on les envoie au marché.

On a vu des arbres qui ont rapporté cent livres de piment sec ou 150 de piment verd ; mais comme les récoltes sont fort précaires, sa culture n'est pas si attrayante que celle des autres plantes ; de sorte qu'on a détruit beaucoup de plantations de piments pour y mettre des cannes à sucre. La Jamaïque est la seule de nos colonies qui en produise, et il s'en exporte tous les ans environ 6000 sacs de 112 liv. chacun. On le vend, année commune, 20 sous par livre, et il y a un droit de six sous.

LIVRE. VI.

GOUVERNEMENT ET COMMERCE.

CHAPITRE PREMIER.

Etablissemens coloniaux.—Capitaine général, ou gouverneur; ses pouvoirs et prérogatives. — Réflexions sur le choix, en général, des personnes pour remplir cette place importante.—Lieutenant-général, lieutenant-gouverneur, et président du conseil; leurs attributions et fonctions. — Origine de leur prétention à une portion du pouvoir législatif.—Sa nécessité, sa propriété, sa légalité considérées. — Proposition de quelques amendemens dans la constitution de ce corps.

La constitution des Indes occidentales anglaises est, presque à tous égards, conforme à la constitution de la mère-patrie. La balance des pouvoirs, qui divise la législature de la Grande-Bretagne en trois branches, est imitée par les colonies, dont les différens ordres sont composés d'un gouverneur, qui a une prérogative semblable à celle du roi, d'un conseil ou chambre haute, et d'un corps de représentans choisis par le peuple, qui ressemble à la chambre des communes d'Angleterre, mais dont les membres sont plus également et plus loyalement élus par leurs commettans.

GOUVERNEUR.

Tout gouverneur en chef dans les Indes occidentales a, en sa qualité de commandant des troupes de sa juridiction, la nomination de tous les officiers au-dessous de l'état-major; et, en sa qualité civile, il nomme et destitue les juges des différentes cours ordinaires de justice, les gardiens de paroisses, les juges de paix et autres employés dans de pareils départemens. L'avis du conseil, qu'il est tenu de demander, ne peut être regardé que comme une bien foible barrière contre l'abus de cette prérogative; car il a toujours la ressource de se défaire de tous les opposans, sous des prétextes frivoles; et de les faire remplacer, sur-le-champ, par des gens plus soumis. Dans l'assemblée générale, qui est convoquée, dissoute, prorogée et ajournée à son gré, il a la négative ou le *veto*; et dans ce cas, prend encore l'avis de son conseil. Il a le pouvoir de nommer par *interim*, des personnes de son choix, aux places vacantes; et les pouvoirs des individus ainsi nommés, sont valables jusqu'à ce que le roi en ait envoyé d'autres pour les remplacer.

Dans des cas extraordinaires, on a vu des gouverneurs suspendre des officiers supérieurs nommés par une autre autorité, et faire remplir leurs places jusqu'à ce que la volonté du roi fût connue. Comme le roi d'Angleterre, il peut faire grace aux criminels condamnés, de toutes les dénominations, excepté en cas de meurtre ou de lèze-majesté, et même dans ces cas, il peut accorder un répit, jusqu'à ce qu'il ait envoyé en Angleterre et reçu les ordres du souverain.

En général, tout gouverneur dans les Indes occidentales, exerce les pouvoirs étendus du grand chancelier de la Grande-Bretagne; étant garde du sceau, et président de la haute-cour de chancellerie. Comme chef de l'Eglise anglicane, il nomme à tous les bénéfices ecclésiastiques, donne des licences pour les mariages, et est seul juge de la loi ecclésiastique et consistoriale. Il préside la cour de cassation, et juge tous les appels susceptibles de venir devant cette cour, après avoir passé par les autres cours des plaidoiries ordinaires. Comme vice-amiral des Indes occidentales, il a droit à tout ce qui est jeté sur la côte, et il accorde des commissions aux corsaires, par l'intermédiaire de la cour de l'amirauté. Cette cour est investie d'un pouvoir correspondant à celui de la cour des archives. Quand un acte du parlement relatif au commerce et aux revenus des colonies anglaises de l'Amérique est enfreint, le juge de cette cour (au grand détriment des colons) décide, de son autorité privée, sans l'intervention d'un jury, et est nommé à sa place par une des attributions de la couronne.

Outre les émolumens de plusieurs emplois, le gouverneur de chaque colonie a un bon revenu fixé attaché à sa place; mais afin qu'il ne soit pas tenté de rechercher la faveur des principaux membres de l'assemblée, il ne peut accepter aucun traitement, à moins qu'il ne soit fixé (d'une manière invariable) dans l'espace d'une année après son arrivée dans les Indes occidentales.

Considérant la fragilité de la nature humaine, la distance de la résidence du gouverneur, de la mère-patrie, et sur tout l'étendue de ses prérogatives, il n'est pas surprenant qu'il se laisse quelquefois entraîner par l'influence de son autorité. Il est évident qu'un pouvoir aussi étendu, plus illimité même que celui du roi d'Angleterre, ne devroit être accordé qu'avec beaucoup de précaution; mais c'est une vérité bien déplorable, que dans la nomination à une place de cette importance, on ne considère pas invariablement le mérite de l'individu, et que l'esprit de parti fasse souvent envoyer dans ces régions des hommes qui ne sont recommandables que par leurs vices et leur ignorance, pour réparer par les émolumens d'un gouvernement, la ruine de leur fortune qu'ils ont dans leurs pays sacrifiée à la débauche et à la dissipation. Quels maux ne doit-on pas attendre de la part d'hommes si dépourvus de talens et de caractère ? En supposant même que la personne envoyée par le ministère britannique soit intègre et fort habile, elle se rendra toujours coupable d'une multitude d'inconséquences, si elle ne connoît pas les lois de ceux qu'elle doit gouverner. Les actes peu convenables dont elle se rendra coupable, seront des sources abondantes de maux futurs, en offrant continuellement des exemples d'injustice. Nous en avons eu une preuve éclatante du tems que l'Amérique septentrionale étoit une colonie britannique. Le gouverneur d'une province de cette partie du monde ordonna qu'on pendît un criminel quelques jours avant le tems prescrit par sa sentence. « Il avoit de bonnes intentions, dit Stokes, qui raconte cette anecdote; mais étant militaire, il s'imagina que, comme il avoit le pouvoir d'accorder des répits, il possédoit aussi celui de faire exécuter quand il lui plaisoit ». Le criminel fut effectivement pendu, selon l'ordre du gouverneur, et l'on ne put jamais persuader à ce dernier qu'en agissant ainsi, il se rendoit coupable de félonie. Le même auteur nous informe qu'un autre gouverneur militaire suspendit un membre du conseil, parce qu'il avoit épousé sa fille sans son consentement. Outre ces exemples d'abus de pouvoir, on pourroit citer d'autres actes arbitraires plus criminels et dont les suites ont été plus funestes au public ; mais la tâche de dévoiler de mauvaises actions n'est point du tout agréable, c'est pourquoi nous ne nous soucions pas de nous en charger.

La plus grande faute que l'on puisse commettre dans la nomination d'un gouverneur des Indes occidentales, c'est de choisir des hommes, dont la manière de vivre passée indique qu'ils ignorent les lois de leur pays. La nature des fonctions d'un gouverneur démontre qu'il doit avoir quelque connoissance des lois ; cependant l'état militaire, qui est le moins susceptible de produire des hommes instruits dans ce genre d'étude, est la source d'où l'on tire les gouverneurs des Antilles. Il seroit néanmoins injuste de ne point avouer que quelques gouverneurs, dont la profession dans le monde ne leur avoit pas permis de devenir d'habiles jurisconsultes, se sont acquittés des fonctions de leur place avec honneur. On pourroit entr'autres citer les chevaliers Guillaume Trelawney et Basile Keith, ainsi que le comte d'Effingham, qui étoient des hommes justes, judicieux, et qui furent révérés par le peuple. La Jamaïque respectoit tellement ce dernier que, pour lui témoigner sa reconnoissance, elle vota un monument magnifique à sa mémoire, sur lequel elle fit inscrire des paroles qui démontroient sa vénération. Mais les exemples partiels de cette nature ne sauroient excuser l'inconvenance de choisir pour gouverneurs des colonies, des hommes également dénués de mérite, d'intrégrité et des connoissances requises pour une pareille situation.

LIEUTENANT-GÉNÉRAL, LIEUTENANT-GOUVERNEUR ET PRÉSIDENT.

Quand un gouvernement comprend plusieurs îles, il y a ordinairement un lieutenant-général qui doit lui succéder, qui est lieutenant-gouverneur d'une des îles comprises dans la juridiction du capitaine général. Chacune de ces îles, en l'absence du gouverneur en chef, est administrée par un lieutenant-gouverneur, ou plus communément, par le président du conseil; la place de lieutenant-gouverneur étant dans le fait une sinecure de 28,800 francs par an. Il y a rarement un lieutenant-gouverneur de nommé à la Jamaïque, quand le gouverneur en chef réside dans l'île ; car lorsque cet officier donne sa démission ou obtient un congé d'absence, on y envoie d'Angleterre un lieutenant-gouverneur, qui jouit des pouvoirs et des émolumens de la place. Vers l'année 1767, quand le marquis de Lansdown, alors comte de Shelburne, étoit secrétaire d'état, quelques personnes de la Jamaïque demandèrent au ministre un vice-gouverneur qui résidât dans l'île. Milord Shelburne, pour épargner les dépenses de cette place, ôta au gouverneur le revenu du commandement d'une forteresse, appelée le *fort Charles* ; et s'arrangea avec lord Trelawney pour qu'il cédât le fort Charles au chevalier Dalling. Le résultat de cet arrangement ne fut cependant pas avantageux. Milord Georges Germaine, successeur de milord Shelburne au ministère, considérant que 24,000 francs par an n'étoient pas du tout à mépriser, ne voulut pas que le commandement du fort Charles servît aux émolumens du vice-gouverneur, le donna à une de ses créatures qui résidoit en Angleterre, et qui jouit du revenu de la place, tandis que le fort fut commandé par son lieutenant.

CONSEIL.

Les membres de cette assemblée, qui sont nommés par le roi, et inscrits dans la commission du gouverneur, sont ordinairement au nombre de dix ou douze, selon la grandeur de l'île. Quand leur nombre est réduit au-dessous de sept, le commandant en chef est tenu de nommer de nouveaux membres pour compléter ce nombre, mais ne pas l'outre-passer. Ces membres que l'on qualifie, par *courtoisie* ou par politesse, du titre d'*honorable*, tiennent le premier rang après le gouverneur, et le plus ancien prend sa place quand il est absent ou mort. Ils sont par rapport au gouverneur ce qu'est le conseil privé eu égard au roi; mais je crois que le gouverneur peut agir contre l'opinion du conseil. Ils sont juges dans toutes les commissions de paix, et siègent avec le gouverneur comme juges, dans les cours, d'erreur ou de cassation et d'appel de la cour des archives. Finalement, indépendamment du gouverneur, ils forment la chambre haute de la législature, prétendant aux privilèges du parlement, lançant des mandats d'amener, protestant contre certains actes, et usant de toutes les attributions du parlement d'Angleterre. Cette double fonction de législateur et de conseiller d'état peut paroître incompatible. Le gouverneur Lyttleton dit : « L'admission d'une pareille distinction les délie nécessairement du serment qu'ils prêtent comme conseillers, parce que leur devoir envers le peuple, comme législateurs, semble souvent les obliger à soutenir des opinions contraires à celles d'un gouverneur ». Mais cette objection n'est pas juste; car le serment qu'ils prêtent comme conseillers, ne leur impose certainement pas l'obligation d'agir dans tous les cas, d'après la volonté du gouverneur. Leur devoir, comme conseillers, est aussi obligatoire que comme législateurs; ce sont les intérêts du peuple qu'ils sont tenus de consulter.

La qualification d'une propriété territoriale n'est pas indispensable pour l'admission d'un conseiller, comme pour celle de membre de l'assemblée. C'est pourquoi je crains bien que l'on ne reçoive que trop souvent des individus qui sont fort peu intéressés au bien-être de la communauté, et qui, conséquemment, sont plus enclins à se soumettre à la volonté du gouverneur qu'à maintenir le bien public. Il arrive néanmoins assez fréquemment que ces hommes, qui sont tout-à-fait étrangers aux intérêts du pays, se laissent moins séduire par l'influence du gouverneur, que les membres qui ont des propriétés dans les îles. Dans le fait, l'instabilité de ce conseil, et le pouvoir de le suspendre, qui est une des attributions du gouverneur, le rendent toujours dépendant ; et jusqu'à ce qu'on ait remédié à ce mal, le peuple a plus à craindre de la complaisance de ses membres pour le gouverneur, que ce dernier de leur dévouement au peuple.

Plusieurs personnes intelligentes sont d'avis que les membres de ce conseil n'ont pas réellement le droit de siéger comme législateurs ; que leurs fonctions se bornent à être les assesseurs du gouverneur, et qu'ils n'ont aucune espèce de prétention légale au pouvoir qu'ils se sont arrogé. Pour soutenir cette assertion, il a d'abord été dit qu'un conseil colonial n'a aucune ressemblance avec les pairs de la Grande-Bretagne, et que, conséquemment, il ne doit pas en exercer les fonctions dans le gouvernement des Indes occidentales. Les priviléges dont jouit la chambre des pairs sont sacrés et indépendans ; et, quoique le roi puisse augmenter le nombre de pairs, il n'a pas le droit de le diminuer ; mais le conseil des îles, comme nous l'avons dit plus haut, peut être changé ou prorogé au gré du gouverneur, et ne possède pas conséquemment des priviléges comparables à ceux des pairs d'Angleterre. On a ajouté à ces argumens, que même la prérogative du roi ne l'autorisoit pas à créer un pareil corps dans les colonies. Le roi, disent les partisans de cette assertion, a le droit de *veto* sur les opérations des autres branches de la législature ; mais, par la nature de sa place, n'étant pas lui-même seul législateur, il ne sauroit avec justice en prendre le caractère, et encore moins créer dans aucune partie de ses dominations une autorité qui a besoin du consentement réuni de toutes les autres parties de la constitution, pour la rendre sacrée.

On peut répliquer à ceux qui nient l'autorité des membres de ce conseil par de pareils argumens, que, si dans plusieurs occasions, l'existence de cette autorité est indispensable au bien-être de la communauté, il n'est pas absolument nécessaire qu'elle ait pris son origine dans la constitution; car l'intérêt public doit être au-dessus de toutes les lois. Mais en maintenant l'utilité de cette branche du gouvernement des Indes occidentales, je ne prétends pas que l'on ait voulu, dans l'origine, établir un corps intermédiaire entre le gouverneur et l'assemblée. Elle paroît avoir pris son origine dans le manque de nobles dans ces pays, et dans la nécessité d'une chambre législative, qui ne devoit pas être intermédiaire entre le gouverneur et l'assemblée, mais entre l'assemblée et le roi. Pour fortifier l'influence du roi, le gouverneur intervint dans cette espèce de convention, et fut chargé de désigner de tems à autre les principaux habitans qu'il jugeoit les plus propres à remplir les places vacantes dans le conseil; et, en conséquence, il est fort rare qu'on y nomme aucun membre qui n'a pas préalablement été recommandé par le gouverneur.

Le gouvernement qui subsiste encore à la Barbade, est une preuve suffisante que ce fut là la véritable origine de l'institution du conseil ; car, pour y faire des lois, le gouverneur et le conseil ne forment qu'une seule branche de la législature, siégeant et délibérant ensemble. Dans le fait, cette coutume étoit autrefois universellement suivie dans tous les gouvernemens royaux des Antilles ; et elle n'y fut discontinuée que lorsque le gouverneur, ne voulant pas devenir odieux à l'assemblée, en passant des bills peu populaires, commença à s'absenter du conseil, et laissa à ses membres seuls la tâche de faire des lois désagréables. On peut bien supposer que ceux-ci ne furent pas fâchés de délibérer séparément ; le roi trouva cette méthode propre à ses vues ; les représentans du peuple la souffrirent, et ne la regardèrent pas comme une innovation. S'ils l'avoient considérée comme telle, ils avoient le pouvoir de protester contre un pareil changement ; mais il ne paroît pas qu'aucune colonie ait jamais contesté le droit du conseil pour rejeter un bill sans la concurrence du gouverneur.

Le droit exercé par le conseil de refuser l'acceptation d'un bill sans la concurrence du gouverneur, lui a aussi donné celui de les amender, excepté quand il est question de subsides; parce que, si la chambre des représentans ne trouve pas les amendemens convenables, elle peut toujours indirectement en venir à ses fins, en rejetant le bill après la première lecture. Il paroît évident qu'une pareille autorité exercée librement et indépendamment (mettant pour le moment de côté toutes les objections que l'on peut faire contre l'influence du gouverneur sur le conseil) est d'un avantage essentiel à la constitution, si l'on réfléchit à la discorde désagréable qui auroit infailliblement lieu, si les intérêts du roi et ceux du peuple n'étoient pas balancés par un corps intermédiaire. Quelque chose que l'on puisse avancer contre l'illégalité de son origine, ce corps paroît avoir obtenu la sanction de la prescription, et être maintenant aux yeux de la loi légalement constitué. Avant de terminer cette excuse de la séparation du conseil et du gouverneur, il n'est pas hors de propos de remarquer que les colonies en ont effectivement retiré des avantages, puisqu'elle leur donne le privilège si précieux d'avoir immédiatement la sanction du gouverneur à leurs lois; au lieu que lorsqu'il étoit obligé de délibérer conjointement avec le conseil, il falloit que ces lois fussent envoyées en Angleterre pour y attendre la confirmation du roi.

Ce que je viens de dire ne tend en aucune manière à défendre l'injuste influence que le gouverneur exerce maintenant sur ce corps. Il est digne de la plus sérieuse attention des législateurs de chercher un remède à ce mal, et cela est d'autant plus urgent que les droits du conseil sont indéfinis et incertains. Il s'est trouvé des cas où ses membres ont éprouvé des humiliations indignes de leur caractère, et d'autres où ils se sont eux-mêmes arrogé des privilèges tout-à-fait incompatibles avec la liberté du peuple. L'assemblée est le corps le plus propre à effectuer cette réforme, elle paroît susceptible d'en venir à bout en faisant usage de tous ses moyens. L'objet des représentans qui la composent devroit être en même tems de diminuer considérablement le droit de suspension, dont le gouverneur est revêtu, afin de donner de l'énergie et plus d'indépendance au conseil; avantage dont il ne sauroit jouir, tant que ses membres pourront être suspendus sous les prétextes les plus frivoles. D'un autre côté, il faut user de modération, en lui communiquant ce degré de vigueur ; car rendre ses membres inamovibles, seroit un expédient dangereux, si l'on peut en juger d'après l'autorité injuste que se sont arrogée quelques colonies des Indes occidentales, en dépit même de cette influence des gouverneurs sur les conseils. Ces derniers ont, à diverses époques, exigé des amendes, emprisonné arbitrairement pour mépris de leur corps, prétendu au droit de présenter eux-mêmes les bills de subsides, d'amender ceux qui leur étoient envoyés par les assemblées, et de s'approprier le revenu public. Un conseil disposé à des mesures aussi arbitraires, loin d'être soutenu par le peuple, devroit au contraire encourir son improbation. Permettre l'accroissement d'un pouvoir aussi illégal, seroit fonder un système inexpugnable et tyrannique d'aristocratie.

CHAPITRE II.

Assemblée. — Le roi n'a pas la prérogative d'établir dans les colonies des constitutions moins libres que celle de la Grande-Bretagne. — La plupart des îles anglaises de l'Amérique colonisées par des émigrés de la mère-patrie. — Les proclamations et chartes royales ne sont que des confirmations d'anciens droits. — La Barbade et quelques autres îles étoient originairement des comtés palatins. — Comment leurs législatures locales ont été constituées. — Etendue de leur juridiction indiquée. — Comment leur fidélité au roi de la Grande-Bretagne et leur dépendance sont garanties. — Etendue constitutionnelle de l'influence du parlement sur les colonies.

L'OBJET de cette dissertation sur les assemblées coloniales, est d'indiquer les principes d'après lesquels la Grande-Bretagne confirma à ses sujets des Indes occidentales le droit de faire leurs propres lois ; après quoi, il nous restera à expliquer par quels moyens la mère-patrie s'assure de la fidélité et de la subordination de ces colonies. Ce sujet a été traité par plusieurs auteurs, c'est pourquoi il ne faut pas s'attendre à quelque chose de neuf; mais tout ce que nous desirons à présent est d'être intelligibles et clairs, et les droits dont nous allons parler ne sont heureusement pas basés sur des argumens métaphysiques.

L'on a dernièrement affirmé que le roi d'Angleterre avoit droit d'accorder aux conseils des Indes occidentales le pouvoir législatif, parce que cette mesure est fondée sur la justice, et fort avantageuse au bien public; mais l'on ne doit cependant pas conclure de cette maxime, que, par le même droit, le roi de la Grande-Bretagne soit autorisé à donner à ces colonies telle forme de gouvernement qu'il lui plaira, ou qu'il puisse en établir aucune qui ne tende pas à maintenir la liberté des colons. Le fait est que, quoique la justice et l'intérêt public soient les colonnes fondamentales de la liberté des colonies, elles ont outre cela des chartes et des contrats qui assurent aux colons de l'Amérique un droit légal et constitutionnel aux privilèges des Anglais, quand même on seroit tenté de s'écarter à leur égard des règles de la justice; mais supposer un moment que, quand il n'existeroit pas de pareils contrats et chartes pour confirmer les droits des colons, ces droits pourroient leur être contestés ; c'est aller trop loin. Les lois anglaises accordent à toutes les provinces des dominations britanniques tous les privilèges de la mère-patrie, soit que ces provinces aient été conquises, ou colonisées par des émigrés du pays. Des possessions britanniques en Amérique, les unes furent acquises par la force, et les autres trouvées sans habitans ; mais l'injustice de déposséder les naturels de leur pays natal ne donne pas même aux Européens le droit de subjuguer ces iniques usurpateurs, puisque la mère-patrie a participé aux profits ainsi qu'au crime de leur invasion.

Pour me servir des expressions de M. Long : « Soutiendra-t-on que si des forces britanniques font la conquête, ou si des aventuriers anglais prennent possession de pays éloignés, et étendent par là les limites de l'empire, en ajoutant au commerce et à l'opulence de la Grande-Bretagne ; soutiendra-t-on, dis-je, que ces individus, en considération des grands services qu'ils ont rendus à la nation, doivent être traités pire que des étrangers, privés des privilèges d'Anglais, et laissés à la merci d'une forme de gouvernement arbitraire ? ».

A l'appui des argumens de M. Long, on peut citer l'opinion de Locke sur le droit du vainqueur et du vaincu. « Le conquérant, dit M. Locke, n'acquiert, par sa conquête, aucun droit sur ceux qui ont conquis avec lui. Ceux qui ont combattu de son côté, doivent au moins rester aussi libres qu'auparavant; et le plus souvent, ils ne suivent leur chef qu'à condition de jouir d'une partie des dépouilles et d'autres avantages qui accompagnent le vainqueur, ou au moins d'obtenir une partie du pays conquis. Les conquérans ne deviendront sans doute pas esclaves par leur conquête, et ne porteront pas leurs lauriers uniquement pour montrer qu'ils sont les victimes du triomphe de leur général. Quelques individus disent que la monarchie anglaise est fondée sur la conquête des Normands, et que nos princes ont conséquemment droit à un gouvernement arbitraire. Quand cela seroit absolument vrai (mais l'histoire nous prouve le contraire), et que Guillaume eût eu le droit de faire la guerre à cette île; cependant son droit de conquête ne pourroit s'étendre que sur les Saxons et les Bretons qui habitoient alors le pays. Les Normands qui l'accompagnèrent, et l'aidèrent à conquérir, et tous leurs descendans sont libres, et n'ont pas été faits esclaves, quelqu'autorité que donne la conquête. »

Nous avons cité l'opinion de Locke en entier, parce qu'elle offre un argument irrésistible contre ceux qui, basant tous les droits à la liberté sur des formes et des constitutions, ne considèrent aucunement ce que nous devons à nos semblables, et n'ont pas d'idée qu'il faille contribuer à leur bonheur par des motifs de justice. En faisant attention à cette remarque, il paroîtra évident que les chartes et proclamations royales des princes anglais à leurs sujets des Indes occidentales, n'entendoient pas déclarer qu'on leur accordoit, dès ce moment, la liberté, et qu'elle datoit de cette époque; mais seulement reconnoître qu'ils jouissoient auparavant de la liberté, et qu'on ne lui porteroit aucune atteinte. Le retour que l'on exigeoit de leur part pour les protéger dans la possession de ces droits, accordés par la nature et non pas par l'homme, étoit fidélité à l'autorité légitime.

L'un des plus essentiels de ces droits étoit que les lois, selon lesquelles ils devoient être gouvernés, fussent consenties par eux, et qu'elles fussent également obligatoires pour le législateur que pour le gouverné. Ainsi, en Amérique et dans les Antilles, il y avoit des assemblées coloniales, dont les membres, délégués par le peuple, et vivant dans le pays, étoient trop intimement liés aux intérêts de l'Etat pour ne pas les soutenir de tout leur pouvoir. On croiroit d'abord que ce seroit assez accorder aux colonies que de leur permettre d'envoyer des députés au parlement britannique, et qu'elles ne pourroient pas se plaindre de ne pas être gouvernées par leurs propres lois, puisqu'elles seroient légalement représentées. La Barbade et les îles caraïbes, ainsi que quelques provinces de l'Amérique septentrionale, furent, dans l'origine, constituées de cette manière; mais on ne tarda pas à s'apercevoir de l'absurdité de vouloir gouverner des pays si éloignés, d'après le système de délégation, et la convenance des assemblées coloniales fut confirmée par l'expérience. Les colons ont donc un droit incontestable à être représentés d'une manière quelconque; et puisque l'on a trouvé qu'il étoit impossible qu'ils le fussent par des délégués envoyés en Angleterre, il s'ensuit qu'il faut nécessairement admettre les assemblées coloniales.

Ces assemblées ainsi constituées ressemblent, par la forme et l'étendue de leur juridiction, au parlement de la Grande-Bretagne. Les voix recueillies, le membre élu est appelé au nom du roi. Quand l'assemblée est réunie, le représentant de sa majesté lui adresse un discours; elle commence ensuite à prendre en considération les griefs, et à réformer les abus qui sont de sa compétence. Elle lance des mandats d'arrêt pour mépris de son autorité; elle donne des lois, met des impôts; et exerçant, conjointement avec le gouverneur, les actes de l'autorité suprême, elle fait, dans quelques occasions, conduire au supplice les victimes de la loi, même avant que l'on ait reçu l'approbation du roi.

La seule restriction mise sur le pouvoir législatif des assemblées coloniales, c'est que, quand il est question de lois commerciales, il ne faut pas qu'elles agissent d'une manière contraire à celles de la mère-patrie; et, en retour, la législature de la Grande-Bretagne ne doit pas interférer dans les affaires des colonies, afin qu'elles ne soient pas troublées par un assujettissement à deux corps législatifs si éloignés l'un de l'autre.

Quoique les habitans des colonies possèdent tous les droits dont je viens de parler, indépendamment de toute autre autorité, la grande influence que la couronne a sur eux, est suffisante pour que la Grande-Bretagne soit assurée de leur fidélité et de leur subordination. Ainsi, entr'autres prérogatives, le roi se réserve non-seulement la nomination des gouverneurs, des membres du conseil, et de la plupart des officiers publics de toutes les descriptions; mais il a, outre cela, le droit de *veto* sur toutes les lois, même lorsqu'elles ont été sanctionnées par son représentant, le gouverneur de la colonie où elles ont été promulguées. Le pouvoir exécutif des colonies ne se ressent pas moins de cette influence royale que le pouvoir législatif. Le gouverneur est ordinairement chancelier d'office, mais il est permis d'appeler à sa majesté de tous les décrets qu'il rend. La raison donnée pour accorder ce droit d'appel est que, sans une pareille barrière, les lois des colonies pourroient insensiblement dévier de celles de la mère-patrie, et tendre à la diminution de sa suprématie.

Outre cela, le roi, comme chef de l'empire, a le droit de faire la paix et la guerre, des traités, des ligues et des alliances avec les puissances étrangères, et les colonies sont obligées de supporter toutes les conséquences de ces opérations ; il est cependant nécessaire que sa majesté use avec modération du droit qu'elle possède, d'envoyer des troupes, d'en augmenter le nombre, et de les continuer dans le pays contre la volonté des assemblées.

Le pouvoir de déclarer la guerre et de faire la paix, dont le roi d'Angleterre est investi, se trouve suffisamment restreint par l'interposition du parlement ; il seroit donc juste que les corps législatifs des colonies jouissent d'un pareil droit de restriction. L'on a dit, pour prouver l'inutilité d'un pareil droit, que les forces militaires ne peuvent jamais être légalement employées pour des objets injustes, ou pour violer les privilèges du sujet. Ce raisonnement est loin d'être satisfaisant, et pour le réfuter, il suffit de répondre que celui qui est à la tête des forces militaires possède toujours un pouvoir très dangereux. Il ne doit pas suffire aux habitans des Indes occidentales, pour être assurés de leur liberté, de savoir qu'elle sera protégée par leurs compatriotes de la mère-patrie ; chacun doit lui-même défendre sa propre liberté, et ne pas se fier à la bienveillance d'un autre, quoiqu'il soit très-évident que la liberté de la Grande-Bretagne courra les plus grands dangers, quand les droits de ses colonies seront violés et anéantis ; ou, comme s'exprime un auteur fort élégant, « quand la Grande-Bretagne sera vouée à l'esclavage, elle le sentira s'insinuer progressivement par les extrémités de ses membres, comme le froid de la mort. »

D'après les rapports faits par les lords du *conseil-comité* sur le commerce d'esclaves, il paroît que la valeur des exportations de la Grande-Bretagne aux Indes occidentales, en 1787, (et elles n'ont certainement pas diminué depuis cette époque) montoit à 39,328,888 livres tournois; et que ces exportations, excepté pour 4,800,000 livres, consistoient toutes en marchandises et manufactures de la Grande Bretagne. Il faut comprendre dans cette estimation le premier achat des marchandises, des comestibles venant d'Irlande, et des vins des Açores et de Madère, que l'on se procure avec des capitaux anglais, et qui, par un long circuit, vont des ports britanniques dans les Indes occidentales. Il faut aussi y joindre le bois de charpente et le poisson de l'Amérique septentrionale, transportés dans des vaisseaux anglais.

Le compte officiel des exportations d'Irlande pour les années 1790, 1791 et 1792, fait monter leur valeur, estimation moyenne, à 6,653,232 liv. tournois.

Nous allons les mettre toutes sous un seul point de vue, dans l'état suivant:

	liv. tournois.
Exportations de la Grande-Bretagne directement,	39,328,888
D'Irlande,	6,653,232
	45,982,120
Ajoutez 20 pour ⁒ de frêt, etc.	9,196,424
	55,178,544
Exportations en Afrique pour l'achat des nègres,	16,038,120
—de Madère et des Açores,	720,000
—des États-Unis,	17,280,000
—de l'Amérique anglaise,	2,412,124
	36,450,244
Total	91,628,788

Les importations des Indes occidentales dans la Grande-Bretagne sont dans le tableau suivant :

Importations des Iles anglaises de l'Amérique en Angleterre, en 1788.

		QUINTAUX.	QUINTAUX.	LIV. TOURN.	LIV. TOURN.
Sucre	Montserrat, Nevis et Saint-Christophe	181,813	242,542 à 56l.	13,582,352	
	Antigue	193,783			
	La Grenade	164,976	375,596 à 55	20,656,680	
	Saint-Vincent, Tortolo et Anguille	1,124,017			
	La Jamaïque		1,288,993 à 53	68,316,629	
	La Barbade	110,955			
	La Dominique	47,610	158,565 à 54	8,572,510	111,128,171
Rum	La Jamaïque	Gallons, 3,917,797	à 2l. 10s.	7,294,493	
	Autres îles	728,645	à 2 6	1,675,883	
		2,065,696			8,970,375
Café		Quintaux. 32,285	à 108	......	3,486,364
Coton		Liv. pesant. 11,618,302	à 1 8	......	16,265,734
Gingembre.	La Jamaïque	Quintaux. 3,892	à 36	140,112	
	La Barbade	5,755	à 53	305,015	445,127
Articles divers évalués aux prix de la douane					3,730,583
Ajoutez un tiers, différence ordinaire entre les livres de l'inspecteur-général et les prix courans					14,922,354
				TOTAL ...	155,218,328

On n'a point encore rendu compte des importations directes de ces îles en Irlande et en Amérique pour l'année 1788, d'après l'autorité de l'inspecteur-général ; Je vais donc offrir l'état suivant :

	livres tournois	
En Irlande	3,062,045	
Aux États-Unis,	2,555,049	
Aux colonies anglaises de l'Amérique,	2,412,164	12ˢ
Aux colonies étrangères de l'Amérique,	437,894	8
En Afrique,	20,849	
Total	8,488,002	

Considérée comme capital anglais, la valeur des Indes occidentales a été estimée, par le conseil privé, à 1,680,000,000 tournois, par la méthode suivante de calculer :

450,000 nègres à 1,200ᵗ par tête,	540,000,000
Terres, bâtimens, outils et récoltes sur terre,	660,000,000
Valeur des maisons de ville, des vaisseaux et des équipages,	480,000,000
Total	1,680,000,000

Nous ne pouvons terminer ce sujet sans rendre un compte succinct du nombre de vaisseaux et de matelots qu'emploient directement les colonies à sucre.

Il paroît, qu'en 1787, il sortit de la Grande-Bretagne et d'Irlande, pour les Indes occidentales, six cent quatre-vingt-neuf vaisseaux (1), contenant en tout cent quarante-huit mille cent soixante-seize tonneaux, et treize mille hommes d'équipage ; ce qui, comme nous l'avons ci-devant remarqué, est égal au nombre de tonneaux qu'employoit tout le commerce d'Angleterre, il y a un siècle. Les matelots employés dans ce commerce sont bien préférables à ceux qui vont à la pêche sur le banc de Terre-Neuve, parce qu'il reste, pendant l'hiver, un grand nombre de ces derniers dans le pays ; et que, conséquemment, en cas de besoin, ils ne peuvent point contribuer à l'augmentation de nos forces maritimes.

(1) Y compris quatorze d'honduras.

CHAPITRE III.

Commerce entre les îles anglaises et l'Amérique septentrionale avant la guerre. — Articles fournis par les Américains — Vaisseaux et matelots. — Avantages de ce commerce pour la Grande-Bretagne. — Mesures du gouvernement, au rétablissement de la paix. — Mortalité des nègres occasionnée par la disette.

Lonsque l'indépendance de l'Amérique eut été pleinement confirmée par la paix de Versailles, le nouveau parlement, par une conduite dont il n'y a pas d'exemple, abandonna au roi seul la décision d'une question des plus importantes, savoir : si l'on accorderoit aux États-Unis la liberté d'importer du bois et des subsistances dans les Antilles. Il fut en conséquence nommé un conseil-comité, qui, quoique, selon toutes les probabilités, par les meilleurs motifs, se laissa égarer par des gens intéressés, qui étoient les ennemis déclarés de la nouvelle république.

Ces conseillers, insensibles à toutes les suggestions de l'humanité, ne desiroient rien avec tant d'ardeur que la ruine de l'Amérique; et, quoique la prohibition de toute correspondance entre les États-Unis et les Antilles dût être accompagnée des conséquences les plus funestes pour ces dernières, cependant pour essayer tous les moyens possibles de nuire à la république naissante, ils persuadèrent au comité de défendre une communication si avantageuse aux nouveaux républicains.

Les habitans des Antilles, à peine rétablis des calamités de la guerre, et plus affligés encore par les effets de ces ouragans terribles de 1780 et 1781, essayèrent d'exciter l'attention de leurs compatriotes, en représentant la cruauté de leur situation. Ils en appelèrent à tous ceux qui connoissoient bien l'Amérique, et demandèrent s'il étoit aucunement possible que les provinces qui restoient encore à l'Angleterre fussent en état de leur fournir du bois et des subsistances. Ils représentèrent que la nouvelle Ecosse n'avoit jamais pu fournir à ses habitans le grain nécessaire, et que conséquemment ils ne pourroient point en tirer, et que tout le bois qu'elle exportoit méritoit à peine le nom de marchandise. L'île

Saint-Jean étoit encore plus stérile ; et quoique le Canada pût quelquefois fournir du bled, il étoit prouvé que dans les années 1779, 1780, 1781 et 1782, il y avoit eu au Canada une si grande disette de bled, que l'on en avoit défendu l'exportation, et qu'actuellement même il en tiroit de l'étranger. On connoîtra mieux les maux qui accompagnèrent cette loi prohibitive, par un extrait des représentations du comité de l'assemblée de la Jamaïque, principalement sur la perte de nègres qu'elle occasionna aux planteurs.

« Nous allons indiquer, disent les commissaires, les principales causes auxquelles on doit attribuer cette mortalité parmi nos esclaves. Il n'est que trop connu à la chambre, que pendant les années 1780, 1781, 1784, 1785 et 1786, il a plu à la divine providence d'affliger cette colonie de divers ouragans, qui ont répandu la désolation dans toutes les parties de l'île; mais les paroisses qui ont plus particulièrement souffert sont celles de Westmoreland, d'Hanovre, de Saint-James, de Trelawny, de Portland et de Saint-Thomas à l'est. Ces fléaux ont absolument détruit toutes les plantations de bananes qui étoient le principal objet de nourriture des nègres, et les grandes sécheresses qui eurent ensuite lieu ont achevé de ruiner les autres terres à subsistances qui avoient échappé aux ouragans. Ceux de 1780 et 1781 étant arrivés durant la guerre, il fut impossible de se rien procurer de l'étranger, sinon quelques secours accidentels provenant de diverses prises. Il s'ensuivit en conséquence une famine dans les parties de l'île sous le vent, qui enleva plusieurs mille nègres.

« Après celui du 30 juillet 1784, le lieutenant-gouverneur, de l'avis de son conseil, publia une proclamation, en date du 7 août, qui permettoit la libre importation de bois et de subsistances sur des navires étrangers, pendant l'espace de quatre mois. Comme ce tems ne suffisoit pas pour que les étrangers en fussent avertis, et pour que les habitans pussent se procurer les objets dont ils avoient besoin, le peu de farine, de riz, et d'autres subsistances qui fut importé par suite de cette proclamation, monta bientôt à un prix si exorbitant, que l'assemblée crut, le 9 novembre, devoir présenter une adresse au lieutenant-gouverneur, pour le prier de prolonger la permission jusqu'à la fin de mars 1785; en observant qu'il étoit impossible que les productions de l'île fussent assez mûres avant cette époque pour être une nourriture saine. Le terme des quatre mois n'étant pas expiré quand cette adresse fut présentée, le lieutenant-gouverneur refusa d'y souscrire; mais le 1.er décembre suivant, l'assemblée représenta qu'une prolongation de tems étoit absolument nécessaire : elle observe que, persuadée de la répugnance que doit éprouver le gouverneur de s'écarter des règlemens auxquels il est tenu d'obéir, elle seroit extrêmement fâchée de lui demander une seconde fois la même faveur, si elle n'étoit pas convaincue que l'urgence des circonstances peut absolument justifier une pareille déviation. En conséquence, le lieutenant-gouverneur, de l'avis de son conseil, accorda une prolongation jusqu'au 31 janvier 1785; mais il informa en même tems l'assemblée qu'il n'étoit pas maître de s'écarter plus long-tems des règlemens établis par la Grande-Bretagne.

« Les ports furent donc fermés le 31 janvier 1785, et cette mesure fit éprouver aux pauvres nègres des souffrances extrêmes pendant quelques mois après : heureusement les saisons devinrent plus favorables au mois de mai, et l'on recueillit une quantité considérable de grains et d'autres provisions au mois d'août, lorsque le quatrième ouragan arriva. Le lieutenant-gouverneur défendit aussitôt l'exportation de toute espèce de nos provisions aux îles françaises et espagnoles, que l'on supposoit avoir plus souffert que nous; mais ne se croyant pas autorisé à permettre l'importation de subsistances des Etats-Unis dans des vaisseaux de cette république, les productions de l'île ne tardèrent pas à s'épuiser, et les constantes compagnes de la misère et de la mauvaise nourriture, l'hydropisie et la dyssenterie, se firent terriblement sentir au printems et pendant l'été de 1786, et enlevèrent une multitude de nègres dans toutes les parties du pays.

« Le 20 octobre de cette année-là, un cinquième ouragan dévasta les paroisses sous le vent et compléta la tragédie. Nous ne nous étendrons pas sur les conséquences qui s'ensuivirent, de peur d'être accusés d'exagération; mais ayant fait tous nos efforts pour nous procurer des renseignemens exacts du nombre d'esclaves, dont on peut attribuer la perte à ces calamités répétées, et à la malheureuse mesure d'empêcher l'importation de subsistances de l'étranger, et, à cet effet, comparé les importations et exportations de nègres depuis sept ans, avec celles des sept années précédentes, nous n'hésitons pas de le fixer à quinze mille, sans compter ceux qui ont péri par d'autres causes. Nous croyons fermement qu'il en est péri un pareil nombre par la famine et les maladies occasionnées par la disette et les mauvaises nourritures, depuis la fin de l'année 1780, jusqu'au commencement de 1787. »

L'expérience prouva que l'idée de faire fournir des subsistances aux Antilles par les provinces de l'Amérique restées soumises à l'Angleterre, étoit absurde et chimérique. Le golfe Saint-Laurent est gelé pendant sept mois de l'année, et la nouvelle Ecosse étoit encore bien loin d'être fertile. Il fut donc jugé absolument nécessaire de permettre l'importation du bois et des denrées des États-Unis. Les conséquences de cette permission se firent promptement sentir; car, en 1790, on fit passer des États-Unis à la nouvelle Ecosse 540,000 douves et fonds de barriques, 924,980 pieds de planches, 285,000 bardeaux et 16,000 cercles, 40,000 barrils de pain et de farine, et 80,000 boisseaux de grain; preuve incontestable que le Canada n'avoit pas de bois ou de grain au-delà de sa propre consommation. Je regrette de ne pouvoir dire quelles ont été les exportations du Canada et de la nouvelle Ecosse, depuis la guerre, le conseil-comité pour le commerce d'esclaves n'ayant pas dit un mot sur ce sujet.

Les exportations de l'année 1787, de nos îles à sucre à toutes nos autres possessions de l'Amérique, Terre-Neuve comprise, furent de 9,891 quintaux de sucre, 874,580 gallons de rum, 81 quintaux de cacao, 4 quintaux de gingembre, 26,380 gallons de mélasses, 200 livres de piment, 573 quintaux de café, 1750 livres de coton en laine, et plusieurs autres petits articles, tels que fruits, etc. La valeur du tout, d'après les prix courans de Londres, est de deux millions quatre cent douze mille cent soixante-cinq livres tournois. Les vaisseaux, employés à ce commerce, avoient 1,397 hommes d'équipage. Il fut, la même année, exporté aux États-Unis 19,921 quintaux de sucre, 1,620,205 gallons de rum, 124 quintaux et demi de cacao, 339 quintaux de gingembre, 4,200 gallons de mélasses, 6,450 livres de piment, 3,246 livres de café, 3,000 livres de coton en laine, 291 cuirs verds et 737 barrils de fruits; dont la valeur, en livres tournois, prix courans de Londres, monte à 4,715,049 liv.

L'abolition d'une partie des restrictions injustes mises sur le commerce qui a lieu entre les États-Unis et les Antilles, a sans doute été utile, et a momentanément soulagé les maux auxquels les îles ont été en proie ; mais la guérison complette ne pourra jamais s'effectuer par ces atténuations particlles. Tant que la communication avec les États-Unis éprouvera des entraves, et tant que les Antilles seront sujettes aux ouragans et aux sécheresses, qui détruisent les fruits de la terre, et font dépendre les malheureux habitans des subsistances importées de l'étranger, on doit s'attendre dans un tems ou dans un autre aux calamités les plus déplorables.

Si les mêmes fléaux se faisoient de nouveau sentir, comme les planteurs n'ont point de vaisseaux à eux, et que l'entrée de leurs ports est interdite à ceux des États-Unis, comment les plus riches d'entre eux seront-ils même capables de prévenir une répétition de cette famine mémorable qui emporta tant de nègres à la Jamaïque.

D'après ces considérations, il viendra certainement à l'esprit de ceux qui sont disposés à accuser les planteurs d'actes d'inhumanité envers leurs esclaves, que, voir avec indifférence cet injuste et cruel système de politique, c'est approuver des calamités plus terribles que celles que le maître le plus sévère pourroit infliger à son esclave. Plusieurs milliers de ces malheureux Africains ont déja été victimes de ce système inique ; et probablement, des milliers d'autres éprouveront encore le même sort.

CHAPITRE IV.

Objections contre les avantages revenant à la Grande-Bretagne de ses colonies américaines considérées. — Les droits mis sur les importations des Indes occidentales en Angleterre tombent-ils sur le consommateur, et dans quel cas. — Remises et primes. — Explication de ces termes, leur origine et leur convenance démontrées. — Pacte de monopole, sa nature, son origine. — Restrictions sur les colons, profits qu'en retire la Grande-Bretagne. — Avantages qui reviendroient au planteur, au trésor national et au public, s'il étoit permis aux habitans des Antilles de rafiner eux-mêmes le sucre destiné à la consommation de la Grande-Bretagne. — Projet d'établir aux Indes orientales des plantations à sucre sous la protection du gouvernement considérée. — Remontrances que l'on pourroit faire contre cette mesure et contre d'autres. — Conclusion.

Pour faire oublier à la nation ces mesures imprudentes qui avoient causé la séparation entre l'Amérique et la mère-patrie, on prit long-tems le parti de déprécier les colonies dans toutes les discussions, afin d'en diminuer la valeur dans l'estimation publique.

On maintint particulièrement comme une maxime politique incontestable, que l'Angleterre, en s'attachant au système de garder ses possessions des Indes occidentales, éprouvoit beaucoup de désavantages certains et inévitables pour lesquels elle ne recevoit aucune compensation solide. Voici les trois objections que l'on offre au public contre la possession de colonies dans les Indes occidentales : *la première*, c'est que les droits prélevés sur les productions des îles anglaises, importées dans la Grande-Bretagne, quoiqu'en première instance payés par le propriétaire ou l'importeur, retombent finalement sur le consommateur seul ; *la seconde*, que l'usage d'accorder des remises, *Drawbacks*, sur les ré-exportations est dangereux et nuisible aux vrais intérêts du commerce ; *la troisième*, que le privilège exclusif des planteurs est partial, injuste et oppresseur.

Je vais examiner ces objections, selon l'ordre où elles sont placées. Leur examen est absolument nécessaire pour compléter cet ouvrage, et je finirai par quelques observations générales.

Les planteurs ont affirmé et répètent qu'il

n'y a pas en mathématiques d'axiome mieux établi que ce qu'ils avancent au sujet du commerce, savoir ; que la valeur de toutes les denrées dans un marché dépend absolument de leur abondance ou de leur rareté, en proportion des demandes et de la consommation. Si la quantité qui se trouve au marché n'est pas égale aux demandes, il est clair que le vendeur peut mettre sa marchandise aux prix qu'il lui plaît, et c'est ce qu'il ne manque jamais de faire ; si au contraire la quantité mise en vente surpasse de beaucoup les besoins des acheteurs, la valeur des marchandises diminue nécessairement en dépit de tous les efforts du vendeur pour la soutenir. Donc si les demandes sont grandes et les marchandises rares, le vendeur se rembourse non-seulement de ses avances et des droits qu'il a payés, mais retire outre cela des bénéfices considérables. Dans le cas contraire, il perd beaucoup. Il faut qu'il ait l'habileté d'entretenir les marchés, et de faire des envois proportionnés aux demandes. Ainsi, dans les choses qui sont d'un usage journalier, telles que le cuir, le savon, la chandelle, la drêche, la bière et les esprits, on peut dire, quand on les impose, que l'impôt retombe sur le consommateur, le marché étant toujours entretenu dans la proportion ci-dessus mentionnée; parce que lorsque le marchand de ces denrées trouve les marchés trop surchargés, il fait un autre commerce.

La même remarque, quant à l'effet des impôts, est applicable aux productions et aux manufactures des nations sur le commerce desquelles nous n'avons aucune autorité. Le marchand règle ses importations sur la quantité qu'il croit vendre, et cesse d'importer quand il n'y trouve plus son compte.

Mais il faut considérer que la situation du négociant des îles de l'Amérique est tout-à-fait contraire à celle-ci; car, à peu d'exceptions près, il n'a pas d'autre marché que la mère-patrie. C'est pourquoi le prix de ses denrées est seulement réglé d'après la quantité mise en vente, et le consommateur s'embarrasse fort peu des droits dont elles sont surchargées ou des frais du vendeur; la proportion de la quantité à vendre au consommateur est la seule règle de la cherté ou du bon marché. Par quel moyen le marchand peut-il donc faire payer au consommateur la différence des droits, puisqu'il ne peut établir aucune autre différence de prix que celle qui provient de la rareté ou de l'abondance des marchandises qu'il vend ? Les prix peuvent, à la vérité, éprouver une variation par les calculs des spéculateurs; mais ni le marchand des Indes occidentales, ni le facteur de l'Europe n'est coupable d'une manœuvre à laquelle il n'a aucune part.

En supposant même que ce soit le consommateur qui paie les droits, ou que le vendeur ait plus d'occasions de hausser les prix au taux qu'il désire, il faut encore observer que, comme les productions des Indes occidentales sont des objets de luxe, et non pas de première nécessité, nombre d'individus cesseront d'en consommer, lorsque l'économie l'exigera. Quand le sucre de Muscavedo, en raison de plusieurs prises faites par l'ennemi, monta durant la dernière guerre à un prix énorme, sa consommation diminua encore plus sensiblement dans diverses parties du royaume.

Nous avons déja cité l'exemple de l'indigo pour prouver les effets des droits sur la diminution, je devrois plutôt dire l'anéantissement de sa culture dans les colonies anglaises. Les plantations de cacao, qui étoient autrefois l'orgueil de la Jamaïque et le principal objet de ses exportations, ont aussi été découragées par ces droits exorbitans, au point qu'elles ne se releveront peut-être jamais. Quoique l'exemple du café démontre d'une manière évidente ce que l'on peut gagner par une prudente réduction des droits existans, cependant telle est l'opiniâtreté de nos hommes d'état, qu'à peine la culture du gingembre eut-elle succédé à celle du cacao à la Jamaïque, qu'elle éprouva le même sort que celle qui l'avoit précédée, de sorte qu'elle est presque totalement abandonnée. De ce qui vient d'être dit, il s'ensuit que dans neuf cas sur dix, le droit tombe sur le planteur et non pas sur le consommateur; et que dans ce dixième cas où le consommateur est obligé d'en payer sa part, l'impôt est juste; car chacun devroit être taxé en proportion de ses moyens.

Nous allons, en *second lieu*, passer à la considération des remises et des primes.

Le terme *remise* ou *drawback*, d'après le langage de la douane, est appliqué au droit remboursé lors de l'exportation du sucre brut ; et le mot *prime* à l'exportation de celui qui est rafiné et exporté en pains entiers. Le mot *remise* exprime suffisamment sa signification ; car le droit originairement payé lors de son importation, est absolument refondu et rendu sans déduction ou addition lors de sa réexportation. Ce droit est maintenant de 18 francs par quintal. Quant à la prime, son origine est différente : pour encourager les rafineries à sucre dans la Grande-Bretagne, le gouvernement accorda une récompense sur l'exportation du sucre rafiné en pains, outre la remise du premier droit d'importation ; de sorte que cette récompense, jointe à la remise, faisoit une somme de 24 francs qui obtint le nom de prime. Ce remboursement de droits a été mal-à-propos regardé comme une faveur pour le colon ou l'importeur ; il suffira d'offrir quelques argumens pour prouver qu'il est fondé sur l'équité, et qu'on ne sauroit le lui refuser, tant que l'égalité et la justice feront les bases d'un gouvernement libre.

Celui qui importe des marchandises dans nos ports, ou y vient volontairement, parce qu'il croit y trouver un marché plus avantageux, ou forcément, afin que la nation ait l'avantage des premières offres de ses denrées ; dans le premier cas, il n'a pas droit de se plaindre s'il s'est trompé, il seroit encore moins raisonnable qu'il s'attendît à une remise de droits, s'il vouloit retirer ses marchandises et les porter ailleurs. Mais quand il y a contrainte, le cas est tout-à-fait différent : le planteur est non-seulement forcé d'apporter son sucre dans un marché britannique ; mais il est même tenu de le transporter dans un vaisseau anglais, et de payer certains droits avant qu'il ait la permission de vendre. Il ne peut porter son sucre à un marché étranger, que lorsque les besoins de la mère-patrie sont remplis ; et si la cargaison périssoit par accident, il perdroit le capital et les droits. Comment donc peut-on soutenir qu'il est désavantageux pour la mère-patrie de rendre les droits payés sur des denrées dont elle a eu les premières offres, et dont conséquemment elle a eu les plus grandes chances d'avantages ? Le sucre ne pourroit pas se vendre dans un pays étranger avec ce droit additionnel ; et si on l'exigeoit, ce seroit une exaction qui n'auroit pas d'excuse, puisque le sucre n'est pas un objet de première nécessité, mais de luxe. Nous n'avons jusqu'ici parlé que du sucre brut; mais ces observations sont également applicables au sucre rafiné; car ce que l'on appelle prime n'est qu'une petite modification de la remise, la récompense accordée au-dessus des droits originaires ne faisant que compenser la perte de poids du sucre brut.

D'après le calcul le plus approximatif, la perte apparente du trésor public n'est que de 23 sous par quintal, et pas davantage; mais comme chaque boucau de sucre perd considérablement de son poids, après que le droit a été payé et avant qu'il soit travaillé, et comme, par les réglemens faits à ce sujet, on paie un droit pour une plus grande quantité de sucre que n'en contient effectivement le boucau, on peut dire, estimation modérée, que tous les sucres en général perdent 76 l. par boucau, ce qui, en raison de 18 francs de droits d'importation par quintal, est une perte réelle de 9 francs pour le planteur, et conséquemment un bénéfice d'égale valeur pour le trésor. L'importation annuelle de sucre brut est de 160,000 boucaux de douze quintaux net. Or, en supposant que la totalité de ces importations soit réexportée et reçoive 18 francs par quintal de remise, il n'en est pas moins vrai, qu'à cause du déchet de ces marchandises et de la différence de poids qu'il occasionne, le gouvernement aura toujours reçu entre 1,200,000 livres et 1,440,000 l. tournois de droits par an plus qu'il n'est obligé de rendre en remises et en primes sur ces mêmes denrées.

Il nous faut maintenant répondre à la *troisième objection*, savoir, le monopole du commerce.

Pour compenser les restrictions auxquelles les colons sont obligés de se soumettre, ils ont obtenu le privilège exclusif d'apporter leurs marchandises dans les ports britanniques pour les vendre. Cet arrangement a été appelé le *double monopole*. Le prix auquel les colons achètent leur part de cet avantage est celui-ci : il leur est défendu d'acheter à des étrangers plusieurs objets qui ne sont pas des productions ou fabriques de la Grande-Bretagne, et que des étrangers pourroient donner à meilleur compte; de sorte que la mère-patrie retire un double avantage. Les objets que les étrangers pourroient fournir sont très-nombreux; cependant l'acte de navigation est si rigoureusement observé, que dans une circonstance terrible et mémorable, 15,000 nègres furent sacrifiés à ce système, comme nous l'avons raconté plus haut.

D'après le même principe, la Grande-Bretagne ne permet pas au colon, en tems de guerre, de se servir de navires neutres qui seroient beaucoup plus sûrs et à meilleur compte, afin que sa marine militaire et marchande soit sur un pied plus respectable. Quelqu'onéreuses que soient ces restrictions, elles ne sont pas si vexatoires que celle qui interdit au colon le pouvoir de rafiner chez lui les productions de ses îles, et l'oblige d'apporter en Angleterre ses marchandises brutes. Cela s'effectue par le moyen d'énormes droits. Défendre à un grand corps, dit l'auteur de la *Richesse des Nations*, de tirer tout le parti possible de ses propres productions, ou d'employer ses moyens et son industrie de la manière qu'il trouve la plus avantageuse, est une violation manifeste des droits les plus sacrés du genre humain. Mais l'habitant des îles de l'Amérique est forcé de se soumettre à cette violation, pour prix des avantages qu'il peut retirer du double monopole, et du droit d'être regardé comme Anglais. Tout considéré, il ne revient aucun bénéfice de cette interdiction de manufacturer ses propres productions dans les îles de l'Amérique, à laquelle le colon est assujéti; au contraire, la Grande-Bretagne y gagneroit considérablement davantage, en permettant au planteur de rafiner le sucre qu'il cultive.

Pour prouver cette assertion, il suffira de dire que le déchet du sucre brut, dans le transport, a été estimé en prenant le taux moyen de quatre années, à 12,440,000 liv. tournois, et que l'on peut conséquemment calculer la perte qu'en éprouve le revenu public. En second lieu, il y a une perte positive, au moins de 30 francs, de mélasses et sirops sur chaque boucau de sucre de Muscavedo embarqué pour la Grande-Bretagne, outre la perte ci-dessus mentionnée. Sans parler du frêt, il est évident à tout le monde que le planteur auroit un avantage décidé et considérable, s'il pouvoit rafiner son sucre chez lui, parce qu'il y a ses capitaux et ses approvisionnemens.

Il possède non-seulement les matières premières, mais il a outre cela des bâtimens et des ustensiles de toute espèce, et il ne lui faudroit faire que peu de frais pour compléter sa manufacture.

Il n'y a point de doute que la perte éprouvée par le gouvernement, en raison d'une moindre importation de sucre de Muscavedo, ne pût être compensée par une augmentation de droits sur le sucre rafiné : or, dans ce cas, le revenu ne seroit pas diminué ; les profits du planteur seroient suffisans, et l'Angleterre auroit son sucre à meilleur compte qu'elle ne l'achète aujourd'hui.

Il est bien singulier que, malgré tout ce que le public a vu et reconnu des avantages réciproques qui existent entre la Grande-Bretagne et ses colonies, quoique l'on ait prouvé dans plusieurs occasions, et par mille argumens irrésistibles, que les Antilles, en retour du monopole qui lie la mère-patrie à encourager et à protéger leur commerce, donnent des profits qui ne sont pas inférieurs à ceux qu'elles retirent ; il est, dis-je, bien singulier que l'attention publique soit cependant grandement attirée par un projet qui, sans être d'aucun avantage aux Anglais eux-mêmes, doit nécessairement produire la ruine de ces îles. Ce projet est de cultiver le sucre dans les régions éloignées des Indes orientales, et de tirer notre sucre de colonies qui ne prennent presque rien de chez nous, qui sont plutôt propres à ruiner qu'à augmenter nos manufactures, et, en dernier lieu, dont la distance doit rendre leur commerce moins profitable que celui des Indes occidentales. D'ailleurs, il n'est pas proposé de changer le monopole en un commerce libre ; on ne veut que transférer le monopole de l'ouest à l'est.

En un mot, si un colon qui n'est pas courtisan, pouvoit librement et explicitement exposer aux ministres le traitement qu'ont éprouvé nos colonies depuis vingt ans, il découvriroit une série de faits, peu agréable à la vérité à entendre, mais difficile à réfuter ou à éluder. Un pareil individu, sans s'écarter de la vérité, pourroit leur donner un détail à-peu-près comme le suivant.

« Il est bien connu, diroit-il, que les colonies qui sont tombées au pouvoir des

Français ont considérablement souffert; et qu'à la paix, les planteurs qui avoient survécu aux vexations de l'ennemi et n'étoient pas absolument ruinés, comme il s'en trouva beaucoup, étoient dans un embarras qui en approchoit. Pour l'honneur du nom anglais, on doit mettre dans nos archives, qu'aussitôt qu'une île étoit prise par les ennemis, les propriétés de ses habitans étoient traitées, à tous égards, comme celles de nos ennemis naturels. Vos vaisseaux de guerre étoient en croisière, et saisissoient nos effets par-tout où ils les trouvoient. Le pavillon neutre ne fut pas même une garantie contre vos déprédations; jusqu'à ce que les premières autorités de la loi eussent prononcé qu'une pareille conduite étoit illégale, et que le parlement eût interposé pour faciliter le transport des productions de la Grenade, qui étoient encore exposées à être capturées, l'île s'étant rendue à discrétion. Les ouragans mêmes, ces fléaux terribles, qui arrêtent ordinairement la vengeance des hommes, et qui, excitant chez eux des sentimens de compassion, les disposent à des actes de fraternité, n'eurent aucun effet sur vous, et ne purent vous engager à laisser un libre passage aux objets de première nécessité ; et votre rapacité fit mourir de faim ceux que la tempête avoit épargnés.

« La guerre cessa, et avec elle la domination de France sur les îles (excepté sur Tabago qui lui fut cédé à perpétuité); mais nos souffrances continuèrent, car le traité de 1782, qui accorda la paix et l'indépendance à l'Amérique septentrionale, ne fit que transférer la guerre dans les îles à sucre ; puisque, depuis cette époque, elles n'ont jamais cessé d'éprouver des vexations d'un genre ou d'un autre. La première mesure qui leur fut nuisible prit sa source dans la politique de l'état. Il fut jugé nécessaire de rompre leurs liaisons avec le continent. La conséquence fut que, la Jamaïque étant privée des productions qui servoient à la subsistance de ses nègres, par une série de tempêtes et de saisons défavorables, elle perdit 15,000 esclaves par la famine. Et vous parlez encore d'humanité, comme si c'étoit une vertu nationale!

« Quelle a depuis été la conduite de la Grande-Bretagne à notre égard ? On peut l'apprendre par les conversations du jour ;

par la conduite de grandes sociétés réunies pour l'abolition de la traite des nègres, et définitivement de l'esclavage même. On peut l'apprendre par les établissemens projetés, et mis à exécution sur la côte d'Afrique, dans des vues publiquement avouées contraires à nos intérêts. On peut l'apprendre par nombre de paragraphes incendiaires et de pamphlets calomnieux qui paroissent tous les jours, pour perdre les planteurs des Antilles dans l'opinion publique. On peut l'apprendre enfin par cette multitude d'adresses au peuple, pour l'exhorter à ne plus faire usage de sucre, et finalement par diverses propositions de faire diminuer le prix de cette denrée. Cet esprit se manifeste de tant de manières, qu'il y a bien lieu de conclure que c'est absolument un parti pris de ruiner les colonies à sucre, et que les vexations que nous avons jusqu'ici éprouvées ne sont que le prélude du système qui doit être consommé par la grande mesure de nous créer des rivaux dans vos établissemens de l'Asie.

« On a accusé les colonies à sucre d'être fort dispendieuses et d'occasionner des guerres. Jamais les Antilles n'ont été cause de la guerre ; mais quand la France et l'Angleterre se querellent, quel qu'en soit le sujet, c'est ici qu'elles viennent décider leurs différends. Les îles deviennent alors le théâtre de la guerre, elles sont les victimes, mais jamais l'origine des contestations de ces deux Puissances. Les habitans des îles françaises et anglaises entretiennent entr'eux une correspondance amicale, et souhaiteroient une paix éternelle ; et ils ont bien raison, car qu'ont-ils à gagner de la guerre ?

« Quand donc nous réfléchissons aux différens moyens qui ont été employés pour prévenir les esprits contre les planteurs, nous ne pouvons point du tout concevoir ce qui a pu exciter contre nous tant de haine ; puisqu'il n'existe aucune des causes qui provoquent ordinairement l'envie et produisent la méchanceté. Les colons (à quelques exceptions près) ne sont point remarquables par leurs fortunes colossales ou par leur ostentation. Ils ne s'élèvent pas soudainement de la pauvreté et du néant aux premiers rangs de l'état. Ceux qui possèdent des fortunes assez considérables, comme il s'en trouve quelques-uns à la

Jamaïque, ne sont pas de nouveaux parvenus. Leurs noms se trouvent dans les premières archives de l'île, et leur établissement est aussi ancien que celui de la colonie : donc leurs propriétés sont les fruits des travaux de plusieurs générations.

« Il y en a véritablement qui ont un revenu suffisant pour vivre, avec économie, dans ce pays-ci ; mais la plupart sont des hommes mal-aisés, réduits, à cause de leurs dettes, à travailler le reste de leur vie dans les colonies, dans l'espoir qui élude toujours leurs efforts, de passer des jours plus heureux et de sortir de leurs embarras. Il y eut des tems où leurs efforts auroient pu être couronnés de succès et les tirer d'embarras ; mais il semble que l'on regarde la pauvreté comme l'héritage légitime de tous les planteurs des Antilles.

« Si le ministère a dessein de ruiner ces colonies, il peut l'effectuer en encourageant une culture étendue de la canne à sucre dans les Indes orientales, pour en fournir les marchés de l'Europe ; et nous n'avons que la justice à opposer au pouvoir, car il nous est impossible de repousser les injures. Nos murmures seroient inutiles et notre ressentiment impuissant ; mais ce seroit faire un lâche abandon de nos intérêts de nous laisser intimider de manière à renoncer volontairement à nos droits. Nous protestons donc contre toute innovation, et nous adhérons au système du double monopole : c'est dans ce port que nous nous réfugions ; et s'il n'y a nulle part aucune sûreté contre la tempête et les afflictions de la providence, nous n'en trouverons pas ici davantage contre l'injustice des hommes ; mais nous aurons du moins la consolation de n'avoir rien à nous reprocher, et de ne laisser à la postérité aucun sujet de blâme ! »

Il est difficile de concevoir quelle réponse on pourroit donner à une remontrance telle que celle-ci. Si cependant ce n'est pas l'intention du gouvernement de violer la foi nationale envers les colonies, il seroit facile de détruire toutes les craintes des colons à cet égard. Quant au reste, il faut être juste, s'il se trouve dans cette remontrance de grandes vérités, il y a néanmoins beaucoup à dire pour donner satisfaction aux habitans des îles. On peut leur représenter que les colonies sont redevables à la mère-patrie de leur origine, de leur établissement et de leur gouvernement. Si dans la fatale querelle qui s'est terminée par le démembrement de l'empire, elles ont souffert leur part des calamités publiques, il faut se rappeler que toutes les îles, excepté Tabago, qui avoient éprouvé les horreurs d'une domination étrangère, ont, à la paix, été rendues à la liberté et à la protection de la Grande-Bretagne. Elles ont tous les privilèges d'un peuple libre; dans l'intérieur, elles sont imposées par leurs propres représentans, de sorte qu'elles ne jouissent pas seulement d'un simulacre de liberté, mais de l'esprit et de la substance de la constitution britannique.

RELATION

De la colonie française de Saint-Domingue.

CHAPITRE PREMIER.

ÉTAT POLITIQUE DE SAINT-DOMINGUE AVANT 1789.

CETTE colonie, comme tous les autres établissemens des Antilles, étoit habitée par trois classes différentes d'individus. La première étoit celle des blancs; la seconde celle des gens de couleur et des nègres libres, et la dernière celle des nègres esclaves. Les gens de couleur étoient les descendans illégitimes de blancs et de noirs. Il se trouvoit différentes nuances de sang mêlé, selon la couleur la plus ou la moins approchante du noir ou du blanc; mais tous ces individus étoient connus sous le nom général de mulâtres. Le peu d'usage du mariage à Saint-Domingue fit que ces derniers devinrent presque aussi nombreux que les blancs, étant estimés à 24,000, tandis que les blancs ne passoient pas 30,000.

Avant l'année 1789, le gouvernement de Saint-Domingue étoit composé d'un intendant et d'un gouverneur-général, tous deux nommés par le roi, pour l'espace de trois ans. Dans quelques cas leurs pouvoirs étoient distincts, et dans d'autres réunis. Dans les derniers tems, leur administration réunie étoit arbitraire, illimitée et minutieuse, s'étendant à toutes les questions de finances et de police.

Ils émettoient des ordonnances, nommoient aux places vacantes dans les conseils et les cours de justice, et distribuoient à leur gré les domaines royaux. La seule sûreté du peuple résidoit dans les contestations qui s'élevoient fort heureusement entre les hommes qui partageoient cet immense pouvoir ; mais même dans ces querelles l'autorité du gouverneur avoit la prépondérance. Son pouvoir suprême sur les forces navales et militaires ; son droit d'emprisonner sans donner de raison, et l'impuissance de faire aucune arrestation sans sa sanction, rendoient les juges ses esclaves et le mettoient au-dessus des lois. La place d'intendant, quoiqu'elle ne donnât pas un pouvoir si considérable, étoit plus dangéreuse pour la vertu de celui qui la possédoit. L'homme qui avoit le contrôle et l'inspection de tous les droits et impôts, et qui étoit autorisé à les employer comme il le jugeroit à propos, devoit avoir une intégrité peu commune pour ne pas succomber à la tentation. Les impôts et droits dont nous parlons, étoient mis par une assemblée qui se créoit elle-même, et qui étoit composée des deux grands officiers dont nous venons de faire mention, de quelques commandans de milice, des présidens des conseils provinciaux, et, en dérision du peuple, se nommoit assemblée coloniale.

La colonie étoit divisée en trois provinces, celle du nord, celle de l'ouest et celle du sud. On pouvoit appeler des sentences des cours inférieures de ces divisions aux cours supérieures du Cap-Français et du Port-au-Prince. Celles-ci étoient composées du gouverneur, de l'intendant, des lieutenans de roi, de douze conseillers et de quatre assesseurs. Les lieutenans de roi étoient des militaires qui n'avoient aucune liaison avec l'autorité civile, et qui étoient absolument à la disposition du gouverneur. Les conseillers n'étoient guères plus indépendans. Lorsque le prince de Rohan agissoit comme gouverneur de cette colonie, il les fit arrêter sur leur siège, mettre aux fers et conduire à Paris, où ils restèrent long-tems à la Bastille, sans avoir eu l'avantage d'être jugés.

On peut aisément concevoir les conséquences d'une pareille influence sur les ministres de la justice. La corruption et l'iniquité dirigeoient ordinairement leurs décisions. Cependant il y avoit appel au roi, où le jugement étoit ordinairement plus équitable.

La colonie étoit divisée en cinquante-deux paroisses, dont chacune fournissoit une ou plusieurs compagnies de blancs, nègres et gens de couleur, pour former la milice. Les troupes du roi montoient en général à 2 ou 3000 hommes.

Le bonheur ou le malheur d'une colonie ainsi constituée, devoit principalement dépendre du gouverneur qui y étoit envoyé. Heureusement les progrès de l'industrie avoient tellement dégagé les colons de leurs anciens préjugés, qu'ils ne croyoient plus que le centre du bonheur et de la considération fût placé dans une haute naissance et des liaisons de noblesse. Les fruits du commerce et de l'industrie avoient tellement élevé la partie roturière de la communauté, qu'elle jouissoit de ses richesses sans être méprisée pour ne pas avoir de titres. Le triomphe de la justice sur les préjugés ne s'étendoit cependant pas plus loin ; quelque excuse que l'on puisse donner pour l'usage dominant de déprécier les hommes, uniquement en raison de leur couleur, on ne sauroit nier que les gens de couleur de cette colonie n'éprouvassent les plus grandes injustices et le plus souverain mépris (1). Le nègre esclave avoit un maître, intéressé à le défendre et à le protéger ; mais les mulâtres, considérés comme les esclaves du public, étoient insultés et vexés sans aucun espoir de justice. Arrivés à l'âge viril, ils étoient obligés de servir

(1) Dans cet endroit M. Edouard s'efforce philosophiquement de *pallier* cette propension dominante de l'espèce humaine de mépriser la couleur des individus, sans avoir égard à leur mérite.

pendant trois ans à l'armée, et quand le tems de leur service étoit expiré, ils étoient forcés de travailler, la plus grande partie de l'année, à l'entretien des grandes routes. Afin d'éteindre chez eux tout sentiment d'une ambition généreuse, et tout moyen de sortir de leur état avilissant, il ne leur étoit pas permis de posséder aucun emploi public, et ils ne pouvoient pas même suivre une profession honorable ou qui exigeât une éducation honnête. La loi défendoit au mulâtre d'être prêtre, jurisconsulte, médecin, chirurgien, apothicaire ou instituteur. La plus petite teinte du sang africain répandoit un mépris universel sur le caractère de l'homme; conséquemment aucun blanc qui savoit se respecter, ne vouloit s'allier avec une femme de couleur ou une négresse. Les lois sanctionnoient cruellement ces préjugés populaires : le mulâtre qui avoit le malheur de frapper un blanc, étoit condamné à avoir le poignet droit coupé; tandis que le blanc, pour une pareille offense, n'étoit puni que d'une petite amende. Il est vrai que la rigueur de la loi étoit en quelque sorte modifiée par les mœurs des habitans, qui ne suivoient pas strictement des édits si inhumains. Une autre circonstance en faveur des mulâtres, c'est qu'ils avoient droit de posséder des propriétés autant qu'ils pouvoient en acquérir, et que par ce moyen les plus riches avoient le pouvoir de corrompre les administrateurs vénaux de la justice, quoique néanmoins cette supériorité de richesses ne corrigît en aucune manière cette insolence que le blanc le plus vil étoit toujours enclin à leur faire éprouver.

Les nègres esclaves, qui composoient la troisième classe d'habitans, montoient en 1789 à 480,000. Dès le règne de Louis XIV on avoit fait en leur faveur un code de lois qui fait honneur à son auteur. Mais là où la crainte est la base d'un gouvernement, comme il est nécessaire que cela soit dans tous les pays où l'esclavage existe, la doctrine de la force et non pas celle du droit doit être maintenue, ou l'autorité ne tarde pas à être renversée. Nous avons déja parlé du traitement des nègres dans les colonies anglaises ; il étoit à-peu-près le même dans cette île. S'il se trouve quelque différence entre le traitement des esclaves français et celui des anglais, c'est que les derniers ont une plus grande portion de viande, et que les premiers sont mieux vêtus. Après tout, les habitans de Saint-Domingue de toutes les classes étoient moins misérables que l'on n'auroit dû s'y attendre, avec un aussi mauvais gouvernement que celui que nous venons de décrire. En dépit des maux politiques, on y apercevoit des signes de prospérité ; leurs villes étoient opulentes, l'abondance régnoit dans leurs marchés, leur commerce étoit étendu et l'agriculture faisoit des progrès. Tel étoit l'état de la colonie française de Saint-Domingue en 1788. Dans le cours de cette année si remplie d'événemens, les principes de liberté qui avoient passé de l'Amérique en France, commencèrent aussi à pénétrer dans ses colonies. La nécessité de nouveaux arrangemens et d'une grande réforme dans les abus multipliés et invétérés, devint évidente. Les effets des vigoureux efforts qui furent faits pour obtenir cette réforme, peuvent nous fournir plusieurs leçons fort importantes : c'est pourquoi ils feront le sujet du chapitre suivant.

CHAPITRE II.

Depuis la révolution de 1789, jusqu'à la réunion de la première assemblée générale de la colonie.

A L'ÉPOQUE mémorable où les états-généraux de France furent convoqués (décembre 1788) le gouverneur de la partie française de Saint-Domingue étoit M. Duchilleau, homme que l'on supposoit favoriser secrètement les prétentions du peuple. Mais l'influence que cette supposition lui avoit conservée, s'évanouit graduellement à mesure que l'esprit d'innovation devint plus hardi et plus décisif. Ce fut donc en vain qu'il essaya de dissoudre les assemblées révolutionnaires, qui, en dépit de ses proclamations, élurent et envoyèrent en France dix-huit députés (six par province) pour représenter Saint-Domingue. A l'époque de leur arrivée, les états-généraux s'étoient déclarés assemblée nationale; mais, quoique favorable au systême représentatif, cet auguste corps maintint que dix-huit députés étoient trop pour Saint-Domingue, et il n'y en eut que six qui furent admis.

Quoique les représentans des Antilles fussent reçus dans le corps législatif, les colonies ne jouissoient cependant pas de beaucoup de popularité en France. La nation, alors pleine d'enthousiasme pour les droits du genre humain, ne pouvoit pas voir de bon œil des hommes qui ne vouloient la liberté que pour eux-mêmes, et qui la refusoient aux autres. L'indignation du peuple prit tous les jours un accroissement de force par les discours de cette association puissante, appelée *Société des amis des noirs;* et les extravagances des planteurs qui résidoient en France contribuèrent aussi à augmenter la haine générale. La société des amis des noirs étoit une imitation d'une société de Londres, qui avoit le même nom, mais dont les intentions n'étoient pas tout-à-fait les mêmes. Celle d'Angleterre s'étoit efforcée d'adoucir le traitement des esclaves, en persuadant au gouvernement d'abolir la traite des nègres. La société française manifestoit son horreur pour l'esclavage même, ainsi que pour le commerce d'Afrique, et attaquoit ces partisans de la liberté qui osoient se dire possesseurs d'hommes. En même tems, les amis des noirs entretinrent des liaisons intimes avec les gens de couleur de Saint-Domingue qui faisoient leur éducation en France, s'efforcèrent de les convaincre de leur droit à la délivrance des maux auxquels ils étoient depuis si long-tems assujétis, et en appelèrent chaudement à la générosité de la nation en leur faveur. Le cœur de chaque Français s'intéressoit à leurs souffrances, et l'indignation contre les habitans blancs prit un aspect sérieux.

Cette animosité contre les maîtres d'esclaves eut probablement quelque influence sur l'assemblée même, quand elle fit cette célèbre déclaration que tous les hommes naissent et continuent égaux en droits. Jusqu'ici les habitans blancs de Saint-Domingue n'avoient pas regardé les amis des noirs, et même la nation française entière, d'un trop bon œil, parce qu'ils sentoient bien que les principes d'une liberté universelle et sans restriction, avoués dans la mère-patrie, menaçoient d'anéantir leur autorité sur leurs esclaves. Cette déclaration les anima davantage contre les amis des noirs, parce qu'ils la regardèrent comme un coup dangereux et impardonnable, contre leur autorité sur les nègres et gens de couleur. Avant cette époque, les Français avoient décrété l'institution d'assemblées coloniales; mais ces décrets avoient été rendus lentement, et les colons de Saint-Domingue n'avoient pas eu la patience de les attendre. De grandes assemblées s'étoient constituées dans les provinces, et il y avoit des assemblées de paroisse pour communiquer plus facilement leurs sentimens. Entr'autres résolutions, les assemblées provinciales arrêtèrent que c'étoit leur intention d'être mieux représentés, et déclarèrent qu'elles vouloient former une assemblée générale, comme une mesure absolument nécessaire, si, avant l'espace de trois mois, elles ne recevoient pas des ordres à cet effet. En même tems, les gens de couleur de Saint-Domingue, instruits de leurs droits, et informés des sentimens des Français à leur égard, réclamèrent hautement contre leur assujétissement, et devinrent extrêmement remuans. Mais ils furent bientôt soumis; car ils n'avoient pas d'ensemble.

Il faut rendre justice aux assemblées provinciales ; elles ne parurent pas ennemies de la modération, et traitèrent les prisonniers avec moins de rigueur qu'on n'auroit dû s'y attendre. Mais la populace fut cruelle et furieuse contre les gens de couleur, et plus particulièrement contre les blancs qui eurent la générosité de s'avouer leurs amis. Un magistrat du Petit Gove (M. Ferrand de Beaudierre) avoit résolu d'épouser une femme de couleur; mais craignant que sa conduite ne fût blâmée, il attaqua les préjugés invétérés de ses compatriotes contre les gens de couleur, et fit un mémoire en leur faveur, dans lequel ils réclamoient tous les avantages de la déclaration des droits. Il fut arrêté comme séditieux, et incarcéré par le comité paroissial; mais la populace l'arracha de force de sa prison, et, en dépit de la municipalité, le mit inhumainement à mort.

Au commencement de janvier 1790, on reçut l'ordre du roi de convoquer une assemblée. Le tems et le lieu de sa réunion, ainsi que quelques circonstances relatives à sa constitution, ayant été regardés comme incompatibles avec le bien-être de la co-

Ionie, cet ordre fut traité avec mépris, et les choses arrangées d'une manière agréable aux habitans. La mère-patrie ne tarda pas à être informée des dispositions de Saint-Domingue ; et les villes de commerce, alarmées par le danger qui menaçoit leurs intérêts, sollicitèrent le gouvernement pour obtenir des mesures conciliatoires. L'assemblée prit l'affaire en grande considération, et il fut décrété, par une grande majorité, que son intention n'avoit jamais été de se mêler du gouvernement intérieur de la colonie ; que les colons étoient absolument maîtres de la formation de leur législature ; et l'assemblée promit solemnellement de ne faire aucune innovation directement ou indirectement, dans le système commercial qui concernoit les colonies. Quelque agréable qu'eût pu être cette déclaration aux blancs de Saint-Domingue, elle excita des réclamations de la part des amis des noirs. Ils la regardèrent comme une approbation impardonnable de la traite des nègres, et un aveu que les planteurs de Saint-Domingue n'étoient point soumis à la France, mais un peuple indépendant. L'assemblée nationale paroît néanmoins avoir eu des intentions patriotiques; et il est raisonnable de croire que ce corps respectable de législateurs avoit la conservation de la colonie en vue, et non pas la continuation de l'esclavage, quand il rendit ce décret. Avec l'exemple des Etats-Unis devant les yeux, il étoit plus que probable que les habitans de Saint-Domingue auroient secoué le joug de la France, si les animosités avoient été alimentées par un décret d'une autre nature. On verra jusqu'à quel point les représentans des assemblées coloniales étoient disposés à devenir indépendans, par ce qui se passa dans leurs diverses séances jusqu'à la dissolution de leur assemblée générale. Nous en parlerons dans le chapitre suivant.

CHAPITRE III.

Opérations de l'assemblée générale de Saint-Domingue jusqu'à sa dissolution, et l'embarquement de ses membres pour la France.

LE 16 avril 1790, l'assemblée générale de Saint-Domingue se réunit à la ville de Saint-Marc ; elle étoit composée de deux cent treize membres. Cependant les assemblées provinciales continuèrent d'exercer leurs fonctions, ou nommèrent des comités pendant leur séparation. L'amélioration des lois des esclaves, et le redressement des griefs les plus insupportables des gens de couleur, devinrent les premiers objets de la délibération de ses membres. Ils s'occupèrent ensuite de la réforme des abus grossiers qui subsistoient dans les cours de justice et qui étoient devenus intolérables, et après cela du plan d'un nouveau gouvernement colonial ; cela dura jusqu'au 28 mai. A cette époque, le gouverneur général étoit un M. Peynier, grand aristocrate, qui encouragea et soutint secrètement cette bande d'officiers civils, dont les vues avoient été contrariées par la dernière révolution. Les officiers militaires qui avoient été accoutumés à partager une partie de l'autorité dans le régime tyrannique, se réunirent à cette association secrète, et projetèrent la ruine de la nouvelle constitution. Peynier continua à la tête de cette infâme coalition, jusqu'à l'arrivée du chevalier Mauduit, colonel du régiment du Port-au-Prince, dont les talens supérieurs lui firent éclipser le premier. Il avoit passé par l'Italie, et avoit, à Turin, pris congé du comte d'Artois, à la fortune duquel il étoit attaché. Ses premières opérations prouvèrent que c'étoit un scélérat consommé. Il se déclara le patron et le protecteur des gens de couleur, jusqu'à ce que son hypocrisie lui eût gagné leur confiance. Avec leur assistance, il proposa de rétablir l'ancien système d'injustice, et réussit malheureusement à diviser deux classes d'hommes, dont les vues, si elles avoient été cimentées par la bonne intelligence, auroient pu effectuer leur bonheur réciproque, et prévenir bien des malheurs. Si les planteurs avoient été fermement unis, peut-être auroient-ils détruit les projets de leurs ennemis ; mais les assemblées provinciales se querellèrent, et fournirent ainsi une occasion à leur ennemi commun, le pouvoir exécutif, de leur déclarer plus efficacement la guerre. Le motif ostensible du gouvernement, pour commencer à attaquer les représentans de l'île, fut le célèbre décret que l'assemblée coloniale rendit le 28 mai 1790. Le préambule de ce décret déclare que le droit de confirmer les lois réside essentiellement dans l'assemblée, et que, conséquemment, elle ne peut le déléguer. Les articles qui le suivent sont au nombre de dix :

« 1°. Le pouvoir législatif, en tout ce qui concerne le régime intérieur de la colonie, réside dans l'assemblée de ses représentans, qui sera appelée l'*Assemblée générale de la partie française de Saint-Domingue*.

« 2°. Aucun acte du corps législatif, en ce qui concerne le régime intérieur de la colonie, ne sera regardé comme *loi*, à moins qu'il ne soit agréé par les représentans de la partie française de Saint-

Domingue, librement et légalement élus, et confirmés par le roi.

« 3°. En cas d'urgence, un arrêté de l'assemblée générale, en ce qui concerne le régime intérieur des colonies, sera regardé comme *loi provisoire*. Dans tous les cas, l'arrêté sera notifié au gouverneur-général, qui, dans les dix jours de la présente notification, sera tenu de le promulguer et de le faire exécuter, ou de transmettre ses observations à ce sujet à l'assemblée générale.

« 4°. La nécessité du cas dont dépendra l'exécution d'un pareil décret provisoire, fera une question séparée, et aura besoin de la majorité des deux tiers de l'assemblée générale, pour passer à l'affirmative, prise par appel nominal.

« 5°. Si le gouverneur-général envoie ses observations sur un semblable décret, elles seront mises dans le procès-verbal de l'assemblée générale, qui commencera alors la révision du décret, et l'examen des observations y relatives, dans trois séances différentes. Les voix, pour confirmer ou annuller le décret, se prendront par *oui* et par *non*, et une minute des opérations sera signée par les membres présens, dans laquelle seront inscrites les voix des deux côtés de la question ; et s'il paroît qu'il y ait une majorité des deux tiers en faveur du décret, il sera sur-le-champ mis à exécution par le gouverneur-général.

« 6.º Comme toutes les lois doivent être fondées sur le consentement de ceux qui doivent y obéir, la partie française de Saint-Domingue pourra proposer des règlemens concernant les rapports commerciaux et autres rapports communs, et les décrets rendus à cette occasion par l'assemblée nationale, n'auront force de lois dans la colonie, à moins qu'ils n'aient été consentis par l'assemblée coloniale.

« 7.º Dans les cas d'extrême nécessité, l'importation d'objets pour la subsistance des habitans ne sera pas regardée comme une brèche du système des règlemens commerciaux entre Saint-Domingue et la France; pourvu que les arrêtés pris, en pareil cas, par l'assemblée générale, aient été soumis à la révision du gouverneur-général, aux conditions et modifications prescrites dans les articles 3 et 5.

« 8.º Pourvu aussi que tout acte de l'assemblée générale, exécuté provisoirement en cas d'urgence, soit transmis à la sanction du roi, et si le roi refuse sa sanction à un pareil acte, l'exécution en sera suspendue, aussitôt que le refus du roi aura été légalement notifié à l'assemblée générale.

« 9.° L'assemblée générale sera renouvelée tous les deux ans; et aucun des membres qui ont siégé dans l'assemblée précédente, ne sera éligible à la nouvelle.

« 10.° L'assemblée générale arrête que les articles précédens, comme formant une partie de la constitution de la colonie française de Saint-Domingue, seront immédiatement transmis en France pour recevoir la sanction du roi et de l'assemblée nationale. Ils seront aussi transmis à tous les districts et à toutes les paroisses de la colonie, et notifiés au gouverneur-général. »

Parmi les hommes, même d'opinions différentes, cet arrêté excita du mécontentement. Il fut regardé comme incompatible à l'existence de la subordination coloniale, que le délégué du roi fût privé du droit de la négative ou du *veto* sur les actes de l'assemblée. Pour atténuer cette inconséquence, et encore plus cette innovation hardie de se constituer juges des actes de l'assemblée nationale de France, on peut seulement dire que les circonstances étoient nouvelles et les législateurs sans expérience. Il n'est pas à croire qu'ils aient eu en vue de secouer le joug de la mère-patrie; mais il se répandit un bruit, qui fut accrédité, que la colonie étoit vendue aux Anglais, et que l'assemblée de Saint-Domingue avoit reçu quarante millions à cet effet. Les paroisses de l'ouest rappelèrent leurs députés, et celles du Cap-Français refusèrent d'obéir à l'assemblée générale, et présentèrent des pétitions au gouverneur pour le prier de la dépouiller de son autorité. Peynier fut content de la disgrace des représentans, les deux partis n'étoient pas enclins à un accommodement, et il arriva une circonstance qui rendit la brèche irréparable.

Le Léopard, vaisseau de ligne, étoit dans le hâvre du Port-au-Prince, et le capitaine étant attaché au gouverneur, donna un banquet somptueux à ses partisans dans cet endroit. Les matelots ayant été offensés de cette conduite, se révoltèrent et se déclarèrent en faveur de l'assemblée; et l'assemblée, en retour, leur vota des remercîmens. Quelques partisans de l'assemblée saisirent, à cette époque, un magasin à poudre à Léogane. Deux jours après que les membres de l'assemblée eurent voté des remercîmens à l'équipage du Léopard, le gouverneur les déclara fauteurs et complices des traîtres à leur patrie, et enjoignit à tous les officiers civils et militaires de les saisir pour les faire punir de leurs crimes. Sa première attaque directe fut une tentative d'arrêter les membres de l'assemblée provinciale de l'ouest, qui avoient montré tant d'attachement à l'assemblée générale. Il fut informé qu'il y en avoit un comité qui délibéroit à minuit au Port-au-Prince. M. Mauduit fut chargé de l'expédition, et ayant choisi cent de ses soldats, se transporta sur les lieux. La maison étoit défendue par quatre cents gardes nationales, et il s'ensuivit une escarmouche, dont les particularités ne sont pas bien connues; mais Mauduit revint sans exécuter son projet.

L'assemblée générale, instruite de cette

attaque, invita le peuple à s'assembler pour défendre ses représentans : en conséquence, des forces armées se mirent en campagne des deux côtés, et l'effusion du sang paroissoit alors inévitable ; mais un arrêté soudain de l'assemblée prévint la guerre civile. Ses membres arrêtèrent en corps de se rendre dans la mère-patrie, et de justifier en personne leur conduite passée, au roi et à l'assemblée nationale. Leur nombre, par les maladies et la défection, étoit réduit à cent, et quatre-vingt-cinq de ceux-ci s'embarquèrent à bord du Léopard, au milieu des applaudissemens des deux partis, qui considérèrent leur conduite comme noble et héroïque. Nous ne devons pas omettre que des quatre-vingt-cinq qui s'embarquèrent, soixante-quatre étoient pères de famille. Ce corps de législateurs avoit certainement, à quelques égards, outrepassé les bornes de ses pouvoirs légaux ; mais la nécessité est une excuse bien puissante, et justifie en quelque sorte ses mesures les plus fortes. Il est certain que le gouverneur et Mauduit projetoient sérieusement le rétablissement de l'ancien despotisme. Il parut par la suite que n'osant se fier aux soldats français, ils avoient envoyé à Cuba pour demander des auxiliaires espagnols. Mais nous allons un moment suspendre la relation de ces détails, pour lamenter le sort de gens braves, mais malheureux.

CHAPITRE IV.

Rébellion et défaite d'Ogé, homme de couleur libre.

Mauduit avoit rassemblé trois cents hommes de couleur, pour s'opposer aux forces de l'assemblée; mais ils ne tardèrent pas à s'apercevoir de leur erreur, ils demandèrent et obtinrent leur renvoi. Ils restèrent à la vérité plus tranquilles qu'on auroit dû s'y attendre pendant tout le tems de la réunion de l'assemblée générale; mais ceux qui résidoient en France avoient des sentimens et des prétentions plus exagérés que leurs compatriotes de Saint-Domingue. Entre ceux dont l'enthousiasme pour la cause de délivrer les gens de sa caste de l'oppression, fut soutenu par leurs liaisons avec les amis des noirs, l'un des plus célèbres étoit Jacques Ogé, jeune homme au-dessous de trente ans. Sa mère avoit une habitation à café, et l'entretenoit à Paris dans un état d'opulence. Sous le patronage des amis des noirs, il avoit été initié dans la doctrine des droits de l'homme et de l'égalité, et avoit appris à apprécier l'absurdité et l'injustice monstrueuse de ce préjugé, qui, dit Grégoire, estimant le mérite d'un homme par la couleur de sa peau, a placé à une immense distance l'un de l'autre les enfans du même père; préjugé qui étouffe la voix de la nature, et rompt tous les liens de la fraternité. Animé par leurs avis, Ogé conçut le projet de se mettre à la tête des gens de couleur, et d'obtenir le redressement de leurs griefs.

Pour éviter la surveillance du gouvernement, la société résolut de se procurer des armes et des munitions en Amérique. En conséquence, Ogé s'embarqua pour la Nouvelle Angleterre, avec de l'argent et des lettres de crédit, au mois de juillet 1790; mais malgré tout le secret qu'on put y mettre, son projet fut connu à Paris, et son signalement envoyé à Saint-Domingue long-tems avant son arrivée. Il débarqua en octobre dans l'île, et fit conduire les armes qu'il avoit apportées dans l'endroit indiqué par son frère. Six semaines après son arrivée il publia un manifeste, déclarant son intention de prendre les armes, si les privilèges des blancs n'étoient point accordés à tous les habitans, sans distinction. Pendant cet intervalle, ils s'étoient occupés lui et son frère à inviter les gens de couleur à joindre leurs drapeaux ; mais les mulâtres ne se soucièrent pas de se révolter ouvertement, et il n'y en eut que 200 qui vinrent à son assistance. Il planta son camp à Grande-Rivière, et nomma son frère et un appelé Chavane, ses lieutenans. Chavane étoit intrépide, mais non pas d'un caractère aussi généreux qu'Ogé, qui, malgré tout son enthousiasme, étoit doux et humain. Il enjoignit strictement à ses partisans de ne point répandre le sang innocent ; mais il est à regretter que le sentiment de leurs griefs opéra trop fortement sur leur esprit pour leur permettre la modération. Ils mirent à mort les blancs partout où ils les rencontrèrent ; et, par une conduite encore plus injuste, se vengèrent de ceux de leur couleur qui refusèrent de joindre leurs drapeaux. Les habitans de Saint-François envoyèrent aussitôt des troupes réglées et de la milice pour soumettre les rebelles. Les premières étant supérieures en nombre, mirent les insurgens en déroute et firent plusieurs prisonniers ; mais Ogé, son frère et son associé, se réfugièrent chez les Espagnols dans l'île de Cuba. Les blancs, furieux de cet effort des gens de couleur, vouèrent vengeance contre toute la race, et l'on s'attendoit à un massacre général. Les petits blancs (1) en particulier, brûloient du desir de faire des représailles; de sorte que les gens de couleur se voyant menacés de tous côtés, s'armèrent pour leur propre défense et fortifièrent des camps dans plusieurs endroits. Leurs principales forces étoient réunies à la ville de Verette. Il s'y rassembla un grand nombre de blancs pour les combattre ; M. Mauduit se mit à leur tête, et par son entremise, il y eut un conférence au lieu d'une bataille. On ne sait pas bien les particularités de cette entrevue ; mais on assure que Mauduit persuada aux gens de couleur qu'il trahissoit, de se retirer pendant quelque tems, jusqu'à ce qu'ils eussent une meilleure occasion de faire éclater leur vengeance; que

(1) On appelle petits blancs, les blancs qui ne sont pas planteurs, les ouvriers, les marchands en détail, etc.

(*Note du traducteur.*)

le roi étoit leur ami, et qu'une contre-révolution leur donneroit les privilèges des blancs. M. Mauduit fit aussi une trêve aux Cayes avec Rigaud, chef des mulâtres; mais le dernier déclara que le calme de la paix ne dureroit pas long-tems.

M. Peynier remit le gouvernement de l'île à M. Blanchelande, en novembre 1790, et les premières mesures de ce gouverneur furent de demander péremptoirement Ogé aux Espagnols; de sorte que ce malheureux fugitif et ses compagnons furent livrés et mis en jugement. Vingt de ceux qui avoient suivi ses drapeaux furent condamnés à être pendus; mais un supplice plus terrible étoit réservé à Ogé et à Chavane. Ils furent condamnés à être rompus vifs et à expirer sur la roue. Tel fut leur supplice, et leur crime étoit de maintenir les droits des gens de leur caste !

Chavane mourut comme il convient à un martyr de la liberté ; au milieu des tortures les plus cruelles, il ne poussa pas un seul gémissement. Ogé, ayant plus de sensibilité, fut attéré de l'horreur de sa sentence et demanda en pleurant qu'on lui accordât la vie. Il perdit aussi sa première énergie, et eut la foiblesse d'offrir de découvrir des secrets, si on vouloit lui donner sa grace. On ne sauroit dire s'il fit des aveux de quelque importance ; mais quelques personnes prétendent qu'il découvrit les projets les plus sérieux d'une insurrection, et qu'il indiqua les endroits où les auteurs de ces projets avoient coutume de s'assembler. La conduite de la cour devant laquelle ces déclarations sont supposées avoir été faites, en pressant l'exécution de l'infortuné Ogé, et son attachement à l'ancien régime, font soupçonner que ces déclarations furent supprimées par ressentiment contre les blancs attachés à l'assemblée coloniale. Il est certain que les royalistes et les républicains étoient également ennemis des planteurs de cette description ; et à moins de supposer que la confession d'Ogé ne fût pas fondée sur la vérité, la conduite des gouverneurs aristocrates qui la tinrent cachée, doit être regardée comme un plan machiavélique de politique très-blâmable.

CHAPITRE V.

Opérations en France. — Mort du colonel Mauduit. — Décret de l'assemblée nationale du 15 mai 1791. — Ses conséquences à Saint-Domingue. — Rébellion et atrocités des nègres dans les provinces du nord. — Trêve entre les gens de couleur et les habitans du Port-au-Prince. — Proclamation de l'assemblée nationale du 20 septembre.

Nous avons déja parlé de l'embarquement de l'assemblée patriotique de Saint-Domingue pour la France, et des motifs qui l'avoient engagée à cette détermination. Ses membres furent reçus à Brest avec des marques d'approbation qui sembloient présager le succès de leur dessein; mais soit que les insinuations perfides des aristocrates de leur île, qui détestoient leur système de représentation, eussent secrètement prévenu les esprits contre eux, soit que l'assemblée nationale ût regardé leur conduite passée comme illégale, ils furent reçus par les représentans du peuple français avec des marques de désapprobation. Leurs arrêtés furent déclarés peu convenables, ils furent consignés et on envoya des ordres de former une nouvelle assemblée. On pria aussi le roi de vouloir bien ordonner que les forces navales et militaires déja à Saint-Domingue fussent augmentées. Parmi les partisans de l'ancien régime, la disgrace des membres coloniaux fut un grand triomphe, mais les colons en furent en général très-mécontens. Leur indignation se dirigea plus particulièrement contre Mauduit, colonel du régiment du Port-au-Prince, qu'ils regardèrent comme le calomniateur insidieux de leurs représentans. Le régiment de cet homme perfide lui avoit jusqu'ici été fort attaché, à cause de l'argent qu'il avoit distribué parmi les soldats ; tandis que les gardes nationales du pays et les autres régimens de France avoient ces soldats en horreur, et refusoient de faire le service avec eux. Se trouvant humiliés par le mépris et l'aversion de tout ce qui les environnoit, ils commencèrent à considérer leur commandant comme la cause de leur disgrace, et cette réflexion diminua le souvenir de ses libéralités passées. Nous avons raconté plus haut que Mauduit avoit attaqué le rendez-vous d'un comité des représentans de Saint-Domingue. Dans cette occasion, il avoit enlevé un drapeau appartenant à la garde nationale, et cette dernière n'avoit pas encore oublié cet affront. Mauduit, pour conjurer la tempête, offrit publiquement de rendre ce trophée, et remit effectivement le drapeau en présence d'une vaste multitude. Au moment où il le délivra, un soldat de son régiment s'écria, qu'il devroit demander pardon à genoux d'une pareille offense. En entendant ce cri séditieux, il se déboutonna et présenta sa poitrine, qui fut percée de cent coups par ses grenadiers. On ne pouvoit pas s'attendre à autre chose de la part de partisans corrompus Ses soldats ajoutèrent la cruauté à la bassesse, et déshonorèrent la nature humaine par les insultes qu'ils firent à son cadavre..

En même-tems les amis des noirs, en Europe, et les gens de couleur résidant dans la mère-patrie, montrèrent plus d'ardeur pour recouvrer leurs droits naturels, que ceux qui demeuroient à Saint-Domingue. Les intérêts des gens de couleur furent si bien soutenus dans l'assemblée nationale, qu'il y eut un décret ordonnant, entr'autres articles, que tout individu de 25 ans et au-dessus, possédant une propriété ou ayant résidé deux ans dans la colonie et payé les impôts, auroit droit de suffrage dans la formation de l'assemblée coloniale. Les gens de couleur ne surent quelle interprétation donner à ce décret; car ils n'avoient jamais auparavant joui du droit de voter dans des occasions semblables : cependant comme ils n'étoient pas nominativement exclus, ils étoient virtuellement compris dans le décret. En France la question était encore indécise. Tandis que l'abbé Grégoire, avec toute l'éloquence dont il est susceptible, soutenoit la cause des gens de couleur, l'esprit public étoit excité à l'indignation contre les colons blancs, par des pièces de théâtre qui représentoient les cruautés qu'ils avoient dernièrement exercées contre le malheureux Ogé. La cause des mulâtres prévalut enfin : les gens de couleur nés de parens libres, furent non-seulement déclarés dignes de choisir leurs représentans, mais même éligibles aux assemblées coloniales. On va voir sur-le-champ les conséquences de ce décret décisif.

La première nouvelle en fut reçue au Cap-Français le 30 juin 1791 ; mais il est impossible de décrire l'indignation qu'elle excita chez les blancs de tous les partis. Ils résolurent d'abjurer le serment civique et de confisquer les propriétés françaises qui étoient dans le port (1). Il fut même proposé dans l'assemblée provinciale d'arracher les couleurs nationales, et d'y substituer le pavillon anglais. Le gouverneur général fut contraint d'être spectateur inactif de ces énormités, n'ayant aucune perspective de recouvrer son autorité. L'élection d'une nouvelle assemblée générale fut ensuite l'événement le plus important. Ses membres se réunirent au Cap-Français, et l'on conçut d'abord quelques espérances que leurs mesures parviendroient à concilier les partis; mais les gens de couleur avoient vu des symptômes de danger trop évidens, et étoient trop justement alarmés de la proscription dont ils sembloient menacés pour rester plus long-tems dans l'inaction. Ils se formèrent en corps armés et attendirent avec anxiété les mesures que l'assemblée

(1) Il y eut effectivement un embargo.

coloniale voudroit bien adopter en·leur faveur.

A cette époque, un événement plus terrible que tous les premiers troubles eut lieu. Les nègres jugèrent que l'occasion de recouvrer leur liberté étoit trop belle pour ne pas en profiter. Ils commencèrent donc à affirmer leur droit à cette liberté ; mais avec cet esprit de vengeance qui caractérise les actions dégradées d'un esclave, et que les plus chauds partisans de la liberté sont forcés de condamner et de déplorer (1).

Le matin du 23 août 1791, la ville du Cap fut alarmée par le bruit que les nègres des paroisses d'alentour étoient en insurrection. Les premières nouvelles furent incohérentes et incertaines ; mais au point du jour, l'arrivée de ceux qui avoient pensé être massacrés ne les confirma que trop. La rébellion avoit éclaté dans la paroisse d'Acul, à trois lieues de la ville, où les blancs avoient été sans distinction mis à

---

(1) La relation de cette rébellion donnée par M. Edouard, est longue et minutieuse. Nous n'en avons pas donné ici toutes les particularités, non pas dans le dessein de les cacher, mais parce qu'elles sont trop affreuses à raconter.

mort; et les insurgens alloient alors de paroisse en paroisse, assassinant les hommes et violant les femmes infortunées qui tomboient entre leurs mains. Peu de tems après, l'incendie fit place au carnage, et les cannes à sucre furent en flammes dans toutes les directions. Les citoyens volèrent alors aux armes, et le commandement des troupes nationales fut donné au gouverneur, tandis que les femmes et les enfans se réfugièrent à bord des vaisseaux qui étoient dans le port. Pendant ce tems-là, les petits blancs, regardant les gens de couleur du Cap-Français comme la cause immédiate de la rébellion, les avoient déja destinés à la destruction ; mais l'assemblée les prit sous sa protection. Par reconnoissance pour cette faveur, les gens de couleur offrirent de marcher contre les rebelles, et leur offre fut acceptée.

L'assemblée passa une nuit à délibérer au milieu des flammes dont elle étoit environnée, et envoya un corps de milice et de troupes de ligne contre les rebelles, qui les repoussa ; mais le nombre des insurgens augmentant considérablement, le gouverneur jugea plus convenable d'agir sur la défensive. Les entrées de la ville furent donc fortifiées, on plaça de l'artillerie sur les hauteurs, et près de la rivière qui coupe la grande route ; la ville fut pallissadée de tous les côtés, excepté du côté de la mer, où les vaisseaux furent retenus pour servir de refuge à la dernière extrémité. En même-tems les blancs des plantations des environs formèrent des camps et établirent une chaîne de postes ; mais dans deux endroits différens, ils furent accablés par le nombre, et il y en eut beaucoup de tués (1).

Dans l'espace de deux mois, il périt plus de 2000 blancs, et au moins dix mille insurgens, tant par famine que par l'épée : plusieurs centaines de ces malheureux furent exécutés par la main du bourreau, et

(1) Au milieu des atrocités qui furent commises dans ce tems-là, on remarque un exemple frappant de fidélité, qui mérite de passer à la postérité. M. et Mad^e Baillon, leur fille et leur gendre, furent informés de la révolte par un de leurs esclaves qui étoit lui-même de la conspiration. Il les conduisit dans un bois voisin, après quoi il alla rejoindre les insurgens. Il revint plusieurs fois à la dérobée leur apporter des provisions, et à la fin leur dit d'aller vers une rivière qui conduisoit au Port-Margot, en les assurant qu'ils trouveroient un canot dans un endroit de la rivière

roués vifs, genre de supplice qu'aucun crime ne sauroit excuser. Deux de ces infortunés, dit M. Edouard, furent mis à mort de cette manière, sous les fenêtres et sous les yeux de l'auteur, au Cap-Français, le 28 septembre 1791. Ils étoient placés sur une croix de Saint-André. L'un d'eux expira quand on lui donna le troisième coup de grace; ses bras et jambes avoient auparavant été rompus en deux endroits; il avoit souffert les trois premiers coups sans pousser un gémissement. L'autre eut un sort plus dur. Comme le bourreau, après lui avoir rompu les bras et jambes, se préparoit à lui donner les coups de grace sur l'estomac, la populace s'écria avec la férocité de can-

qu'il leur indiqua. Ils firent ce qu'il leur avoit conseillé; mais la rapidité du courant fit chavirer le canot, et, après avoir échappé avec peine, ils se réfugièrent de nouveau dans les montagnes. Le bon nègre les retrouva, et leur indiqua un endroit plus large de la rivière, où ils trouveroient un autre bateau. Ils y furent, et n'ayant pas trouvé le bateau, ils se regardèrent comme perdus. Leur ange-gardien reparut, les conduisit à petites journées, dans les ténèbres, le long de la rivière jusqu'au Port-Margot; leur ayant ensuite dit qu'ils étoient hors de danger, il prit congé d'eux, et alla rejoindre les rebelles.

nibales, *arrêtez!* et le força à laisser son ouvrage imparfait. Dans cet état, on lui plia les bras et jambes sur une roue que l'on fixa en terre sur un pieu, et il fut ainsi exposé. Il paroissoit tout-à-fait sensible, mais il ne poussa pas un seul gémissement. Au bout de quarante minutes, quelques matelots anglais, qui étoient spectateurs de cette tragédie, l'étranglèrent par pitié.

Dans la division de l'Ouest, les insurgens étoient principalement des gens de couleur, qui parurent en armes, au nombre de 2000, dans la paroisse de Mirebalais. Ils avancèrent même jusqu'au Port-au-Prince ; mais heureusement, à cette époque, une réconciliation eut lieu par les bons offices de M. de Jumecourt, qui fit une trêve entre les habitans du Port-au-Prince et les gens de couleur, dont les conditions furent que les hostilités cesseroient et que le décret du 15 seroit adopté. L'assemblée du Cap-Français prit alors plusieurs arrêtés en faveur des gens de couleur, et montra beaucoup de zèle pour leurs intérêts. Si ces mesures avoient été adoptées dans l'origine, elles auroient empêché bien des atrocités ; mais le remède étoit administré trop tard.

CHAPITRE VI.

Révocation du décret du 15 mai. — Guerre civile renouvelée. — Le Port-au-Prince détruit par les flammes. — Cruautés des deux côtés. Arrivée des commissaires de France. — Nomination et opérations des nouveaux commissaires. — Nomination de Galbaud. — Hostilités des deux côtés. — Les nègres révoltés appelés. — Massacre des habitans du Cap français, et incendie de la ville.

Vers le commencement de septembre, la nouvelle de la réception qu'avoit éprouvée le décret du 15 mai, arriva à Paris, et l'on craignit universellement la perte de la colonie. A cette époque, la plupart des membres, dont les opinions sur les affaires coloniales avoient jusqu'ici été regardées comme prépondérantes, furent traités avec mépris. A la fin (chose étrange!) le célèbre décret du 15 mai fut révoqué le 24 septembre 1791. Ce sont là les absurdités auxquelles sont insensiblement poussés tous les gouvernemens qui veulent diriger les actions d'une colonie située à mille lieues de distance.

Avant cette époque, les gens de couleur craignant toujours de ne point obtenir leurs droits, quoiqu'ils eussent été reconnus, avoient fait une nouvelle convention avec les blancs le 20 octobre; mais lorsqu'on eut reçu des nouvelles certaines de ce second décret de l'assemblée nationale, tout espoir de réconciliation s'évanouit pour toujours; car les mulâtres furent persuadés que tout cela s'étoit fait par l'intrigue des planteurs. En conséquence ils volèrent aux armes, et étant dans quelques endroits joints par les nègres, il s'ensuivit des combats terribles. Dans le district du Cul-de-Sac, 2000 nègres furent laissés sur le champ de bataille. Les blancs furent vainqueurs, et, ayant les gens de couleur en leur pouvoir, assouvirent leur vengeance par les cruautés les plus inouies. Le récit des énormités qui se commirent des deux côtés dans ces contestations intestines, est trop hideux pour être offert au public; mais il faut cependant avouer que ce furent les blancs qui donnèrent l'exemple. On espéroit que l'arrivée des trois commissaires de France qui débarquèrent à Saint-Domingue vers la fin de 1791, ne tarderoit pas à faire cesser ces cruautés de part et d'autre. Malheureusement leur succès ne répondit pas à l'attente du public.

Ces commissaires étoient Roume, Mirbeck et Saint-Leger. Les deux derniers n'étoient pas des gens d'un caractère bien respectable. Roume seul se conduisit d'une manière inoffensive ; mais aucun d'eux n'avoit assez d'habileté pour entreprendre la tâche difficile d'étcindre une guerre civile. Après être restés quelques jours au Cap, ils visitèrent les autres parties de la colonie; mais trouvant que leur autorité étoit sur le déclin, ils retournèrent en France le printems suivant.

En même tems, les amis des noirs de la mère-patrie avoient repris cet ascendant que la révocation du décret du 15 mai démontroit qu'ils avoient alors perdu. La première preuve évidente du changement qui s'étoit opéré dans l'esprit du corps législatif, fut le célèbre décret du 4 avril 1792, qu'il faudroit que le lecteur eût sous les yeux afin de pouvoir comprendre les effets qu'il produisit. De nouveaux commissaires furent nommés, Santhonax, Polverel et Ailhaud, pour faire exécuter ce décret. Ils partirent avec 6000 hommes d'élite de la garde nationale pour Saint-Domingue, et M. Despardes fut promu au gouvernement de l'île et nommé commandant en chef. A leur arrivée ils envoyèrent l'ancien gouverneur en France (1). On soupçonnoit fortement que l'intention des commissaires étoit d'accorder indistinctement la liberté à tous les nègres de l'île; mais ils firent un serment solemnel qu'ils n'avoient d'autre dessein que d'établir les droits des gens de couleur, comme ils étoient décrétés par la loi du 15 mai. La première demande des blancs fut donc de convoquer une assemblée coloniale; mais au lieu de leur accorder une assemblée de leurs représentans, telle qu'ils la désiroient, les commissaires y substituèrent une commission intermédiaire, composée de douze membres nommés par eux, dont six avoient été de la dernière assemblée, et les autres six étoient des gens de couleur. Leur pouvoir législatif s'éten-

(1) C'étoit M. Blanchelande, qui périt ensuite sur l'échafaud.

doit à lever des contributions sur les habitans ; mais les commissaires se réservoient le pouvoir d'en disposer. Le nouveau gouverneur, voyant que les commissaires usurpoient toute l'autorité, se plaignit de sa nullité dans les affaires publiques. Sa plainte ne servit qu'à le faire arrêter, et il fut envoyé en France comme prisonnier d'état.

La tyrannie des commissaires ne se borna pas là, ils firent trembler les membres de la commission intermédiaire, en arrêtèrent quatre, et finalement n'étant pas d'accord entre eux, ils expulsèrent Ailhaud de leur triumvirat. La guerre fut à cette époque déclarée entre la mère-patrie et la Grande-Bretagne, et la prudence obligea le gouvernement français à avoir quelques égards pour la colonie, qui gémissoit sous l'oppression rapace de Santhonax et de Polverel. Galbaud, homme probe et intègre, fut nommé à la place de gouverneur, et eut ordre de mettre l'île en état de défense contre une invasion étrangère. Le 10 juin 1793, les trois commissaires eurent leur première entrevue avec le nouveau gouverneur. Ils lui demandèrent s'il avoit informé le conseil exécutif, qu'il avoit des propriétés dans les Indes occidentales ? Cette question le déconcerta; car jusqu'à ce moment, il ne lui étoit pas venu à l'esprit que cette circonstance le rendoit légalement incapable d'occuper la place qu'on lui avoit donnée. Il y eut, peu de tems après, des escarmouches, avec divers succès, entre les partisans de Galbaud et ceux des commissaires. Dans l'une de ces escarmouches, le fils de Polverel fut fait prisonnier : quand il fut proposé à ce dernier d'échanger ce jeune homme pour le frère de Galbaud, qui avoit été fait prisonnier par les troupes des commissaires, Polverel répondit avec hauteur, que son fils connoissoit son devoir, et qu'il sauroit mourir pour la cause de la république.

Mais les énormités les plus affreuses dont Saint-Domingue fut le théâtre, sont encore à raconter. A l'approche de Galbaud, avec un corps de ses partisans, les commissaires s'efforcèrent d'acheter l'assistance des nègres révoltés, en leur faisant des offres de pardon, en leur promettant la liberté pour l'avenir et le pillage de la capitale. Deux des chefs des insurgens réfusèrent ces viles conditions; mais un troisième, lorsque

Galbaud se fut retiré vers les vaisseaux, entra dans la ville avec 3ooo nègres, et commença un massacre général. Les malheureux habitans s'enfuirent vers le rivage ; mais leur retraite fut interceptée par un parti de gens de couleur, et le carnage dura deux jours sans discontinuer. La ville, autrefois belle et florissante, fut à moitié dévorée par les flammes. Les commissaires effrayés d'une destruction qu'ils avoient provoquée, se refugièrent à bord d'un vaisseau de ligne, et publièrent de là un manifeste, qui, en voulant atténuer l'atrocité de leur conduite, est une preuve évidente de leur délit.

CHAPITRE VII.

Situation, étendue, et description générale de Saint-Domingue. — Origine de la colonie française. — Description de ses productions et de sa population. — Vaisseaux et exportations.

Saint-Domingue est situé à environ 1167 lieues d'Angleterre, l'extrémité orientale de l'île étant au 18°. degré 20 minutes de latitude septentrionale, et au 68°. degré 40 minutes de longitude occidentale de Greenwich. La plus grande largeur de l'île est de 47 lieues, et sa longueur de l'est à l'ouest de 130 lieues. Elle a un sol varié, mais en général fertile. Tel étoit effectivement son état florissant avant les cruels ravages de la guerre civile, qu'on pouvoit justement la regarder comme le paradis terrestre du nouveau monde.

Les belles plaines de l'intérieur du pays avoient été dépeuplées par les barbares Espagnols, et les habitations changées en déserts; mais les crimes de ces dévastateurs avoient été amplement punis par cette association d'aventuriers intrépides appelés flibustiers. Il est bien connu que cette association prit sa source dans un corps de planteurs français et anglais, que la cruauté des Espagnols avoit expulsé de Saint-Christophe. Ces planteurs, à l'aide de quelques chaloupes non pontées, s'étoient réfugiés dans la petite île déserte de Tortuga, à quelques milles de la côte septentrionale de Saint-Domingue, et y avoient été joints par nombre de réfugiés hollandais qui avoient abandonné Sainte-Croix avant la persécution des Espagnols. Ces trois classes de fugitifs continuèrent à vivre tranquilles dans cette petite île, allant de tems en tems à la chasse dans les vastes plaines de Saint-Domingue alors désertes, et retournant toujours à Tortuga, qu'ils regardoient comme le lieu de leur résidence. Leur manière de vivre, quoique simple et innocente, attira cependant l'attention du gouvernement espagnol, qui, sans aucun autre prétexte que ses prétentions à un droit exclusif sur le nouvel hémisphère, les attaqua avec toute la violence de la persécution. Ainsi poussés au déséspoir, ils firent des représailles autant qu'il fut en leur pouvoir; et comme, par leur manière de vivre, ils étoient accoutumés à la fatigue, ils firent des prodiges de valeur qui n'avoient jamais été et qui ne furent jamais égalés depuis. La colonie française de Saint-Dominque tient son nom d'un parti de ces aventuriers. Le père Charlevoix, dans son histoire de cette île, donne une relation satisfaisante des progrès de la colonie, depuis l'établissement de ces flibustiers, jusqu'à l'époque où elle fut prise sous la protection du gouvernement français.

Les possessions françaises de Saint-Domingue sont divisées en trois provinces, celle du nord, celle de l'ouest et celle du sud. Les plus remarquables de leurs villes et ports, sont le Cap-Français et le cap Saint-Nicolas. La première contenoit entre huit à neuf cents maisons de pierres, une église, une prison, une salle de spectacle; des casernes superbes, un arsenal et un bon hôpital. A l'est de cette ville, est une plaine de dix-sept lieues de longueur et de quatre de largeur, autrefois uniquement employée à la culture du sucre, dont les plantations rapportoient des récoltes plus abondantes qu'aucune partie du monde de la même étendue.

La ville de Saint-Nicolas est composée d'environ deux cent cinquante maisons, la plupart bâties en bois de l'Amérique. Elle est particulièrement connue par la sûreté de son port; et est, à juste titre, appelée la clef du passage du vent.

Le Port-au-Prince (excepté en tems de guerre) étoit considéré comme la capitale de la colonie; à l'est, est située la superbe plaine du Cul-de-Sac, qui a dix à quatorze lieues de longueur, et qui contient cent cinquante belles plantations bien arrosées.

La population de l'île, en 1790, consistoit en 30,831 blancs des deux sexes, outre les troupes européennes et les matelots; à la même époque, le nombre d'esclaves étoit de 480,000.

Le nombre des gens de couleur libres n'est pas aussi exactement connu, mais l'opinion générale le fixe à 24,000.

La quantité de terres en culture dans toutes les paroisses étoit de 229,400 acres, dont environ les deux tiers étoient situés dans les montagnes.

Au commencement de 1790, la colonie contenoit 431 plantations à sucre terré.

	362	à sucre Muscavedo.
Total	793	plantations à sucre.
	3,117	plantations à café.
	789	à coton.
	3,160	à indigo.
	54	à cacao, ou chocolat.
	623	plus petits établissemens, principalement pour du grain, des ignames et autres légumes.
faisant	8,536	établissemens de tous genres dans la colonie.

En 1787, on fréta à Saint-Domingue 470 vaisseaux, contenant 112,253 tonneaux, et ayant 11,220 hommes d'équipage. L'état suivant est très-exact, étant pris du rapport de l'intendant sur les exportations, prix moyen estimé d'après les exportations de trois années.

			livres.
Sucre terré	livres pesant	58,642,214	41,049,549
Muscavedo,		86,549,829	34,619,931
Café,		71,663,187	71,663,187
Coton,		6,698,858	12,397,716
Indigo,	quintaux	951,607	8,564,463
Mélasses,	quintaux	23,061	2,767,320

			livres.
Espèce inférieure de rum appelée *taffia*. } quintaux	2,600	312,000
Cuirs verds,		6,500	52,000
Tannés,		7,900	118,500

La valeur totale aux ports où ces marchandises furent embarquées, étoit en livres de Saint-Domingue,   171,544,666

Ce qui est équivalent à 114,363,096 liv. tournois, ou argent de France.

CHAPITRE VIII.

Ouvertures faites au gouvernement britannique. — L'esclavage aboli par les commissaires français. — Reddition de Jérémie et du mole Saint-Nicolas. — Défaite au fort Tiburon. — Prise de Port-au-Prince. — Maladie et mortalité terrible parmi les troupes anglaises. — Révolte des gens de couleur à Saint-Marc. — Seconde attaque de Tiburon. — Evacuation de la garnison.

Après le massacre qui eut lieu au Cap-Français, nombre de ses infortunés habitans passèrent dans les Etats-Unis; et, à l'honneur de cette république, y furent reçus avec hospitalité. Mais quelque tems avant cette époque, des individus d'un plus haut rang étoient venus en Angleterre, et, dans la chaleur de leur indignation des injures qu'ils avoient éprouvées, avoient sollicité le gouvernement britannique de prendre possession de l'île. Ces sollicitations ne furent pas d'abord écoutées; mais, quand la guerre éclata entre les deux nations, ce projet fut pris en grande considération.

Les commissaires républicains avoient amené de France 6000 hommes de troupes d'élite. A cette force étoient joints la plupart des gens de couleur et nègres libres, formant une bande désespérée d'environ 25,000 hommes. Mais comme ces troupes étoient éparpillées, les commissaires, pour renforcer leur parti, déclarèrent l'abolition de l'esclavage, à condition que les nègres vinssent joindre leurs drapeaux. Cette déclaration leur en attira un grand nombre; mais plusieurs restèrent chez leurs maîtres respectifs, et 10,000 se retirèrent dans les montagnes, où ils gardèrent la neutralité. Il y avoit cependant toujours 40,000 nègres dès premiers insurgés, qui parcouroient la campagne, mettant tout à feu et à sang, et qui étoient tout à-la-fois les ennemis déclarés des habitans et des Anglais.

Le général Williamson fut celui que le gouvernement britannique chargea de la direction de cette importante invasion. Se fiant trop sur les promesses d'assistance qu'on lui avoit faites, il paroît ne pas avoir bien calculé les forces nécessaires à une pareille expédition ; car tout l'armement destiné à subjuguer une étendue de pays égale à celle de la Grande-Bretagne, étoit composé du 13e. régiment d'infanterie, de sept compagnies du 49e. et d'un détachement d'artillerie, formant en tout un corps d'environ 470 soldats.

Le 9 septembre, le colonel Whitelocke fit voile avec la première division, et prit possession du fort Jérémie, du consentement des habitans. Peu de tems après, la garnison du mole Saint-Nicolas déclara qu'elle avoit envie de se rendre, et, en conséquence, les Anglais prirent possession du port et du fort; mais les progrès futurs des armes britanniques ne répondirent pas à l'attente qu'avoient occasionnée ces redditions. Une attaque sur le fort Tiburon, qui se termina par le désastre et la défaite, ne fut que le prélude des mortifications qu'elles éprouvèrent ensuite. Les pluies continues et la dureté du service accablèrent et affoiblirent les soldats, tandis que les horreurs de la fièvre jaune complétèrent leur misère. Un petit renfort d'Angleterre diminua pour un moment leur danger, et l'on proposa une seconde attaque de Tiburon. Par la bravoure singulière du major Spencer et de ceux qui l'accompagnoient, la place fut emportée d'assaut. Ce qu'il y a de surprenant, c'est qu'il n'y eut du côté des Anglais que trois hommes de tués et sept de blessés, en forçant un poste de cette importance. On fit ensuite une tentative sur le Port-la-Paix, où Lavaux commandoit les troupes françaises. On lui fit des propositions pour l'engager à trahir son devoir; mais ce brave vétéran y répondit en envoyant un cartel au commandant anglais qui l'avoit si grossièrement insulté. Le colonel Whitelocke, qui avoit conduit cette négociation sans succès, fut plus heureux dans une autre entreprise, qui étoit la réduction de l'Aeul, dans le voisinage de Léogane. Ses troupes exécutèrent avec courage et rapidité les ordres qu'il donna de prendre le fort d'assaut; mais il y eut plusieurs braves officiers de tués et de blessés dans l'action. Une défaite qu'il essuya, par la supériorité du nombre, à un endroit appelé *Bompard*, à cinq lieues du mole Saint-Nicolas, et une sortie du fort de Tiburon, qui, quoiqu'elle réussît à repousser l'ennemi, ne s'effectua qu'avec un grand carnage, arrêtèrent les progrès des Anglais.

Le 19 mai 1794, un second renfort de trois régimens anglais arriva à Saint-Domingue; de sorte que les espérances renaquirent, et de nouvelles attaques furent projetées. Le Port-au-Prince avoit, dès le commencement, été le grand objet de l'armée britannique; mais il étoit nécessaire de réduire le fort Bizotton, avant de pouvoir faire tomber la capitale. Deux vaisseaux de ligne eurent donc ordre de se présenter devant la forteresse; et le soir 300 Anglais et 500 hommes de troupes coloniales furent débarqués pour lui donner l'assaut. Dans leur marche, un orage terrible de tonnerre et d'éclairs, avec une pluie considérable, survint et empêcha qu'on ne les entendît. Le capitaine Daniel du 41e. régiment profita de cette occasion, et avança avec 60 hommes qui se précipitèrent avec vivacité dans une brèche du mur, la baïonnette en avant, et qui emportèrent un fort défendu par des forces neuf fois aussi considérables que celles des assaillans. On sait, qu'en conséquence de ce succès, le Port-au-Prince fut pris, et que l'on trouva dans le port une flotte qui, estimation modérée, valoit 9,600,000 liv. tournois.

Ces succès momentanés des armes britanniques ne servirent qu'à augmenter la somme de maux que devoient éprouver les Anglais. Le Port-au-Prince, par sa situation, étoit un poste difficile à garder; il fallut faire d'immenses préparatifs pour l'empêcher d'être repris, et les travaux des soldats, en faisant des retranchemens, et en élevant des fortifications, devinrent insupportables. Ces malheureux, épuisés de veilles et de fatigues, étoient emportés par la mort, ou continuoient dans un état de maladie qui leur permettoit à peine de pouvoir soutenir le poids de leurs armes. Il arriva de nouveaux renforts de la Grande-Bretagne; mais la frégate qui les apportoit avoit déja été pour eux le lit de la mort: on en avoit jeté grand nombre à la mer, et ceux qui avoient survécu, ressemblant à des squelettes, ne servirent qu'à rendre plus complète la scène de détresse. Dans l'espace de six mois après la prise du Port-au-Prince, notre petite armée perdit par la maladie seule 600 soldats et 40 officiers.

Le général Hornbeck succéda alors au colonel Whitelocke, que le mauvais état de sa santé avoit obligé de retourner en Angleterre. La foiblesse des Anglais étoit à cette époque si apparente, qu'elle invita même à l'invasion. Rigaud, l'un des chefs des troupes républicaines, attaqua le fort Bizotton avec 2000 hommes, mais fut repoussé et mis en déroute avec un grand carnage; car la détresse, même sous l'aspect le plus hideux, n'avoit pas encore été capable d'abattre le courage de nos malheureux compatriotes. Cependant, quoique si vigoureusement repoussé, Rigaud projeta l'attaque du fort Tiburon avec de plus grandes forces. Le 23 décembre 1794, ses forces navales, consistant en un brigantin de 16 canons et trois goëlettes de 14 chacune, il fit voile des Caies pour faire le siége de Tiburon avec 3000 hommes de toutes les couleurs et de toutes les descriptions. Le jour de Noël, notre garnison, composée de 400 hommes, reçut le premier assaut, et résista pendant quatre jours aux attaques les plus vigoureuses des assiégeans; mais trouvant que son nombre étoit terriblement diminué (car elle avoit déja perdu 300 hommes), ceux qui survivoient, conduits par le lieutenant Bradford du 23ᵉ. régiment, firent une sortie sur l'ennemi, et avec un courage sans exemple, traversèrent un espace de cinq milles au milieu des ennemis, et arrivèrent sains et saufs à Irois. Le lieutenant Baskerville avoit été empêché par quelque accident, de joindre ses compagnons. Prévoyant le sort qui l'attendoit, et résolu de se soustraire à une mort honteuse de la main d'un ennemi barbare, il se tua au moment où Rigaud entra dans le fort.

L'année 1794 se termina par cet événement désastreux. L'avenir nous apprendra sous quelle domination restera définitivement cette colonie ; mais personne ne sauroit lire l'histoire de ses longues et sanglantes querelles, sans déplorer le sort des victimes infortunées qui y ont trouvé une mort prématurée.

CHAPITRE IX.

Ancien état de la colonie espagnole.—Etablissement de la ville de Saint-Domingue.—Elle est pillée par Drake en 1586.—Nombre et caractère des habitans actuels.

La colonie espagnole d'Hispaniola fut la première établie dans le nouveau monde; mais en moins d'un siècle, la découverte de l'or et de l'argent au Mexique engagea les Espagnols à abandonner les mines épuisées qu'ils avoient ouvertes dans cette île, et à se transporter sur le continent pour y chercher de nouvelles richesses. Nous avons déja décrit l'origine de l'établissement français.

La partie espagnole est en général moins fertile que les autres territoires de l'île; toute cette étendue particulièrement qui se prolonge depuis Isabella jusqu'au vieux Cap-Français (Puerto de la Plata seul excepté), est entièrement déserte pendant l'espace de cinq lieues. Après avoir passé la baie de

Samana, les terres n'offrent pas un plus bel aspect, sinon lorsqu'on a tourné l'extrémité orientale ; on parvient alors à un pays plat, appelé *les Plaines*, à l'extrémité occidentale duquel, sur les bords de la rivière Ozama, est la capitale fondée par Colomb en 1498, et nommée *San-Domenico* ou Saint-Domingue, en honneur de Saint-Dominique, qui fut pendant plusieurs années la capitale du nouveau monde. Oviedo, historien espagnol qui y résida trente ans après sa fondation, en fait la description suivante.

« Maintenant, dit cet écrivain, pour dire quelque chose de la principale ville de l'île, qui est *San-Domenico*, je soutiens que, quant à ses bâtimens, il n'y a pas de ville en Espagne (non pas même Barcelone, que j'ai vue souvent) qui lui soit préférable. Car les maisons de la ville de San-Domenico sont la plupart de pierres, comme à Barcelone ; mais elle est dans un meilleur état que cette dernière, parce que ses rues sont plus larges et plus droites. Car ayant été bâtie de nos jours, outre l'avantage de sa situation, ses rues furent tirées au cordeau; en quoi elle surpasse toutes celles que j'ai vues. La mer en approche si près que d'un côté, il n'y a que les murs de la ville qui l'en séparent. D'ailleurs au pied des maisons passe la rivière *Ozama* qui est un port admirable, où les vaisseaux chargés s'élèvent presqu'au niveau des quais et en quelque sorte sous les fenêtres des maisons. Au milieu de la ville sont le fort et le château ; son port ou hâvre est d'ailleurs si beau et si commode pour décharger les vaisseaux, qu'il n'y en a guères de pareil dans aucune partie du monde. La ville contient environ six cents maisons, et telles que je les ai décrites auparavant ; il s'en trouve quelques-unes de si élégantes et si grandes, qu'un Grand d'Espagne ne dédaigneroit pas de s'y loger, avec sa suite et sa famille. Particulièrement celle qui est occupée par don Diegue Colomb, vice-roi sous votre majesté, est telle que je n'en connois pas une en Espagne qui soit le quart aussi bonne, en raison de toutes ses commodités. Etant située au-dessus du port, bâtie en pierres, et contenant plusieurs vastes et élégans salons, avec la plus belle perspective de la mer et de la campagne, elle me paroît magnifique et si propre à un prince, que votre majesté y seroit aussi bien logée que dans aucune des maisons des mieux bâties d'Espagne. On y a aussi, depuis peu, élevé une cathédrale en pierres, dont l'évêque, selon sa dignité, et les chanoines, sont bien dotés. Cette église est d'une bonne architecture. Il s'y trouve outre cela trois monastères portant les noms de Saint-Dominique, Saint-François, et Sainte-Marie de Miséricorde, qui sont bien bâtis, quoiqu'inférieurs à ceux d'Espagne. Il y a aussi un bon hôpital pour le soulagement des pauvres, fondé par Michel Passamont, trésorier de votre majesté. Pour terminer, cette ville augmente tous les jours en richesses et en biens, parce qu'outre que ledit amiral et vice-roi, le chancelier et le conseil nommés par votre majesté, y résident continuellement, les plus riches propriétaires de l'île y demeurent aussi. Car cela leur est plus commode pour le commerce, tant pour recevoir les marchandises d'Espagne que pour y envoyer les productions de cette colonie, qui abonde tellement aujourd'hui en denrées, qu'elle en fournit beaucoup à l'Espagne, et lui repaye en quelque sorte avec usure les premiers bienfaits qu'elle en a reçus. »

Soixante ans après, elle fut attaquée par Drake, qui y resta un mois, et eut ensuite la barbarie d'y mettre le feu. Le mémoire de cette atrocité se trouve dans la collection d'Hakluyt : « Nous passâmes les premières heures de la matinée, dit l'historien du voyage, à incendier les maisons du dehors de la ville ; mais comme elles étoient de pierres et fort élevées, nous n'eûmes pas peu de peine à les détruire. Quoi qu'il en soit, pendant plusieurs jours de suite, deux cents matelots ne firent rien autre chose, commençant dès le point du jour, et cessant à neuf heures, quand la chaleur se fait sentir ; un égal nombre de soldats leur servoit de gardes. Nous ne pûmes cependant, malgré cela, incendier que le tiers de la ville, et à la fin, fatigués de brûler, nous nous contentâmes d'accepter vingt-cinq mille ducats, de cinq schellings (six francs) chacun pour la rançon du reste de la ville. »

Il est difficile de se procurer des renseignemens exacts sur cette ville autrefois florissante. Elle est certainement sur le déclin, mais non pas, comme l'assure l'abbé Raynal, entièrement détruite. On n'en sait pas davantage sur l'état de l'agriculture de ces possessions que sur celui de la capitale espagnole. Leurs exportations de sucre et de tabac ne sont sans doute pas considérables ; car il paroît que les principaux articles de leur commerce sont des cuirs verds. Il est même probable que la plus grande partie des propriétés espagnoles de cette île, autrefois le paradis d'un peuple heureux, est maintenant abandonnée aux bêtes des champs et aux vautours qui planent autour d'elles.

Les relations de leur population sont aussi fort rares et peu satisfaisantes. Les plus anciens historiens disent qu'il fut un tems où il y avoit à Hispaniola 14,000 Castillans. Ses mines étoient alors fort riches et rapportoient annuellement plus de 2,400,000 l. tournois; mais quand elles furent épuisées, la colonie tomba en décadence, la dépopulation devint considérable, et la paresse succéda à l'activité.

Nous avons, dans un autre endroit, fait mention de l'origine de l'introduction des esclaves ; mais cela ne semble pas avoir augmenté sa population. En 1717, le nombre de ses habitans, tant libres qu'esclaves, n'étoit que de 18,410, et depuis cette époque, il a certainement diminué. Il y a peut-être trois mille blancs de sang pur.

Le caractère des colons espagnols, si l'on en juge d'après leur conduite pendant la guerre actuelle, n'est pas des plus respectables. Ils se conduisirent envers les royalistes français avec la plus vile et la plus basse animosité nationale, et ils ne furent pour les Anglais que des amis jaloux et perfides. Tout considéré, il y a lieu de croire que la plupart d'entr'eux sont une race bâtarde et dégénérée, un mélange bisarre de sang européen, indien et africain. Ils ne sont ni policés par des communications avec le reste du genre humain, ni cultivés par l'étude; mais ils vivent dans une sombre oisiveté, affoiblis par l'indolence, et comprimés par la pauvreté.

Il est difficile de prévoir quel sera l'état futur de ces nègres de Saint-Domingue, que l'interposition de la France a délivrés des fers de l'esclavage. Si, d'après l'expérience des avantages d'une vie civilisée, ils abandonnoient les poursuites atroces des sauvages, ils pourroient encore obtenir un haut rang dans la connoissance de la vérité et la pratique de la vertu. Mais l'expérience nous a démontré que la liberté, quoique nécessaire pour rendre l'homme grand et bon, n'est pas seule suffisante pour lui inspirer des sentimens nobles et rafinés. Les nègres marons de la Jamaïque, et les Caraïbes de Saint-Vincent ne sont pas esclaves des blancs; mais ils sont toujours sauvages au milieu de la société policée; et il n'est hélas! que trop à craindre que les nègres de Saint-Domingue ne deviennent un jour ce que sont ceux-ci.

F I N.

TABLE

DES CHAPITRES

Contenus dans cet Ouvrage.

LIVRE PREMIER.

Chapitre premier. Situation géographique.—Nom. —Climat.—Brises de mer et de terre.—Animaux et végétaux. — Élévation des montagnes, etc. etc. Page 1

Chap. II. Des Caraïbes, ou anciens habitans des îles du vent.—Origine.—Caractère.—Mœurs.—Figure. —Habitudes.—Éducation.— Arts et manufactures. —Religion.— Conclusions. 10

Chap. III. Des naturels d'Hispaniola, Cuba, la Jamaïque, et Porto-Rico. — Leur nombre. — Leur apparence. — Génie. — Caractère. — Gouvernement et religion.— Mélanges d'observations concernant les arts et l'agriculture.—Cruauté des Espagnols. 24

Chap. IV. Animaux terrestres servant à la nourriture. —Poissons.—Oiseaux sauvages.—Méthode indienne de chasser et de pêcher.—Légumes, etc.— Conclusion. 43

Appendice au livre premier, contenant une courte dissertation sur l'origine des Caraïbes. 50

LIVRE II.

LA JAMAÏQUE.

Chap. I.er Découverte par Colomb.—Conduite de son fils Diégo, après la mort de Colomb.—Il prend possession de la Jamaïque.—Caractère humain d'Esquivel, premier gouverneur.—Invasion de l'île par le chevalier Antoine Shirley et le colonel Jackson.—Établissement et abandon de la ville de Sevilla-Nueva.—Destruction des Indiens.—Fondation de Saint-Jago de la Vega.—Donne le titre de marquis à Louis, fils de Diégo, à qui l'île est cédée.—Elle descend à sa sœur Isabelle. — Elle revient à la couronne d'Espagne. Page 59

Chap. II. Justification du caractère de Cromwell contre les allégations de ces historiens qui le blâment d'avoir attaqué les Espagnols dans les Indes occidentales.—Description des énormes cruautés de ce peuple, en violation du traité de 1630.—État de la Jamaïque lors de sa prise. 67

Chap. III. Opérations dans l'île après sa prise.—Mécontentement et mortalité parmi les soldats.—Efforts du Protecteur.—Brayne nommé au commandement.—De Oyley le reprend.—Défaite par lui des troupes espagnoles qui envahirent l'île.—Gouvernement régulier établi à la Jamaïque.—Disputes avec la mère-patrie, etc. etc. 74

Chap. IV. Situation.— Climat.—Surface du pays.—Montagnes et les avantages qui en dérivent.—Sol.—Terres incultes. — Bois. — Rivières. — Métaux.—Végétaux.—Légumes, productions et fruits. 85

Chap. V. Description topographique.—Villes, villages et paroisses.—Cours de justice.—Bureaux publics.—Monnoie. — Milice. — Habitans. — Commerce. — Vaisseaux.—Exportations.—Importations. Page 95

LIVRE III.

ILES CARAÏBES ANGLAISES.

Chap. I.er La Barbade. Arrivée des Anglais dans cette ile.—Origine, progrès, et fin du gouvernement des propriétaires. — Revenu accordé au roi. — Origine de l'acte de navigation. — Situation et étendue de l'île.—Sol et productions.—Population.—Son déclin.—Exportations et importations. 115

Chap. II. Découverte, habitans.—Invasion des Français en 1650.— Extermination des naturels.— L'île cédée au comte de Cerillac.—Mauvaise conduite du vice-gouverneur.—La colonie retourne à la couronne de France.—Prise par les Anglais. — Prétentions du roi de mettre un droit de 4 $\frac{1}{2}$ pour cent sur ses productions exportées.—Décision de la cour du banc du roi sur ce point. — Opérations dans la colonie.—Dissentions intestines.— Invasion des Français en 1779.—Brave défense et reddition à discretion de la garnison. — Cruautés exercées envers les planteurs anglais.—Elle est rendue à l'Angleterre par le traité de paix.—État actuel de la colonie. 128

Chap. III. Saint-Vincent et ses dépendances; la Dominique. 144

Chap. IV. Gouvernement des îles Caraïbes sous le vent, comprenant Saint-Christophe, Antigue, Montscrat, et les îles Vierges.—Histoire et description de chacune.—Exportations.—Produit du droit de 4½ pour cent.—Conclusion de l'histoire. Page 158

LIVRE IV.

Chap. I.er Compte sommaire des habitans des différentes îles.—Classes.—Emigrés de la Grande-Bretagne et d'Irlande.—Caractère dominant des Européens y résidant. — Créoles ou naturels.— Effets du climat.— Caractère des femmes et des enfans créoles. — Gens de couleur, et leurs différentes classes ou tribus.— Restrictions sur les nègres libres et les mulâtres.— Leur caractère. 167

Chap. II. Des nègres dans l'état d'esclavage.—Observations préliminaires.—Origine de la traite des nègres. — Établissement portugais sur la côte d'Afrique.— Nègres amenés à Hispaniola.—Voyage d'Hawkins.— Compagnie d'Afrique établie par Jacques I.er—Charte accordée.—Description de la côte d'Afrique.—Forts et factoreries. — Exportations de la Grande-Bretagne. —Nombre de nègres que l'on exporte à présent aux colonies anglaises.—État du commerce depuis 1771 jusqu'en 1787.—Nombre de nègres importés aujourd'hui par les différentes nations de l'Europe. 187

Chap. III. Mandingos, ou naturels de la côte du vent. —Mahométans.—Guerres, mœurs et figures.—Nègres Koromantins, ou nègres de la côte d'Or.—Férocité de leur caractère démontrée dans une relation de la rébellion des nègres à la Jamaïque en 1760.—Leurs mœurs, guerres et superstitions.—Naturels de Whidah

ou Fida. — Leurs bonnes qualités. — Naturels de Benin. — Figures et caractères. — Cannibales. — Naturels de Congo et d'Angola. — Examen du caractère et des dispositions des nègres dans l'état d'esclavage.
Page 207

CHAP. IV. Moyens de se procurer des esclaves en Afrique. — Observations sur ce sujet. — Objections à une abolition directe et immédiate de ce commerce par la nation britannique seule. — Considérations sur les conséquences d'une pareille mesure. — Disproportion de sexes chez les nègres annuellement importés d'Afrique. — Méthode de transporter les nègres, et règlemens nouvellement établis par acte du parlement. — Effets de ces règlemens. 241

CHAP. V. Arrivée et vente dans les Indes occidentales. — Nègres nouvellement achetés. — Comment on en dispose, emploi. — Détail de l'administration des nègres dans une plantation à sucre. — Manière de les obtenir. — Maisons, habillemens, et médecins. — Abus. — Derniers règlemens pour la protection et la sûreté des esclaves. — Causes de leur diminution annuelle. — Polygamie. — L'esclavage même le plus doux est contraire à la population. — Observations générales. — Propositions pour améliorer encore plus le sort des esclaves.
255

LIVRE V.

AGRICULTURE.

CHAP. I.er Cannes à sucre. — Connues des anciens. — Conjectures sur son introduction en Europe. — Transplantées de la Sicile aux Açores, etc. dans le quinzième siècle, et de là aux Indes occidentales.—Preuve que Colomb lui-même la porta des îles Canaries à Hispaniola.—Sommaire du raisonnement de Labat pour démontrer qu'elle croissoit naturellement dans les Indes occidentales.—Les deux relations conciliées.—Nom botanique et description.—Sols les plus propres à sa culture, et leur variété.—Usage et supériorité de la charrue.—Méthode de cuire et de planter. Page 276

CHAP. II. Tems de la moisson, la saison de la santé et des fêtes.—Moulins pour moudre les cannes.—Suc de la canne et parties qui la composent.—Procédé pour obtenir du sucre brut ou Muscavedo.—Mélasses, leur usage.—Procédé pour faire du sucre terré ou de Lisbonne.—Rum, distilleries et alembics.—Citernes et leurs ingrédiens.— Procédé des îles du vent.—Méthode de la Jamaïque d'une double distillation.—Quantité de rum que donne toute quantité quelconque de sucre brut, mélasses, etc. 288

CHAP. III. Capital nécessaire pour l'établissement et l'achat d'une plantation à sucre d'une étendue donnée.—Les terres, bâtimens, et approvisionnemens considérés séparément.—Détails de la dépense.—Revenu brut des propriétés.—Dépenses annuelles.— Profits nets, différentes charges accidentelles non comprises.—Différence à laquelle on ne fait pas souvent attention en estimant les bénéfices d'un bien en Angleterre et d'un bien dans les Indes occidentales.—Assurances des biens dans les Indes occidentales en tems de guerre, et autres déductions.—La question pourquoi la culture des îles à sucre continue d'éprouver tant de découragement, considérée et discutée. 304

Chap. IV. Du coton, de sa croissance, et de ses différentes espèces.—Sa culture et les risques dont elle est accompagnée. — Importations de cette marchandise en Angleterre, et profits des manufactures auxquelles elle donne lieu.—Indigo, sa culture et sa fabrication.—Opulence des premiers planteurs d'indigo à la Jamaïque, et réflexions sur la décadence de cette branche de culture dans cette île.—Café; celui des Antilles est-il égal au moka?—Situation et sol.— Droit exorbitant auquel il étoit sujet dans la Grande-Bretagne.—Méthode approuvée de cultiver la plante et de nettoyer la graine. — Estimation des dépenses annuelles et du produit d'une plantation à café.— Cacao, gingembre, arnotto, aloës et piment. Page 316

LIVRE VI.

GOUVERNEMENT ET COMMERCE.

Chap. I.er Etablissement coloniaux.—Capitaine général, ou gouverneur; ses pouvoirs et prérogatives.— Réflexions sur le choix, en général, des personnes pour remplir cette place importante. — Lieutenant-général, lieutenant-gouverneur, et président du conseil; leurs attributions et fonctions.—Origine de leur prétention à une portion du pouvoir législatif. —Sa nécessité, sa propriété, sa légalité considérées. —Proposition de quelques amendemens dans la constitution de ce corps. 347

Chap. II. Assemblée.—Le roi n'a pas la prérogative d'établir dans les colonies des constitutions moins libres que celle de la Grande-Bretagne.—La plupart des îles anglaises de l'Amérique colonisées par des émigrés de la mère-patrie. — Les proclamations et chartes royales ne sont que des confirmations d'anciens droits. — La Barbade et quelques autres îles étoient originairement des comtés palatins. — Comment leurs législatures locales ont été constituées. — Etendue de leur juridiction indiquée. — Comment leur fidélité au roi de la Grande-Bretagne et leur dépendance sont garanties. — Etendue constitutionnelle de l'influence du parlement sur les colonies. Page 365

Chap. III. Commerce entre les îles anglaises et l'Amérique septentrionale avant la guerre. — Articles fournis par les Américains. — Vaisseaux et matelots. — Avantages de ce commerce pour la Grande-Bretagne. — Mesures du gouvernement, au rétablissement de la paix. — Mortalité des nègres occasionnée par la disette. 380

Chap. III. Objections contre les avantages revenant à la Grande-Bretagne de ses colonies américaines considérées. — Les droits mis sur les importations des Indes occidentales en Angleterre tombent-ils sur le consommateur, et dans quel cas. — Remises et primes. — Explication de ces termes, leur origine et leur convenance démontrées. — Pacte de monopole, sa nature, son origine. — Restrictions sur les colons, profits qu'en retire la Grande-Bretagne. — Avantages qui reviendroient au planteur, au trésor national et au public, s'il étoit permis aux habitans des Antilles de rafiner eux-mêmes le sucre destiné à la consommation de la Grande-Bretagne. — Projet d'établir aux Indes orientales des plantations à sucre sous la protection du gouvernement considérée.—Remontrances que l'on pourroit faire contre cette mesure et contre d'autres. — Conclusion. Page 390

Relation de la colonie française de Saint-Domingue.

Chap. I.ᵉʳ État politique de Saint-Domingue avant 1786. 411

Chap. II. Depuis la révolution de 1789, jusqu'à la réunion de la première assemblée générale de la colonie. 419

Chap. III. Opérations de l'assemblée générale de Saint-Domingue jusqu'à sa dissolution, et l'embarquement de ses membres pour la France. 426

Chap. IV. Rébellion et défaite d'Ogé, homme de couleur libre. 436

Chap. V. Opérations en France. — Mort du colonel Mauduit. — Décret de l'assemblée nationale du 15 mai 1791.—Ses conséquences à Saint-Domingue.— Rébellion et atrocités des nègres dans les provinces du nord. — Trêve entre les gens de couleur et les habitans du Port-au-Prince. — Proclamation de l'assemblée nationale du 20 septembre. 442

Chap. VI. Révocation du décret du 15 mai.—Guerre civile renouvelée. — Le Port-au-Prince détruit par les flammes.—Cruautés des deux côtés. Arrivée de commissaires de France.—Nomination et opérations des nouveaux commissaires.-Nomination de Galbaud. —Hostilités des deux côtés. — Les nègres révoltés appelés. — Massacre des habitans du Cap français et incendie de la ville. 452

Chap. VII. Situation, étendue, et description générale de Saint-Domingue.—Origine de la colonie française.—Description de ses productions et de sa population—Vaisseaux et exportations. 459

Chap. VIII. Ouvertures faites au gouvernement britannique.—L'esclavage aboli par les commissaires français.—Reddition de Jérémie et du môle Saint-Nicolas.—Défaite au fort Tiburon.—Prise du Port-au-Prince.—Maladie et mortalité terrible parmi les troupes anglaises.—Révolte des gens de couleur à Saint-Marc—Seconde attaque de Tiburon.—Evacuation de la garnison. 465

Chap. IX. Ancien état de la colonie espagnole.—Etablissement de la ville de Saint-Domingue.—Elle est pillée par Drake en 1586.—Nombre et caractère des habitans actuels.

FIN DE LA TABLE DES CHAPITRES.

CATALOGUE des Livres de Fonds qui se trouvent chez DENTU, *Imprimeur-Libraire, Palais du Tribunat, galeries de bois*, n.º 240.

LIVRES NOUVEAUX.

Le signe * désigne les livres dont je suis propriétaire.

Voyage à la côte occidentale d'Afrique, fait dans les années 1786 et 1787, contenant la description des mœurs, usages, lois, gouvernement et commerce des Etats du Congo, fréquentés par les Européens, et un précis de la traite des Noirs, ainsi qu'elle avoit lieu avant la Révolution française; suivi d'un Voyage fait au cap de Bonne - Espérance, contenant la description militaire de cette colonie; les détails d'une excursion sur la fameuse montagne de la Table; l'ordre dans lequel elle doit être classée, la réfutation de quelques voyageurs précédens, et une discussion où on examine si les anciens avoient doublé ce promontoire avant les Portugais ; par L. DEGRANDPRÉ, Officier de la Marine française. 2 vol. in-8.º, sur papier carré fin , ornés de superbes figures, cartes, et du plan de la citadelle du Cap de Bonne-Espérance, etc. Prix 10 fr. 50 c. Papier vélin , figures avant la lettre , et les gravures en atlas in-4º. 24 fr.

L'auteur commence par justifier les Africains du reproche d'être antropophages ; et pour mettre plus d'ordre dans la description qu'il donne de ce pays, il la divise en quatre parties, la première traite du sol et des productions ; la seconde, des mœurs, usages et religion ; la troisième, du gouvernement et législation , et enfin la quatrième rend compte des ports que l'on fréquente sur cette côte, et de la traite des esclaves, ainsi qu'elle avoit lieu avant la Révolution française.

Dans la première partie, l'auteur jette un coup-d'œil rapide sur le sol et ses productions, sur la nature des montagnes, les assèchemens de la mer, et finit par conclure que l'établissement d'une colonie y seroit couronné du succès; il insiste sur cet objet par des motifs d'humanité ; recherche combien Saint-Domingue a détruit d'individus arrachés à leurs familles en Afrique depuis cinquante ans, et finit par exposer ses données en faveur de la réussite d'une colonie sur cette côte.

Dans la seconde partie, il détaille les mœurs, usages et coutumes du pays, y joint les dessins qui peuvent en faciliter la description , recherche l'analogie des usages avec ceux d'Europe, enfin donne un vocabulaire ; à l'aide de cette langue, de l'usage des épreuves et des détails de la religion, il expose ses conjectures sur l'histoire de ces peuples, sans pouvoir asseoir de certitudes sur un objet qui ne laisse que des vestiges aussi légers.

Dans la troisième partie, il entre dans tous les détails du gouvernement, et démontre la ressemblance de la constitution de l'état avec notre ancien système féodal, traite des esclaves de main-morte et de l'influence des princes.

Enfin, dans la quatrième partie, il décrit tous les ports que les Européens fréquentent, et donne tous les détails relatifs au commerce, et sur-tout à la traite des Noirs. Ce voyage est suivi de celui du cap de Bonne-Espérance, où l'auteur envisage ce pays sous un aspect nouveau ; il s'attache principalement aux détails militaires et nautiques, il refute quelques passages des auteurs qui ont précédemment écrit sur cette partie de l'Afrique, donne des détails sur la montagne de la Table, si fameuse par tous les voyageurs, la classe, et donne les preuves du séjour de la mer sur son sommet. L'auteur finit ce voyage par une dissertation sur les voyages des Phéniciens, passe en revue les périples de l'antiquité, et examine si les Portugais ont vraiment les premiers tracé cette route à l'Europe, et si les anciens n'avoient pas déja doublé le cap de Bonne-Espérance avant eux.

* **La Fille du Hameau**; par REGINA-MARIA ROCHE, auteur des Enfans de l'Abbaye ; 3 vol. in-12, orné de jolies gravures, traduit de l'anglais, par M.... Prix 5 fr.

Nommer l'auteur des Enfans de l'Abbaye, c'est déja faire l'éloge de ce roman nouveau, dans lequel on trouve, réunis à une douce philosophie, un mérite de style bien rare aujourd'hui, et des détails charmans. L'intérêt n'y est pas le résultat d'évènemens aussi terribles qu'invraisemblables, tels que ceux qui remplissent la plupart des ouvrages de ce genre depuis quelques années, mais celui qui naît de la vérité des caractères, d'un plan bien conçu, et d'une morale toujours pure qui, répandue dans tout le cours de l'ouvrage, le met au petit nombre de ceux dont la lecture peut être permise à de jeunes personnes, et où la peinture des vices et des crimes ne vient point affliger et flétrir l'ame du lecteur, en lui montrant l'espèce humaine sous des couleurs plus défavorables que ne le sont une expérience éclairée, et une philosophie sans humeur.

* Hilaire et Berthille, ou la Machine infernale de la rue Saint-Nicaise; par l'auteur de Brick-Bolding, etc., etc.; 1 vol. *in*-12, orné d'une très-belle gravure représentant l'explosion, suivi de toutes les pièces relatives à cette affaire.   Prix 2 fr.

— Annoncer un nouvel ouvrage de l'auteur de *Brick-Bolding*, c'est annoncer un nouveau succès. *Brick-Bolding* lui a fait une réputation que ses autres écrits n'ont point jusqu'ici démentis, la facilité et le naturel de son style, la rapidité de son dialogue, la vraisemblance des évènemens dont ses sujets sont tissus, et principalement l'intéressante morale qu'il sait y répandre, lui ont assuré une place distinguée parmi nos meilleurs écrivains en ce genre.

* Voyage dans la partie méridionale de l'Afrique, fait en 1797 et 1798, par John Barrow, ex-secrétaire de lord Macartney, et auditeur-général de la Chambre des Comptes au cap de Bonne-Espérance; contenant des observations sur la géologie et la géographie de ce continent, sur l'histoire naturelle des objets, qui, dans le cours de ce voyage, se sont présentés à l'auteur dans les trois règnes, animal, végétal et minéral; une esquisse du caractère physique et moral des diverses races d'habitans qui environnent l'établissement du cap de Bonne-Espérance, suivi de la description de l'état présent, de la population et du produit de cette importante colonie. Deux volumes *in*-8°. sur carré fin, orné d'une très-belle carte géographique, dressée sur les observations exactes faites pendant ce voyage. Traduit de l'anglais par L. DEGRANDPRÉ, auteur du voyage à la Côte occidentale d'Afrique; dans l'Inde et au Bengale. Prix 9 fr.   Papier vélin, 18 fr.

Ce voyage comprend, outre la description du Cap et de ses environs, le récit de plusieurs incursions dans les districts les plus reculés de cette colonie; l'auteur a visité les Cafres, les Boschisman et les Namaaquas; il a fait dans ces divers pays, les observations les plus intéressantes sur le climat, le gouvernement, les mœurs et les usages des habitans. Naturaliste érudit, il donne, dans le plus grand détail, la nomenclature des plantes et des arbres; il classe avec intelligence et méthode, les pierres qu'il a rencontrées. Il n'a négligé aucunes des expériences chimiques qui étaient nécessaires pour analyser les eaux, les terres composées, et les autres substances qui se sont présentées à lui. Cet ouvrage est un vrai présent fait aux sciences, et il ne peut manquer d'être favorablement accueilli. A tant d'avantages, cette édition joint celui de sortir de la plume d'un voyageur intelligent qui, lui-même a résidé long-tems dans ces différens pays, et qui a enrichi sa traduction de notes explicatives et critiques qu'il a jugé nécessaires pour applanir plusieurs difficultés et détruire quelques contradictions qui se rencontrent dans les voyageurs précédens : enfin, dans l'état actuel, cet ouvrage est aussi complet qu'il puisse l'être, et ne laisse rien à désirer aux amateurs d'histoire naturelle.

* Voyage dans l'Inde et au Bengale, fait dans les années 1789 et 1790 contenant la description des îles Séchelles et de Trinquemalay, des détails sur le caractère et les arts industrieux des peuples de l'Inde; la description de quelques pratiques religieuses des habitans du Bengale; un coup-d'œil sur les révolutions physiques que ce pays a éprouvées, et enfin un état des forces anglaises dans toute l'Inde, avec un tableau de la politique qui a déterminé les mesures des Français,

et hâté leur décadence dans ce pays ; suivi d'un Voyage dans la mer Rouge, contenant la description de Moka, et du commerce des Arabes de l'Yémen ; des détails sur leur caractère et leurs mœurs, des recherches sur les Volcans de ce pays, et sur le naufrage de l'Archipel de Panchaye, dont parle Diodore de Sicile, et qui est entièrement disparu. Par L. DE-GRANDPRÉ ; 2 vol. in-8.º sur papier carré fin, ornés de la vue de Calcutta, du côté du Gange, et du plan de la citadelle de la même ville, etc. etc. Prix 10 fr. Papier vélin, figures avant la lettre, et les gravures en atlas, in-4.º. 24 fr.

L'auteur part de l'Ile de France et relâche aux Séchelles ; il en donne la description, et l'histoire des épiceries dérobées aux Moluques, et naturalisées sur ces îles ; de là il passe dans l'Inde et décrit la fameuse colonie de Trinquemalay. Rendu à Pondichery, il décrit le caractère et les arts industrieux des Indiens, traite de la politique et des revers des Français dans cette partie du monde, ainsi que des succès de la Compagnie anglaise ; envisage la presqu'île de l'Inde sous un point de vue philosophique, et parle des révolutions physiques, dont les traces sont encore visibles ; de là, il passe au Bengale, entre dans les détails de la puissance des Anglais et lui compare l'état d'épuisement des Français ; donne l'histoire de la révolution à Chandernagore, et décrit enfin quelques cérémonies religieuses des Maures et des Brames ; il s'attache sur-tout à réfuter l'authenticité des livres des Brames et la connoissance que l'on a acquise de leur langue sacrée ; il regarde toutes ces communications comme apochryphes ; il jette encore un coup-d'œil observateur sur la marche de l'Océan, et démontre qu'il a jadis couvert le Bengale.

L'auteur part pour la côte Malabar, décrit Cochin, son port, son commerce, et se rend dans la mer Rouge.

Il parle des mœurs, usages et caractère des Arabes, et décrit les villes de Moka, Betelfakih et Senaan ; entre dans les détails du commerce et en fixe la balance ; son voyage est terminé par son retour à Pondichéry et par la description d'une famine effrayante qui désola le Nord de la presqu'île ; il en tire les inductions qui lui servent à donner un dernier coup de pinceau au caractère des Indiens.

Toutes les planches des deux voyages de M. Degrandpré ont été dessinées sur les lieux par lui-même ; la plupart sont de grandeur double et triple, et gravées avec un soin et une précision extrême. On a choisi cette forme de préférence, comme la plus propre à représenter les objets en grand, et à permettre des détails que le format in-8º. n'auroit pas pu comporter.

Nota. On a réuni les figures, les cartes et les plans de ces deux voyages, en un atlas, pour les personnes qui desireront les deux ouvrages. Prix 24.

* Voyages physiques et lythologiques dans la Campanie ; suivis d'un Mémoire sur la Constitution physique de Rome ; avec la Carte générale de la Campanie, d'après *Zannoni* ; celle des Cratères éteints entre Naples et Cumes ; celle du Vésuve, du Plan physique de Rome, etc. etc. par SCIPION BREISLAK ; traduits sur le manuscrit italien, et accompagnés de notes, par le Général POMMEREUIL ; 2 vol. in-8.º sur papier carré fin d'Auvergne, orné de belles cartes enluminées. Prix 10 fr.
Il a été tiré quelques exemplaires sur papier vélin. Prix 20 fr.

Cet Ouvrage a paru en Italie, il y a trois ans, sous le titre de *Topographie physique de la Campanie* ; imprimé à Florence, il fit oublier tous les autres ouvrages qu'on avoit auparavant imprimés sur le même objet. L'auteur ayant demeuré long-tems à Naples et dans ses environs, et s'étant toujours occupé de la physique du pays, a été dans des circonstances très-favorables pour la connoître. Il a fixé les vraies limites des anciens Champs Phlégréens, et a déterminé tous leurs cratères : avant lui on en connoissoit à peine cinq ou six. Il a été le premier à visiter et à décrire un grand volcan éteint, dont les éruptions ont formé la partie septentrionale de la Campanie. Outre les descriptions de tous les endroits qui composent cette partie si célèbre de l'Italie, il donne encore le détail de toutes leurs productions fossiles, de manière qu'on peut regarder cet ouvrage comme un traité complet de minéralogie volcanique.

L'ouvrage a six planches ou cartes. La première est la carte générale de la Campanie : on y a représenté la chaîne de l'Apennin, depuis le Promontoire de Gaëte jusqu'au Cap de Minerve, la plaine comprise entre cette chaîne et la mer, les trois fleuves qui l'arrosent, le Lyris ou Garigliano, le Volturne et le Sarno ; les collines volcaniques septentrionales de la Roche-Monfine ; les méridionales, qui s'étendent depuis Cumes jusqu'au Vésuve, et les trois îles de Caprée, Procida, Ischia, qui appartiennent au golfe de Naples. On a tâché même de représenter toutes les anciennes bouches volcaniques qu'on peut reconnoître dans cette dernière île. Pour rendre ces cartes plus instructives, on a mis en couleur les parties volcaniques, de manière que d'un coup-d'œil on distinguera la nature de chaque endroit.

La seconde carte représente tous les anciens cratères qu'on peut encore reconnoître entre Naples et Cumes. Quelques-uns de ces cratères étoient déjà connus, comme l'Astruni, le mont Gauro, le Lac d'Averne, le mont Nuovo ; mais il y en a beaucoup d'autres qui n'avoient pas encore été déterminés.

A ces deux cartes qui accompagnoient l'édition italienne, l'auteur a ajouté les trois cartes suivantes. L'une représente le Vésuve avec tous les courans de lave qu'on reconnoit à sa surface. On n'a pas négligé d'indiquer l'année dans laquelle ont coulé celles dont on connoit l'époque.

L'autre offre le plan physique de la ville de Rome. Le sol de cette ville si célèbre par ses évènemens politiques, est aussi remarquable par ses anciennes révolutions physiques. Tous les naturalistes qui ont visité Rome, sont d'accord sur l'origine volcanique de son territoire. L'auteur a levé le plan de la ville, a suivi les rapports de ses fameuses collines, et a démontré que celles-ci sont les débris d'un cratère écroulé.

La cinquième planche représente le plan, la coupe, l'élévation d'une machine faite par l'auteur dans le cratère de la Solfatare, au moyen de laquelle, par le refroidissement des vapeurs de ce volcan à demi-éteint, on obtenoit une fontaine abondante d'eau.

La dernière représente une cristallisation de laiton fort singulière, formée par l'action de la lave de 1794.

Le Général *Pommereüil*, qui a traduit cet ouvrage sur le manuscrit de l'auteur, y a ajouté des notes très-intéressantes.

Je puis assurer les amateurs d'Histoire Naturelle, que je n'ai rien négligé pour que l'édition de cet ouvrage soit exacte.

* **Des causes des Révolutions et de leurs effets ; ou Considérations historiques et politiques sur les Mœurs qui préparent, accompagnent et suivent les Révolutions ; par** J. BLANC DE VOLX, **auteur du Coup-d'Œil politique sur l'Europe, à la fin du dix-huitième siècle ; 2 vol. in-8.° sur papier carré fin.** Prix 7 fr. 50.

Il a été tiré quelques exemplaires sur papier vélin. Prix 15 f.

L'histoire en général décrit les évènemens et le plus souvent se borne à nous faire connoître comment ils arrivent. La curiosité peut-être satisfaite, mais l'esprit ne l'est pas : car il importe plus à l'observateur de connoître pourquoi, par quelle cause un changement s'opère, qu'il ne lui importe de savoir comment il s'opère. Alors le passé nous aidant à juger l'avenir, le retour des mêmes erreurs, des mêmes fautes, des mêmes opinions, nous met en mesure de les arrêter ou de les seconder suivant qu'elles nous sont nuisibles ou favorables.

En assignant aux révolutions des causes indépendantes du fait et de la volonté de ceux-mêmes qui y ont le plus contribué, on dispose les esprits chagrins à accuser les hommes un peu moins que les mœurs : on les instruit à s'armer d'une salutaire méfiance contre les accusations réciproques ; car les hommes que leur position ou leurs intérêts ont jeté dans des partis contraires, ne sont que trop portés à se charger de leurs malheurs respectifs : on les prépare enfin à une tolérance nécessaire pour réconcilier les hommes et les partis.

Enfin profiter de la révolution pour en prévenir de nouvelles, et obtenir d'elle tout ce qu'elle peut offrir d'avantages sous tous les rapports ; tel est le triple but que s'est proposé l'auteur de l'ouvrage que nous annonçons.

La première partie est divisée en trois chapitres. Dans le premier on détermine les causes des révolutions politiques qu'ont subis divers Etats, notamment ceux de l'Europe moderne. On y démontre par quels degrés, par quel enchaînement de faits successifs la nôtre s'est opérée, sans le concours des hommes que l'irréflexion en a proclamé les auteurs. Enfin on la reconnoît aux mêmes signes qui annoncèrent celles de l'Angleterre sous Cromwel, et sur-tout celle de Rome sous Jules-César.

Dans le second, on examine les mœurs qui accompagnent les révolutions, ses erreurs, ses excès et les crimes mêmes qui sont communs dans tous les grands Etats où la corruption a amené des changemens.

Dans le troisième, on analyse les mœurs qui suivent les révolutions. On examine si la nôtre est finie; ce qu'on peut avoir à en craindre encore; l'influence que la guerre peut avoir sur elle; et enfin en la supposant finie, les réformes que nous sommes en droit d'espérer d'un gouvernement nouveau s'il veut consolider son existence.

Dans les II et III parties l'auteur traite des institutions, des arts et des fêtes nationales, en les envisageant sous le triple rapport pécuniaire, politique et moral.

* Histoire civile et commerciale des Colonies anglaises dans les Indes occidentales, depuis leur découverte par Christophe Colomb jusqu'à nos jours; suivie d'un tableau historique et politique de l'île de Saint-Domingue, avant et depuis la révolution française; traduit de l'anglais de BRYAN EDOUARD, par le traducteur des Voyages d'ARTHUR YOUNG en France et en Italie; 1 vol. in-8.º de 500 pages, sur carré fin de Limoges, orné d'une belle carte. Prix 5 fr.

Cet ouvrage auquel est jointe une carte fort étendue de toutes les îles anglaises et françaises de l'Amérique, contient la découverte de ces îles, l'origine et le caractère de leurs premiers habitans; les époques où elles furent colonisées par les Européens; leurs productions, leur commerce, leur population tant en blances que nègres et gens de couleur; leurs relations commerciales avec l'Europe, leurs importations et exportations, le revenu qu'elles procurent à l'Angleterre, et les avantages qu'en retire sa marine. On y trouve aussi la manière de faire la traite des nègres, le nombre des établissemens de diverses nations européennes en Afrique, la description et le caractère des Africains et toutes les lois qui ont été faites en faveur des esclaves; outre une relation fort étendue de tout ce qui s'est passé à l'île française de Saint-Domingue depuis le commencement de la révolution. En un mot tout ce qu'il y a d'utile et d'intéressant dans le grand ouvrage de Bryan Edouard sur ces îles est ici présenté au public d'une manière concise et satisfaisante.

Nous ne doutons pas que cet ouvrage n'obtienne un grand succès, parmi la classe nombreuse des politiques et des commerçans.

* VOYAGE de la Propontide et du Pont-Euxin, avec la carte générale de ces deux mers, la description topographique de leurs rivages; le tableau des mœurs, des usages et du commerce des peuples qui les habitent; la carte particulière de la Plaine de Brousse en Bithynie, celle du Bosphore de Thrace, du détroit des Dardanelles, et celle de Constantinople accompagnée de la description des monumens anciens et modernes de cette capitale; par J. B. LECHEVALIER, auteur du Voyage de la Troade, membre de la Société libre des sciences et arts de Paris; des Académies d'Edimbourg, de Gottingue, de Cassel et de Madrid. 2 vol. in-8º sur papier carré fin d'Auvergne, caractères cicéro *Didot*; orné de six belles cartes. 7 f. 50 c. Papier vélin, 12 fr. *Idem*, avec les Cartes enluminées 18 fr.

La plupart des voyageurs qui ont écrit sur Constantinople, se sont attachés à faire connoître cette ville sous le point de vue qui les frappoit le plus, et qui avoit le plus d'analogie avec leurs professions et leurs gouts. L'architecte Grelot a dessiné et décrit les Mosquées: il a donné la vue générale de la pointe du Sérail et la carte de l'Hellespont; lady Montagu a dévoilé les secrets du Sérail; le baron de Tott a développé les procédés de la guerre et de la marine; Mouradja a traité de la religion et des lois; Peysonnel, du commerce, et Guys des usages et des mœurs; aucun de ces voyageurs ne s'est occupé de la description topographique de Constantinople et de ses environs. Pierre Gilles l'entreprit dans le dernier siècle; mais son ouvrage, d'ailleurs très-estimable par l'érudition et l'exactitude qui le caractérisent, est écrit en latin, et conséquemment n'est point à la portée de tous les lecteurs.

Celui que nous annonçons au public, et dont tous les papiers publics ont fait le plus brillant éloge, ne contient pas seulement le tableau fidèle des monumens anciens et modernes de Constantinople, avec la carte de cette capitale; il embrasse de plus la description des deux mers entre lesquelles elle est située, et celle des deux canaux magnifiques qui servent à-la-fois à l'embellir et à la défendre, qui établissent sa communication avec le nord et le midi de l'Europe, et qui appellent dans son sein les richesses du monde entier.

On y trouvera des détails très-étendus sur les côtes de la mer Noire, sur les peuples qui les habitent, sur leur commerce, leurs mœurs et leurs usages; le pays des Abazes sur-tout, qui pouvoit être jusqu'à présent regardé comme un pays inconnu, y est décrit de la manière la plus exacte. On ne craint point, en un mot, d'assurer que cet ouvrage sera d'une utilité générale pour les voyageurs et les commerçans, et qu'il doit jeter un nouvel intérêt sur l'histoire ancienne et moderne de l'Empire ottoman.

* Nouveau Voyage dans la haute et basse Égypte, en Syrie, et dans le Darfour, contrée où aucun Européen n'avoit encore pénétré; fait depuis 1792 jusqu'en 1798, par W. G. Browne; contenant des détails curieux sur le gouvernement, les mœurs, le commerce, les productions et la géographie de diverses parties de l'intérieur de l'Afrique, ainsi que sur la Natolie, sur Constantinople, sur Paswan-Oglow, etc. avec des Notes critiques sur les ouvrages de Savary et de Volney; traduit de l'anglais sur la seconde édition, par J. Castéra; 2 vol. in-8° ornés de cartes, vues, plans, etc. Prix: pap. ord. 10 fr. pap. fin d'Angoulême, 15 f. pap. vél. 20 fr.

Cet ouvrage présente l'état exact de ce qu'étoit l'Égypte au moment où les Français l'ont conquise. Ce n'est point une froide répétition des faits qui se trouvent épars dans un grand nombre d'autres voyages, mais la description rapide du sol, des productions, de l'agriculture, du commerce, des manufactures, du gouvernement, de la population, des mœurs de l'Égypte, ainsi que des principaux monumens de l'antiquité, qui y excitent encore, à un si haut degré, la curiosité et l'admiration. Il contient aussi un précis de l'histoire d'Égypte, depuis l'époque où elle fut soumise aux armes triomphantes des premiers Khalifes, jusqu'à nos jours. L'auteur a parcouru cette contrée célèbre depuis l'extrémité du Delta jusqu'aux frontières de la Nubie, et depuis les déserts de la Lybie jusqu'aux bords de la mer Rouge.

Après avoir fait une excursion au Mont-Sinaï, il revint en Égypte, s'arrêta long-tems au Caire, en partit avec la caravane du Soudan (*le pays des Nègres*), pour l'intérieur de l'Afrique, et passa près de trois ans dans le Dar-four. La description de ce dernier pays et des peuples qui l'habitent est, sans doute, la partie la plus importante de l'ouvrage, parce que l'auteur est le premier Européen qui y ait pénétré. Elle remplit une des grandes lacunes qui se trouvent dans ce que nous avons eu jusqu'à présent sur la statistique et la géographie de l'Afrique.

A son retour du Soudan, M. Browne traversa la Palestine, la Syrie, et une partie de l'Asie mineure, pour se rendre à Constantinople. Tout ce qu'il dit de ces différens pays est également curieux.

Certes, il est difficile de ne pas s'intéresser à un jeune homme qui, né avec une grande fortune, s'est dérobé au repos et aux plaisirs dont il pouvoit jouir en Europe, et a bravé les fatigues et les dangers d'un long voyage, l'influence d'un climat brûlant et mal-sain, et la perfidie, la cruauté de plusieurs nations barbares, pour se hasarder dans des pays inconnus, et nous faire part de ses découvertes. Aussi le Voyage de M. Browne a-t-il eu le plus grand succès en Angleterre.

* Histoire Secrète de la Révolution Française, depuis la convocation des Notables jusques et compris la bataille de Marengo, par François Pagès; 6 volumes in-8°.   Prix 25 fr.

Prix des trois premiers volumes 15 fr.; les volumes IV et V, 6 fr.; le tome VI qui paroit, 4 f., et ceux qui prendront les 6 volumes réunis ne payeront que 24 f.

Les trois premiers volumes de cet ouvrage qui étoient entièrement épuisés, et qui viennent d'être réimprimés avec des corrections et des augmentations considérables par l'auteur, contiennent une foule de particularités peu connues, et des extraits de tout ce qui a paru de plus curieux sur la Révolution, tant en France qu'en Allemagne et en Angleterre, jusques et compris la capitulation de Malthe, et la cessation des conférences tenues à Seltz; et principalement les journées des 18 fructidor et 22 floréal; les campagnes de Bonaparte en Italie, dans le plus grand détail; les campagnes en Suisse et en Allemagne; tous les traités de paix conclus depuis la révolution; un précis historique et chronologique de la révolution depuis l'assemblée des notables jusqu'à ce jour et précédé d'un tableau à colonnes des victoires remportées par les armées françaises.

Les tomes IV et V contiennent tout ce qui est relatif à la conquête de l'Egypte, à la campagne de Syrie et à la description de ces contrées; aux combats livrés dans l'Inde entre les Anglais et *Tippoo-Saïb*, à la Campagne de l'an 7, et du commencement de l'an 8; à l'invasion des Anglo-Russes en Hollande; à l'assassinat commis à Rastadt; enfin les détails les plus précieux, soit sur ces mémorables Campagnes, soit sur les Journées non moins fameuses du 18 fructidor an 5, du 30 prairial an 7, et tout ce qui a précédé, accompagné ou suivi les grands événemens du 18 brumaire dernier, etc., etc.

Ces deux Volumes, qu'on peut se procurer séparément, forment une histoire particulière et complète de l'an 7 et de l'an 8, jusqu'à ce jour.

Le sixième volume contient: L'histoire particulière de l'ancien directoire ou du gouvernement directorial, et les portraits ou caractères de plusieurs directeurs, ministres, etc. Un coup-d'œil général et politique sur la situation actuelle et respective des principaux Etats de l'Europe, sur-tout de la France et de l'Angleterre depuis le traité d'Aix-la-Chapelle en 1748, jusqu'à ce jour, et sur les moyens *infaillibles* qu'a le gouvernement français de triompher complètement du cabinet de Saint-James. Tous les événemens de la campagne en Italie et en Allemagne jusques et compris la bataille de Maringo; l'état intérieur de la France, avec des réflexions sur les sciences et arts, sur la législation, etc.; et un précis de toute la carrière politique et militaire de Bonaparte.

Nous osons croire que cet ouvrage se fera particulièrement rechercher, parce qu'il renferme dans un petit nombre de volumes tout ce qu'il est important et nécessaire de connaitre sur l'histoire de la révolution française.

* **Voyage dans l'Intérieur de l'Afrique**, fait en 1795, 1796 et 1797, par M. Mungo Park, envoyé par la société d'Afrique établie à Londres, avec des éclaircissemens sur la géographie de l'intérieur de l'Afrique, par le major Rennel, traduit de l'anglais sur la 2e. édition, par J. Castéra; 2 vol. in-8°. sur papier carré fin, ornés de cartes, vues, plantes, du portrait de l'auteur et de la grande carte de l'Afrique. 10 fr.
(Il reste encore quelques exemplaires sur grand raisin vélin.) 20 fr.

L'Afrique, cette partie du monde si intéressante par ses productions et par la singularité des mœurs de ses habitans, n'étoit qu'imparfaitement connue, non-seulement des anciens, mais encore des modernes. Les dangers et les difficultés innombrables qu'il falloit surmonter pour pénétrer dans l'intérieur de ce vaste continent, avoient arrêté jusqu'à ce jour les voyageurs les plus zélés et les plus intrépides. Quelques-uns ont néanmoins pénétré assez avant dans les terres, mais aucun n'en a parcouru une aussi grande étendue, et n'a fait plus de découvertes géographiques, sur-tout dans l'Afrique septentrionale, que le célèbre Mungo Park. La relation de son voyage étoit impatiemment attendue; et la traduction que nous annonçons au public n'excitera pas moins son intérêt et sa curiosité, etc. Les dangers que cet illustre voyageur a courus, ses diverses aventures, les événemens singuliers dont il a été témoin, tout dans cet ouvrage plait, amuse, instruit, intéresse; tout commande l'attention et inspire la reconnoissance pour le voyageur et l'estimable traducteur, auxquels nous sommes redevables de cet ouvrage précieux.

* **Ossian**, fils de Fingal, Barde du troisième siècle; poésies galliques, traduites de l'anglais de M. Macpherson, par Letourneur; nouvelle et très-

belle édition, ornée de jolies figures, dessinées et gravées par d'habiles artistes; corrigée et augmentée de diverses pièces qui n'avoient point paru dans les précédentes; 2 vol. in-8°, brochés et étiquetés. 8 fr.
Idem, papier fin d'Angoulême, 12 fr.
Il a été tiré quelques exemp. sur pap. vélin superfin, fig. avant la lettre. 18 fr.

M. *Macpherson* publia en Angleterre quelques morceaux détachés du poëme d'*Ossian*, sous le titre de *Fragmens d'anciennes Poésies*. Ces *Fragmens* eurent un succès si brillant, que toute l'Ecosse l'engagea à faire un voyage dans les montagnes et aux îles Hébrides, pour y rassembler ce que la tradition avoit conservé de cet ancien poëte, le plus estimé de tous ceux de son tems. La grandeur d'ame, le véritable héroïsme, le mérite de la composition, tout répond à la loyauté des sentimens développés dans cet ouvrage, devenu, pour ainsi dire, *le livre du jour*. Cette édition d'ailleurs manquant depuis long-temps à notre littérature, nous ne doutons pas qu'elle n'ait un grand succès par l'importance du sujet qu'elle traite, par son exécution typographique et la beauté des gravures qui y sont jointes.

* Esquisses de la Nature, ou Voyage philosophique à Margate; traduit de l'anglais de G. Kaëte; 1 vol. *in-8°*., orné d'une jolie gravure. Prix 3 fr. 75 c.

Dans un moment où la gaieté semble bannie de nos écrits, on accueillera sans doute avec empressement cette traduction d'un ouvrage où règnent l'enjouement et la légèreté. Il n'est pas possible de présenter avec plus d'agrément et sous des formes plus aimables, la saine critique, la fine plaisanterie, la vraie philosophie et la morale. Ce voyage est plein de ce que les anglais appellent *humour*, mot qui n'a point de synonymes dans notre langue, et qu'on ne rendroit qu'imparfaitement par les termes de *sel attique*, *légèreté française*, etc. L'auteur écrit à la manière de *Sterne*, et peut soutenir ce brillant parallèle. Nous invitons sur-tout les lecteurs à s'arrêter sur les chapitres qui ont pour titre : *le Tête-à-Tête*, *les Moines de la Trappe*, *les Bâtiments indiens*, etc.

* Mémoires de Marie-Françoise Dumesnil, célèbre Actrice du Théâtre-Français, en réponse aux Mémoires d'Hypolite Clairon; avec des notes critiques, des anecdotes qui n'ont jamais été publiées sur les grands acteurs de ce tems, et de lettres originales de *le Kain*; 1 vol. *in-8°*., orné d'un superbe portrait de M. F. Dumesnil, gravé d'après nature. 4 fr.

Cet ouvrage est très-piquant. L'auteur y discute dans le plus grand détail les mémoires de mademoiselle Clairon, en relève les erreurs, sans cesser de rendre justice aux talens prodigieux de cette célèbre actrice. Cette critique est remplie de goût, d'érudition, de grâces, de légèreté, de fine plaisanterie, et en même tems de décence et de modération. Ce qui la rend encore plus précieuse, c'est qu'elle fourmille d'anecdotes très-curieuses et peu connues; elle est aussi recommandable par des réflexions judicieuses sur l'art dramatique, et sur l'art théâtral. On ne peut séparer cet ouvrage de celui de mademoiselle Clairon: mais nous ne balançons pas à prononcer que quelque succès que les mémoires de cette dernière aient obtenu, ceux que nous annonçons n'en méritent un aussi brillant.

* Route de l'Inde, ou Description géographique de l'Egypte, la Syrie, l'Arabie, la Perse et l'Inde; ouvrage dans lequel on a renfermé un précis de l'Histoire, et le tableau des mœurs et coutumes des peuples anciens et modernes, qui ont habité ces différentes contrées depuis les temps les plus reculés, jusqu'à nos jours; traduit en partie de l'anglais, et rédigé par P. F. Henry; 1 vol. *in-8°*., orné d'une carte géographique, gravée par Tardieu l'aîné. 4 fr. 50 c.

Cet ouvrage est rédigé de manière à mériter l'attention de toutes les classes de lecteurs. Il nous suffira de dire que, pour le composer, l'auteur a consulté les voyageurs les plus estimés, tels que *Norden*, *Pockoke*, *Niebuhr*, *Savary*, *Volney*, *Tavernier*, *Chardin*, etc., le savant *Robertson*, le major *Rennell*, auteur d'un excellent Mémoire sur la Géographie de l'Inde, et M. *Hodges*, célèbre peintre anglais, l'un des compagnons du Capitaine Cook, dans son second Voyage autour du Monde, et qui lui-même en a fait un depuis au Bengale, et s'est trouvé spectateur des sacrifices humains au Malabar. Ces deux derniers auteurs n'avoient pas encore été traduits. Cet ouvrage est orné d'une carte qui, réunissant à l'Asie la partie d'Afrique où se trouve située l'Egypte, facilite les connoissances des lieux, et permet de saisir d'un coup-d'œil l'ensemble de tous les pays décrits.

* Essais de Poésies, de Fonvielle aîné, de Toulouse; 2 vol. in-18, sur grand raisin. 3 fr.

De bonnes traductions élégamment rendues, quelques fugitives nerveuses ou agréables, des odes pleines de chaleur et d'images, des allégories bien conçues et délicatement conduites, des fables pleines de naturel, d'une morale souvent hardie, toujours liée au sujet et rendue avec précision; voilà l'esquisse de ces deux volumes.

Résultats possibles du 18 brumaire an 8, par le même, avec cette épigraphe: Il faut réveiller les propriétaires au sentiment de leur dignité; car dans l'ordre social, la propriété est la base du contrat qui forme les nations, ou ce contrat ne constitue que le désordre. 1 vol. in-8 de 350 pages. 3 fr.

* L'Homme et la Société, ou nouvelle théorie de la nature humaine et de l'état social, par Salaville; 1 vol. in-8°. de 400 pages. 3 fr. 75 c.

Après les ouvrages de *Locke*, d'*Helvétius*, de *Condillac* et de *Rousseau*, il paraissoit difficile de donner une nouvelle théorie de l'homme, c'est cependant ce qu'a exécuté le citoyen *Salaville*. Ses principes different entièrement de ceux qu'ont adoptés ces célèbres écrivains; aussi les combat-il directement ou indirectement dans tout son ouvrage.

C'est l'*homo duplex* de *Buffon* et de la plupart des philosophes de l'antiquité qui sert de base à la nouvelle théorie. Les questions les plus importantes, celles de la *liberté*, de la *sociabilité*, de la *propriété*, de la *nature* et de *l'origine des loix positives*, y sont présentées sous un nouveau jour, et comme l'a dit récemment un journaliste, en parlant de cet ouvrage. « l'homme et la société, que les autres systèmes nous « montrent en opposition, s'expliquent l'un par l'autre dans celui-ci, et ne forment « qu'une seule et même théorie. »

Au reste, l'auteur a donné à son sujet les développemens les plus propres à en faciliter l'intelligence; quoique fort de pensées, il est clair et méthodique dans l'expression; en un mot, nous croyons que de tous les ouvrages qui ont paru depuis la révolution française, c'est un de ceux qui, à raison de l'importance du sujet et de la nouveauté des idées, doit le plus éminemment fixer l'attention des penseurs et des hommes instruits.

* Code des Eeaux et Forêts, extrait d'une analyse critique de l'ordonnance de 1669, etc. par Forestier. 1 fr.

* Réflexions sur les Forêts de la République, par Hébert. 50 c.

* Coup-d'Œil rapide sur les opérations de la campagne de Naples, jusqu'à l'entrée des Français dans cette ville, avec le tableau des forces du roi de Naples, au moment de la guerre : par le général Bonnamy, chef de l'état-major de l'armée de Naples; in-8°. 1 fr. 50 c.

Les faits dont se compose la relation de cette campagne mémorable, appartenant essentiellement à l'histoire, l'ouvrage qu'on offre au public mérite de fixer l'attention de toutes les classes de lecteurs. C'est un témoin oculaire, c'est un des acteurs principaux de cette grande scène d'évènemens, qui raconte ce qu'il a vu, ce qu'on a fait. Sa narration est simple, impartiale, et porte tous les caractères de la vérité.

* Précis des Opérations de l'armée d'Italie, depuis le 21 ventôse jusqu'au 7 floréal an 7, par le général Schérer; in-8°. 75 c.

* Comptes rendus au Directoire exécutif, par le même, pour l'an 6 et les cinq premiers mois de l'an 7; in-8° avec tableaux. 1 fr. 50 c.

* La Vérité sur l'Insurrection du département de la Haute-Garonne, avec des notes justificatives; par Hinard, ex-fonc. public à Toulouse; in-8°. 75 c.

Cette brochure est un tableau fidèle des vols, pillages, incendies et massacres qui ont affligé le département de la Haute-Garonne, à l'époque de l'insurrection que les jacobins avoient eux-mêmes suscitée dans ce malheureux département. Il faut être vraiment courageux, il faut aimer fortement son pays, pour avoir osé dévoiler toutes ces horreurs. 75 c.

* Marie et Caroline, ou Entretiens d'une institutrice avec ses élèves; traduit de l'anglais, de Marie Vollstonecraft Godwin, par A. J. N. Lallemant; nouvelle édition revue et corrigée. 1 vol. in-12, orné de 5 gravures. 2 fr.

Cet ouvrage, destiné à l'éducation des jeunes personnes, fait l'éloge du cœur et de l'esprit de la femme célèbre qui en est l'auteur. Il remplit parfaitement son but, celui de conduire à la vertu par une bienveillance qui a pour objet tous les êtres animés de la création, depuis l'insecte jusqu'à l'homme. Les entretiens de l'Institutrice avec ses élèves, sont heureusement parsemés de contes ou de récits, qui donnent à cette lecture le plus vif intérêt.

* Géographie Élémentaire de la République Française, suivant sa nouvelle division, et sous ses rapports de population, de commerce, d'industrie et de productions territoriales; à l'usage des écoles de premier enseignement, par demandes et par réponses; par Philipon-la-Magdeleine, auteur du nouveau Dictionnaire des Homonymes; nouvelle édition, entièrement refondue, augmentée du tableau des préfectures et sous-préfectures, de celui des tribunaux civils et militaires, d'une table raisonnée, et d'une carte de la France enluminée; 1 vol. in-12. 2 f.

* Voyage Sentimental en Suisse, par C. Hwass fils, avec cette épigraphe : « L'homme doit commencer par observer ses semblables, et puis il « observe les choses, s'il en a le temps ». 1 vol. in-18, orné d'une jolie gravure. 75 c. *Il reste encore quelques exemplaires in-12.* 1 fr. 25 c.

Tout le monde connoit le charmant Voyage Sentimental de Sterne. Celui que nous annonçons, quoiqu'il ne soit pas aussi étendu, n'offre au lecteur ni moins de variété, ni moins d'intérêt. Sterne vient de Londres à Paris, et traverse la France. C. Hwass va de Lyon à Genève, et borne sa course au Mont-Blanc. Mais sur cette route il sème d'heureux détails. Ceux qui aiment les romans, en trouveront le piquant et même le merveilleux dans le château du Baron. Ceux qui aiment les voyages, liront avec plaisir le chapitre des Alpes et du Mont-Maudit. Ceux enfin pour qui le sentiment et la morale ont encore des charmes, s'arrêteront avec une satisfaction singulière, chez le Bailli et chez l'Hermite, etc.

Cet ouvrage est du très-petit nombre de ceux desquels on peut dire : *La mère en permettra la lecture à sa fille.*

* Amour, Haine et Vengeance, ou Histoire de deux illustres Maisons d'Angleterre; par François Pagès; avec cette épigraphe : « Ciel! faut-il qu'il y « ait de tels monstres dans l'espèce humaine ». 2 vol. in-12, fig. 3 f.

Peu de romans offrent un aussi grand intérêt que celui-ci. On y trouve des situations vraiment neuves et très-pathétiques, une triple intrigue filée avec beaucoup d'art, et des caractères fortement prononcés, et extrêmement diversifiés. Nous citerons entre autres ceux du comte d'Essex, du duc de Sommerset, du bon et généreux Tomi, de l'aimable Virginie, de la tendre Antonia, et sur-tout de l'admirable et touchante Stéphania. Le style est pur, élégant et plein de chaleur.

* Les Erreurs de la Vie, *ou* les grandes passions sont la source des grands malheurs. 2 v. in-12, ornés de deux gravures; par le même auteur, 3 fr.

Cet ouvrage présente une suite d'aventures très-piquantes et très-variées. On y trouvera des caractères très-séduisans, et quelques-uns neufs et singuliers. L'ame se repose agréablement sur un grand nombre de ces tableaux de l'amour heureux et partagé, dont la peinture flatte toujours si délicieusement l'imagination. Comme nos écrivains érotiques, l'auteur a sacrifié aux graces, sans offenser la pudeur. Cet ouvrage se fait distinguer par une morale saine, un grand fonds de philosophie; il inspire le goût de la retraite, et fait aimer les plaisirs purs et simples de la campagne.

* Amélie, ou les Ecarts de ma Jeunesse, *roman érotique;* 2 vol. in-12, orné de jolies gravures. 3 fr.

* Constitution de la République Française, de l'an 8, précédée du discours de Bouley, (*de la Meurthe*), in-18, jolie édition. 62 c.

* Clémence de Villefort, roman original, par l'auteur de Marie de Sainclair, 2 vol. in-12, orné de jolies gravures. 3 fr.

Le fracas des événemens est remplacé, dans cet ouvrage, par le mouvement de la passion. L'intérêt de l'action est suppléé par le charme des détails. La délicatesse de l'ame s'y montre avec les graces de l'esprit; il y règne un fonds de mélancolie touchante, d'où s'échappent des choses très-pathétiques; enfin tout y répond à cette obstination d'amour qui caractérise l'intéressante victime dont l'auteur du roman a peint le malheur.

Eugénio et Virginia, orné de deux jolies gravures; ce roman est de Marie Brayer St.-Léon, qui nous a donné la traduction de Rosa ou la Fille Mendiante. 3 fr.

Confessions de J.-J. Rousseau, 4 vol. in-12, ornés de figures; avec les titres gravés. 7 f. 50 c.

Cette édition, la seule complète, revue et collationnée sur le manuscrit de l'auteur, déposé au comité d'instruction publique, par sa veuve, contient une table alphabétique des noms et matières, ainsi que diverses anecdotes intéressantes qu n'existent dans aucunes des éditions précédentes.

* Les Trois Mots, satyres, par Louis-François Lormian, du Lycée de Paris; in-8º. 75 c.

Ce petit recueil n'eût pas été désavoué par le Juvénal français.

* Tarifs contenant les Comptes faits de tout ce qui concerne les nouveaux Poids, et particulièrement le Kilogramme destiné à remplacer la Livre (poids de marc).

Cet ouvrage est également utile aux Marchands qui vendent en gros, et à ceux qui vendent en détail. Il contient quatre Tarifs: le premier donne la réduction des livres en kilogrammes; le second, celle des kilogrammes en livre; le troisième le prix du kilogramme d'après celui de la livre; le quatrième, le prix de la livre d'après celui du kilogramme.

Traité élémentaire de Physique, par Brisson; 3 v. in-8º, fig. *dern. édit.* 21 f.

Elémens *ou* Principes physico-chimiques; par le même, formant le 4.º vol. 1 vol. in-8º fig. 5 f. 50 c.

De l'influence du Gouvernement sur la prospérité du Commerce; par Vital Roux, négociant. Un vol. in-8º. 4 fr.

Cet ouvrage, composé par un négociant qui s'est formé à l'étude de sa profession par vingt années de travaux et d'expérience dans les maisons les plus recommandables de Lyon, n'est pas le fruit d'une théorie incertaine. L'auteur appuie toutes ses observations de l'expérience des faits et des abus qu'il a observé dans le commerce.

Histoire générale de la Russie, par l'Eveque, 8 vol. in-8, carte. 40 fr.

Cette édition est continuée jusqu'au règne et à la mort de Catherine II.

Coup-d'œil politique sur l'Europe, à la fin du dix-huitième siècle, par J. Blanc de Volx, 2 vol. in-8. 7 f. 50 c.

LIVRES D'ASSORTIMENT.

Formats in-4.º, in-8.º et in-12.

Abrégé de l'Histoire Romaine, orné de sup. fig. en taille-douce, grand in-4. 18 f.
— d'Arithmét., de Mazéas, fig. 1 f. 50 c.
Aventures de Robinson-Crusoé, 2 vol. in-12. fig. 5 f.
Balai (le), par l'auteur du Compère Matieu, 1 vol. in-12, fig. 1 f.
Bon sens (le) puisé dans la nature, 1 vol. in-8. 2 f. 50 c.
Calculs tout faits, par Mésanges, in-12. 2 f.
Caractères de la Bruyère, 2 vol. in-12. 2 f.
Chef-d'œuvre d'un inconnu, 2 vol. 3 f.
Chymie de Fourcroy, dernière édit. revue, corrigée et augmentée, 5 vol. et un atlas. in-4º. 30 f.
Démonstrations élémentaires de botani-

que, suivant Tournefort et Linné, 4 v. in-8. et 2 v. in-4 de planches, rel. 84 f.
*Deux (les) Bossus, ou le bal du Diable, conte qui a remporté le prix au Licée des Etrangers, par Charlemagne. 60 c.
Monde incroyable (le), par le même. 40 c.
Dictionaire de la Fable, nouv. édit., revue, corrigée et augmentée, 2 vol. in-12, 2 f.
Entretiens d'Ariste et d'Eugène, 1 vol. in-12. 1 f. 50 c.
— d'un gouverneur avec son élève, 4 gros vol. in-12. 6 f.
Essais sur les préjugés, par Dumarsais, 1 vol. in-8. 2 f.
Ethelinde, ou la Recluse du Lac, par Charlotte Smith, 4 gros vol. in-12. 8 f.
Expérience sur l'action de la lumière solaire, dans la végétation, par Jean Sénébier, 1 gros vol. in-8. 3 f.
Géographie historique de la France, d'après sa nouvelle division, 4 vol. in-12, avec une belle carte enluminée. 6 f.
Gradus ad Parnassum, 1 gros v. in-8. 5 f.
Grand (le) livre des Peintres, par Lairesse, 2 vol. in-4. ornés d'une grande quantité de planches. 30 f.
Henriade (la), avec les variantes et les notes historiques, suivie du Poëme de Fontenoi, 1 vol. in-12, portr. 2 f.
Histoire Philosophique et Politique, par Raynal, 10 vol. in-8., ornés de 10 gravures et d'un bel atlas in-4. sur pap. d'Hol. 27 f.
— des deux règnes de Trajan et de Nerva, 1 vol. in-12. 1 f. 50 c.
Homme (l') rival de la nature, faisant suite à la Maison rustique, 1 v. in-8. orné de planches. 3 f.
Joseph, poëme, par Bitaubé, 1 vol. in-12. papier fin. 1 f. 25 c.
Lettres sur l'Italie, par Dupaty, 2 vol. in-12. 3 f.
Manière (de la) d'écrire l'histoire, par Mably, 2 vol. in-12. 3 f.
Mémoires de M. Malouet, sur l'administration de la Marine, 1 vol. in-8. 2 f.
— de Dumourier, écrits par lui-même, 2 vol. 2 f.
Nouvelle Méthode latine, par MM. de Port-Royal; nouvelle édition revue, corrigée et augmentée; gros in-12. 2 f.
Nymphomanie (la), ou traité de la fureur utérine, 1 vol. in-12. 1 f. 50 c.
Observations sur l'Histoire de France, par Mably, 6 vol. in-12. 7 f. 50 c.

— complettes de Claudien, 2 v. in-8. fig. 10 f.
Pucelle d'Orléans, en 21 chants, avec les notes et les variantes. 1 f. 50 c.
Santé de Mars, ou l'art de conserver la santé des gens de guerre, gros in-12. 1 f.
Sélima, ou les confidences d'un jeune homme, in-8. 2 f. 50 c.
Traité de la force des bois, ouvrage utile à ceux qui font bâtir, 1 gros vol. in-8, par le Camus de Mézières. 4 f. 50 c.
— des Arbitrages, par Ruelle, in-8. 4 f.
— des Maladies vénériennes d'Astruc, 4 vol. in-12. 8 f.
Traité du jeu des échecs, in-12 fig. 2 f.
Voyage de Levaillant, 3 v. in-4., fig. et cartes. 45 f.

Formats in-18.

Avent. de Gusman d'Alfarache, 4 gros vol. 17 fig. 4 fr.
Cérano, ou l'enfant de l'amour, fig. 75 c.
Châteaux d'Athelin (les), par Anne Radcliffe, 2 vol. fig. 2 f.
Chine (la) mieux connue, ou les Chinois tels qu'ils sont, 2 vol. 2 f.
Choix lyrique et sentimental, contenant le prix de la Bienfaisance, le Tombeau du jeune Sylvain, les Romances de Montjourdain, de Loiserolles, la Complainte du Troubad., par Garat. 75 c.
Contrat social, fig. 1 f. 75 c.
Des Révolutions arrivées dans le gouvernement de la République romaine, par Vertot, 6 vol., fig. 5 f.
Lettres originales de Mirabeau, 8 v. 8 f.
— sur l'Italie, 3 vol., fig. 2 f. 75 c.
— d'Aristenette, de Lesage, 1 vol. 75 c.
Lidorie, ancienne chronique, par l'auteur de Blancay, 2 vol., fig. 1 f. 50 c.
Logique de Dumarsais, 1 vol. 75 c.
Mélanges de poésies et de littérature, par Florian, 1 vol. portrait. 75 c.
Morale du deuxième âge, 1 vol. 60 c.
Œuvres comp. de Florian, 14 v. fig. édition de Didot. 18 f.
— complettes de Parny, dernière édition, 2 vol. in-18, fig. 4 f. 50 c.
— Idem, papier vélin. 9 f.
Simple Histoire, 4 vol. fig. 4 f.
Système de la nature, 6 v. 5 f.
Souterrain (le), ou Mathilde, 4 v. fig. 3 f.
Sort des femmes (le), fig. 1 f.
Tombeau d'Hervey, 2 vol in-18. 2 f.
*Toni et Clairette, 4 vol. fig. 3 f.

Sous presse, pour paroître le 15 messidor :
Abrégé de l'Histoire d'Angleterre, depuis l'invasion de Jules-César jusqu'au règne de Georges III, et du fameux combat d'Aboukir ; par GOLDSMITH. 2 vol. in-12, avec tous les portraits gravés.
Cet ouvrage qu'on désiroit depuis long-tems, pour l'instruction de la jeunesse, est indispensable aux pères et mères de famille et aux Instituteurs.

Pour recevoir franc de port, on ajoutera par in-4, 3 f. ; par in-8, 1 f. 50 c. ; par in-12, 75 c. par in-18, 50 c.

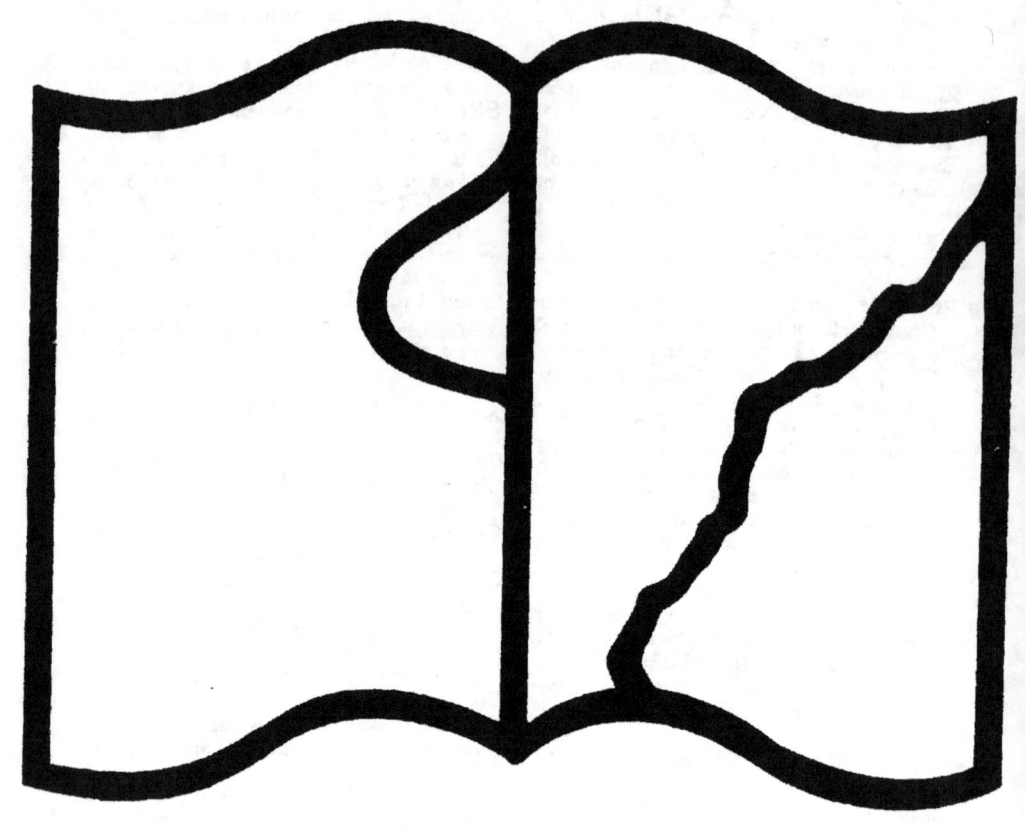

Texte détérioré — reliure défectueuse

NF Z 43-120-11

www.ingramcontent.com/pod-product-compliance
Lightning Source LLC
Chambersburg PA
CBHW071707230426
43670CB00008B/935